发现的时代

21世纪风险指南

[南非] 伊恩·戈尔丁（Ian Goldin）[加] 克里斯·柯塔纳（Chris Kutarna）著
李 果 译

中信出版集团·北京

图书在版编目(CIP)数据

发现的时代：21世纪风险指南 /(南非)伊恩·戈尔丁，(加)克里斯·柯塔纳著；李果译. --北京：中信出版社，2017.5

书名原文：Age of Discovery：Navigating the Risks and Rewards of Our New Renaissance

ISBN 978-7-5086-7512-1

Ⅰ.①发… Ⅱ.①伊…②克…③李… Ⅲ.①世界经济—通俗读物 Ⅳ.①F11-49

中国版本图书馆CIP数据核字(2017)第073226号

发现的时代：21世纪风险指南

作　　者：[南非]伊恩·戈尔丁 [加]克里斯·柯塔纳
译　　者：李　果
出版发行：中信出版集团股份有限公司
（北京市朝阳区惠新东街甲4号富盛大厦2座　邮编　100029）
承 印 者：上海盛通时代印刷有限公司

开　　本：660mm×970mm　1/16　　印　　张：22　　字　　数：296千字
版　　次：2017年5月第1版　　印　　次：2017年5月第1次印刷
京权图字：01-2017-2802　　广告经营许可证：京朝工商广字第8087号
书　　号：ISBN 978-7-5086-7512-1
定　　价：68.00元

服务热线：400-600-8099
投稿邮箱：author@citicpub.com

《发现的时代》推荐语

我们日益短视的世界急需《发现的时代》这样一剂猛药。两位作者从当前向过往回溯，以阐明我们这个时代如何从其从未停止的步伐、各种新技术和日益紧密的关联性成为一个新的文艺复兴时期……领导者们能够从这个角度学会做出长期的审慎决策，而不必因短期的波折而陷入过度的偏见之中。

鲍达民(Dominic Barton)

麦肯锡公司全球总裁

《发现的时代》一书在世界持续分裂和消亡的时代显得尤为重要。伊恩和克里斯将我们带上了一场壮阔的旅途，并让我们想起我们人性的共通之处，以及协作、同情和天才的重要性。我们不能彼此隔绝，闭关锁国，进而生活在恐惧之中。这本书将帮助世人勇敢地拥抱集体智慧的潜能，并确保我们理解过去的教训，进而实现这个"新文艺复兴时期"呈现在我们眼前的各种机遇。

理查德·布兰森(Richard Branson)

维珍集团创始人

喷气船飞驰而过，水上飞机掠过水面，它们身后留下的波光粼粼的水面又称为"雄鸡的尾巴"(roostertail)。生活的伟大教训之一，是没人曾见过自己的"雄鸡尾巴"；当在生活中赛跑的时候，我们并不知道自己对他人的影响。

特定的文明、纪元、年代、时代——随便怎么称呼——同样无法看见自身的历史影响。但伊恩和克里斯的工作便是捕获今天快速进展的各种创新和发现，并使其定格，然后审视相关的风险和收益，进而推断出我们自己的“雄鸡尾巴”。当飞机还在翱翔，计算机代码还在编写，人们还在庆祝取得的成就，相应的负面影响和连锁效应尚未出现的时候，作者便已经做到了这一点，这对历史和未来而言都是一个了不起的壮举。他们还为我们提供了实属难得的反思机会。我无法相信如此小巧的著作竟完成了如此厚重的任务。

拉里·布莱恩特(Larry Brilliant)

斯科尔应对全球威胁基金会总裁、

谷歌旗下慈善机构 Google. org 执行董事

《发现的时代》一书为观察和理解我们如今面临的诸多挑战中存在的各种机遇，提供了十分重要的提醒，就像我们在过去成功做到的一样。通过一次次设想出新的解决方案，我们已经取得了巨大的进步。我们没有理由悲观。

汉斯-保罗·博克纳(Hans-Paul Bürkner)

波士顿咨询公司主席

大胆，引人注目，且振奋人心。

彼得·弗兰科潘(Peter Frankopan)

《丝绸之路》作者

伊恩和克里斯的杰作《发现的时代》为我们传递了一个十分重要的信息：如何渡过当前的危机并成就我们的伟大。

维杰伊·戈文达拉扬(Vijay Govindarajan)

塔克商学院考克斯杰出教授、《纽约时报》畅销书作者两位作者对我们的时代和文艺复兴时期进行了精彩的比较研究，并展示了我们能从这种比较中获得的指引和警示；倘若我们听从他们的教诲，便能释放当今时代的最大潜力，并避免其陷阱。本书带来了智识和阅读的双重享受。

A. C. 格雷灵（A. C. Grayling）

哲学家、英国新人文学院院长，著作30余部

《发现的时代》是一本十分精彩的著作，它旨在将文艺复兴那风险和创新并存的璀璨时期和现在我们所有人都在经历的戏剧性变革时期建立联系。二者引人注目的相似之处在于，飞速发展的技术，已经发生和正在发生的文化变革，以及社会在吸收这些成果时所面临的挑战。本书为那些关注现代世界和其他时期所共同面临之种种压力的人提供了出色的洞见。

安德鲁·汉密尔顿（Andrew Hamilton）

纽约大学现任校长、牛津大学前副校长

在人们常常对事情进行快速而简化分析的时代，伊恩和克里斯为我们当前的时代描绘了一幅丰富而有教益的图景。通过借鉴文艺复兴时期的类似之处进而为我们眼前的机遇和挑战做出甄别，《发现的时代》为我们所有人都提供了重要的洞察——包括每一个正在崭露头角的米开朗琪罗和达·芬奇们。

雷德·霍夫曼（Reid Hoffman）

领英联合创始人、总裁

在一个充满全球挑战和空前机遇的时代，《发现的时代》是我们穿越眼下暴风骤雨时刻的核心指南和绝佳工具。伊恩和克里斯在他们及时且生动的著作里为我们描绘了通往人类创造力、独创性和潜能之新

黄金时代的路径。

阿里安娜·赫芬顿(Arianna Huffington)

《赫芬顿邮报》总编辑

在这个充斥着随意言辞和阴郁的头条新闻的时代,《发现的时代》闪耀着这样的希望,即我们携手合作便能推动学习型社会帮助自身在盘根错节的21世纪找到方向。我们将不知所措还是镇定自若?伊恩和克里斯将崭新的智识和冷静的思考完美结合,进而为我们提供了挑战和灵感。这是所有当前和未来的领导者们的必读著作。

阿沙·坎瓦尔(Asha Kanwar)

学习联盟总裁

除了极佳的阅读体验,《发现的时代》还为我们提供了一个宏大视角,它对我们理解现在持续不断的创新浪潮所造成的挑战而言十分必要。我们神奇新技术的前景仍悬而未决,它能用于正道,也能用于邪道,能拯救生命,也能结束生命。这本书很好地阐述了,生活中(比如下棋!)的每一次进步都能带来机遇和危险——而成功者则将是那些最好地做到了数往知来的人。我比大多数人都更清楚,"天才"一词已用滥了,但两位作者在《发现的时代》中展示了,个人自由让整个社会充满机遇之时,个人的才华如何成就了集体的成功,以此,他们便有效地恢复了"天才"的名声。

加里·卡斯帕罗夫(Garry Kasparov)

人权基金会主席、第13位国际象棋世界冠军

文艺复兴时期的勇气和荣耀投射到我们自己的时代中,从像流行病这样一触即发的风险,到涌现出的能应对风险的杰出天才。因此,全球化专家伊恩·戈尔丁和政治学家克里斯·柯塔纳在全球教育、健康、

繁荣和技术等方面，通过文艺复兴时期和现在的比较，做了大胆而宏观的分析。他们从哥白尼原则到数字爆炸都做了细致且革命性的描绘。

芭芭拉·凯塞(Barbara Kiser)

《自然》杂志编辑

伊恩和克里斯敢于提出和回答如此宏大的问题：我们来自何处？我们做错了什么以及做对了什么？我们将去往何处？我们应该感谢他们的胆识，并接受他们的挑战，承担风险，拓展可能的边界，并沉着应对挑战。而最重要者，则莫过于对未来的任何前景都保持乐观。

克里斯蒂娜·拉加德(Christine Lagarde)

国际货币基金组织总裁

《发现的时代》明确了我们所面临的关键选择，并发出了我们都应聆听的行动呼吁。我强烈推荐这本及时、重要且易读的著作。

库米·奈杜(Kumi Naidoo)

绿色和平组织总干事

《发现的时代》在左派和右派的浅陋见解和空想秘方之外，呈现了某种耳目一新的变化。本书的愿景是，目前的发展浪潮——比如通讯技术和其他领域的科学——正迅速地为整个世界喷涌而出的创造力提供着机遇。而本书的洞察在于，若公民不行动，国家也不组织起来利用这些可能性，它们将在很大程度上被埋没。这是一本令人印象深刻的重要著作。

埃德蒙·费尔普斯(Edmund Phelps)

诺贝尔经济学奖得主

这本引人入胜的著作囊括了异常广阔的图景。两位作者将当前的全球趋势置于历史的视角之下，以此评估目前的挑战和政策选择。他们认为，我们当前时代的风险比以往任何时候都要高——尽管他们既不是技术乌托邦主义者，也并非世界末日论的鼓吹者。这种全面的分析会令所有关注人类未来的人感兴趣。

马丁·里斯勋爵(Lord Martin Rees)

英国皇家天文学家、皇家学会前主席

毫无疑问，中国现在正处于巨大的发展和复兴之中，但我们当真处在全球“新文艺复兴”的黎明时刻么？在《发现的时代》一书中，伊恩和克里斯描绘了一幅崭新的、鼓舞人心的画面，关于我们所处的时代，以及这一时代与过去的关联。

大山(Mark Henry Rowswell)

著名学者、主持人、相声演员

这本精彩的著作中有很多值得称颂之处。文艺复兴为人类所有的奋斗领域都带来了渐次丰富的思想，随之而来的是一个变革的世纪。但同时，相互依存、风险、不稳定、困惑和恐惧也接踵而至。当今的时代给人以类似的感觉。两位作者令人信服地论证道，我们无法在如此复杂的世界描绘一条具体的前行路径。人们的领航技巧、谦卑以及对基本价值的接受——以及最重要的创造能力和同情心理——从个人和社会角度都能帮助我们。人人得而阅之。

A. 迈克尔·斯宾塞(A. Michael Spence)

诺贝尔经济学奖得主

我们是否生活在一个新的文艺复兴时期？在这本十分激动人心的书中，伊恩和克里斯考察了如今的创新城市，看到了美第奇家族时期的佛罗伦萨的现代版本。他们认为，我们生活在新的探索时代。但在达·芬奇和达·伽马生活的时期，新技术和全球一体化不仅为他们带来了新的繁荣，也带来了新的风险：传染病、宗教狂热、战争，等等。人人都应该读读书中作者们对新人文主义的呼吁，它已经成为我们在现代新文艺复兴时期应对各种已有挑战的堡垒。

尼尔·弗格森（Niall Ferguson）、劳伦斯 A. 蒂施（Laurence A. Tisch）

哈佛大学历史学教授

在中国崛起，全球化逆潮涌现，世界秩序重构之际，《发现的时代》给读者带来了鉴往知来的智慧和启示。

林毅夫

北京大学新结构经济学研究中心主任、南南合作与发展学院院长、国家发展学院荣誉院长

欧洲人在近代领先于世界，源于文艺复兴和随后的科学时代。但是为什么欧洲人能够在长达几百年衰退之后突然天才辈出，然后在很多发展指标上迅速超越了世界其他地区，这是一个谜团，《发现的时代》一书帮我们揭开了这里面的秘密。

吴军

硅谷投资人、丰元资本风险投资公司创始人

技术、文化、贸易、商业、人口以及它们之间相互关联等，这些元素的变化为整个世界带来了不确定性和对不确定性的恐惧。这是一个最好的年代还是最坏的年代？不知道。

唯一可以确定的是，《发现的时代》将当下定义为“新文艺复兴时期”，它无疑是一个变革、创新、挑战、机会并存的年代。

吴晓波

财经作家、财经媒体人

中文版序

现在便是全新的发现时代。在这个全球冲突的不确定时刻，世界上最大的赢家和最强有力的领导者将是那些认清这一事实并从中汲取教训的人。

2016年年初，我在全球商业领袖云集的场合自信地作出了两个预测。首先，英国人会通过投票选择“脱欧”。其次，唐纳德·特朗普将当选为美国总统。

世界上多数人对发生此类事情震惊不已。但是，阅读本书的人则清楚地看到了这些冲击的山雨欲来之势。

世界正发生着迅猛的变化。很不幸，多数人看待世界的眼光却并未改变。他们的眼光已然过时。这导致他们很难理解眼下的各种事件。

本书打破了你原有的眼界，并带给你更好的新视野。本书关注的是塑造当前世界的最重要力量，并让你明白应该如何应对它们。你越早具备这种视野，则越少会被眼下的各种事件震惊，并且，你还能更快地帮助自己、家人甚至你的祖国成功地应对即将到来的各种冲击。

一旦你看清了我们所有人都身处其中的这个发现的时代，个人和商业上成功的新途径则会逐渐清晰。你会明白如何以及为何要当个“文艺复兴时期的人”，就像达·芬奇或者米开朗琪罗一样。你也会明白该如何作出勇敢的抉择来打破过时的习惯，以及如何用更好的习惯替代那些不好的习惯。并且，你还会明了，如果你想成为当前世界中任何领域中的执牛耳者，你必须要作出的最重要决定便是，你在何处从事你的工作或研究。

你还会明白,我们个人的生活将如何融入当下这个全球的历史时刻。中国则会在这个全新的发现时代扮演领导角色。“全球化”并非某种趋势;它是对各方领导力的一场考验。西方世界已在这场考验中败北。西方大国并未把全球化创造的新财富转化为民众的福祉。他们没有广泛地分散全球化带来的各种风险和回报,进而让更多的人受益。他们也尚未在那些受到快速变化影响的社区内部及其之间建立起新的归属感。现在,西方的民众已愤懑不平。这些人已不再相信全球化,也对其领导人失去了信心。

但全球化也能成为一件好事。正是中国的巨大转变证明了这一点,中国已经通过了西方痛失的考验。本书将为你展示个中缘由。

发现的时代充满了回报和风险。“发现”之旅也充满了光明和黑暗。机遇会竞相涌现,但风险也会接踵而至。

看清世界的走向乃最困难和最紧迫之事。我们被各种力量的纷争迷惑。《发现的时代》一书将帮助你抽离出来,沉下心,并最终明白:我们只是故地重游。回首过往,你会清楚地知道该如何驾驭现在和未来。

克里斯·柯塔纳　伊恩·戈尔丁

2017 年 4 月

致奥利维亚和艾利克斯
以及你们在新文艺复兴时期的非凡表现

伊恩·戈尔丁

致我的父亲
我所知道的最具文艺复兴气质的人

克里斯·柯塔纳

目 录

致谢

本书非比寻常地囊括了广泛的主题、大量的历史文献以及多学科的研究成果。若无各学科的专家给出指导、协助研究,以及其他许多朋友的慷慨支持,这些主题无论如何不可能汇聚到一起。并且,我们已无法再奢求比牛津大学马丁学院(Oxford Martin School)的同侪以及其他所有牛津大学的同事更为丰富、更能相互砥砺的学术共同体,也无法奢望比他们更加慷慨和更为渊博的知识来源。

借鉴文艺复兴时期的经验有助于我们理解目前的世界以及我们所有人面临的选择。从长时段的镜头审视当前的时代有助于我们洞悉那常显混乱的世界。但历史需要小心解读,因为现在的许多核心观念——比如"科学"——在500年前往往被人们理解为非常不同的东西。我们非常感谢迪尔梅德·麦卡洛克(Diarmaid MacCulloch)以及霍华德·霍特森(Howard Hotson),这两位牛津大学历史学教授慷慨地提供了研究指导。他们对15世纪和16世纪历史知识的非凡掌握,有助于我们在过去诸世纪的整体智慧中,找到因为共同人性而与现代社会相关的部分,与那些因为社会和技术变化而变得毫不相关的部分之间的平衡。

在这个故事的当代一面,我们十分感激尤金·罗根(Eugene Rogan),他将我们引荐给了纳迪娅·奥韦达特(Nadia Oweidat),她的洞见加深了我们对极端主义的理解。安格斯·迪顿(Angus Deaton)慷慨地分享了他从事经济学研究所得出的智慧和各种数据。特里·德怀尔(Terry Dwyer)和卡其姆·拉西米(Kazem Rahimi)则帮助我们理解了医疗方面的问题。而近期来自牛津大学历史系、神学系、物理学系、化学系、医学系、经济学系、政治学系和哲学系等学科的研究生则提供了研究上的帮助，他们帮助检查和补充了我们书中的事实、数据来源以及论证，为此我们十分感谢埃内斯托·欧雅拜德(Ernesto Oyarbide)、乔纳森·格里菲思(Jonathan Griffiths)、朱利安·拉特克利夫(Julian Ratcliffe)、保罗·泰勒(Paul Taylor)和格哈德·陶斯(Gerhard Toews)。我们要特别感谢马克西米莉亚·莱恩(Maximilia Lane)，她很专业地寻找到了别人都无法掌握的各种事实，并为本书的行文提出了多处改进意见。毋庸赘言，若还有任何错讹之处，我们两位作者负有全责。

牛津大学博德利图书馆(The Bodleian Library)是一座国际宝藏，我们非常感谢该馆图书馆管理员理查德·欧文登(Richard Ovenden)的热情支持，以及地图分馆管理员尼克·米勒(Nick Millea)和地图分馆副馆长迈克尔·内桑森(Michael Athansan)为本书中出现的历史地图所提供的诸多便利。我们还十分感谢那些允许我们重印他们的资料的出版商，感谢克莱尔·乔丹(Claire Jordan)为我们提供了获取这些材料的必要权限，并再次感谢迪尔梅德·麦卡洛克为我们提供他的16世纪初欧洲地图。

伊恩对这本书的贡献很大程度上受惠于林赛·沃克(Lindsay Walker)以及牛津大学马丁学院管理者劳拉·劳尔(Laura Lauer)的帮助，前者整理并提供了自己的日记，后者对学院的良好管理让伊恩能够自由地专注于他写作部分中出现的问题和各种答案。

若没有其商业伙伴戴维·安德森(Dave Anderson)及其博士学位导师许慧文(Vivienne Shue)无限的耐心，克里斯不可能将数年时间倾注到这本书的写作之中。他们都为此书牺牲了自己的宝贵时间。克里斯还受惠于吉姆·加拉格尔(Jim Gallagher)和波士顿咨询公司的里克·博文(Rick Boven)，前者曾教导他如何写作，后者曾教他如何斟酌词句。

我们的代理人埃斯蒙德·哈姆斯沃斯(Esmond Harmsworth)从本书酝酿伊始,便参与其中,他帮助我们确定了主题,然后又联系好了出版商。我们非常感谢布鲁姆斯伯里(Bloomsbury)出版社的执行主管奈杰尔·牛顿(Nigel Newton),他对本书的手稿抱有十足的热情,我们还十分感谢伊恩·霍尔斯沃斯(Ian Hallsworth)这位杰出的编辑,他在与同事一起工作的时候几乎就是我们心中理想的合作伙伴。

最后,我们将自己最深沉的感激致以我们的家人和朋友,本书的写作占用了我们大量时间,而他们一直都陪在我们身边。

伊恩·戈尔丁　克里斯·柯塔纳

2016 年 1 月,牛津

第一章

不知所措抑或镇定自若

我们的时代处境

要是米开朗琪罗(1475—1564)重生再世,身处现时代的一切社会乱象之中,他会不知所措还是同样地镇定自若?

每年,数以百万计的人涌入西斯廷教堂,好奇地端详着米开朗琪罗的作品《创造亚当》,而更多观众则争相膜拜达·芬奇的《蒙娜丽莎》。五个世纪以来,我们小心翼翼地保存着这些文艺复兴时期的杰作,将它们视为美丽和灵感的代表而倍加珍惜。

但它们也对我们提出了挑战。

500 年前,创造了这些天才之作的艺术家并非处于某种带有普遍美感的神奇时代,而是生活在一个激荡时刻——以历史里程碑和诸多发现为标志,但也伴随着痛苦的动荡,事实的确如此。他们的世界以前所未有的方式相互关联,这多亏了谷登堡(约 1395—1468)在那不久前发明了印刷机(15 世纪50 年代),哥伦布对新大陆的发现(1492 年),以及达·伽马对通往亚洲财富之海上航路的发现(1497 年)。并且,人类的命运也以某种深刻的方式发生着改变。黑死病逐渐消失,欧洲的人口正在恢复,公共的卫生、财富和教育的发展都呈上升态势。

天才在这种环境下层出不穷,从当时的艺术成就(特别从 15 世纪 90 年代到 16 世纪 20 年代这一时期),和哥白尼以太阳为中心的革命性宇宙理论(16 世纪 10 年代),以及从生物学、工程技术到航海和医学等广泛领域中的类似进展中可以得到证实。数世纪,甚至上千年都毋庸置疑的基本的、常识性"真理"正在受到侵蚀。地球并非静止不动,太阳也不是绕着地球旋转。"已知"的世界甚至不抵整个世界的一半。人的心脏并非灵魂的所在;而只是一个血泵。在仅仅数十年间,印刷术使得书籍的年产出量从数百本激增至了数百万本,这些不可思议的事实和新观念比以前任何时候都传播得更为遥远和迅速。

但风险也随之增多。可怖的新疾病如野火燎原般迅速扩展至大西洋两岸。奥斯曼土耳其人以火药这种新式武器,使伊斯兰势力征服了地中海东部地区一连串丰饶的土地,其海军的胜利为整个欧洲都蒙上了威胁的阴霾。马丁·路德(1483—1546)巧妙地利用了印刷术的力量扩散其对天主教教会的激烈责难,这点燃了整个欧洲大陆范围内的宗教革命。而天主教会,这个曾在上千年的时间里经受住了对其威望的每一次挑战,进而成为欧洲人民生活中最为重要和普遍的权威机构,也在重压之下永久分裂。

也正是在这一时期的 1504 年 9 月 8 日,米开朗琪罗在意大利佛罗伦萨的中央广场为其"大卫"雕像揭幕。该雕像由精良卡拉拉大理石雕琢而成,高度超过 5 米、重量超 6 吨。《大卫》的揭幕是佛罗伦萨的财富和雕塑家技巧的纪念性时刻(参见图 1.1)。

《大卫和歌利亚》是西方人熟知的圣经故事,它讲述了一个勇敢但装备十分简陋的年轻战士,出人意料地在一次战斗中打败了巨人歌利亚。米开朗琪罗用锤子和凿子将古人未曾见证过的时刻定格在了大理石中,当然也给那些在揭幕式现场的人带来了一些困惑。大卫

图 1.1　大理石中凝固的瞬间

《大卫》(局部,1501—1504 年),米开朗琪罗。
图片来源:*Art Resource*

的面部和颈部呈紧绷状态,眉头紧锁,眼睛坚定地注视着远方。他并非得意扬扬地立于他手下败将的尸体之上(某种标准写照),而是带着难以和解的坚毅,对下一个结局未知的行动做好了准备。接着,人们清楚地看出了艺术家的意图:米开朗琪罗刻画了处于命运决定时刻的大卫,他正处于决定和行动、意识到自己必须做之事和鼓起勇气去做的状态之中。

人们熟知这样的时刻。他们正当其时。

过去作为序幕

我们也恰逢其时。

目前的时代是一场竞赛：它发生在全球紧密联系和人类发展之好坏后果之间;在包容和排斥的各种力量之间;在繁荣的精神和盛世背后的风险之间。我们每个人是不知所措还是镇定自若,21 世纪在未来的历史著作中是人类最好还是最坏的时代,这都取决于我们所有人为提高这场竞赛所带来的可能性和抑制其风险所采取的行动。

赌注已然不能再高了。我们每个人都有危险的运气降生在某个历史性时刻——某个决定性时刻——此时,我们自己一生中的事件和选择将决定未来之人生活环境的方方面面。

的确,每一代人都自负地这么认为,但这一次是真的。长久存在的史实比我们的自以为是更为雄辩有力。人类向城市迁徙,始于我们约一万年前新石器时代的祖先,而在我们自己的一生中,这一进程已然过半。[1]我们是城市纪元(urban epoch)的第一代居民。如今,因碳污染排入大气而聚集的温室气体浓度是自新石器时代以来都未曾见过的;我们气候记录中的 15 个最热年份,有 14 个出现在 21 世纪。[2]历史上头一遭,世界上贫困人口数量大幅下降(自 1990 年以来,超过 10 亿人脱贫),而人口总数也在同一时期膨胀(约增长了 20 亿人)。目前还健在的科学家人数超过了 1980 年以前故去的所有科学家人数的总和,并且部分也归功于科学家们——人类平均预期寿命在过去 50 年中的增幅超过了过去的一千年。

从短期看,历史也正在被书写。20 年前基本上不存在的互联网到 2005 年的时候已经将 10 亿人相互连接,这一数字到 2010 年是 20 亿,

2015 年则是 30 亿。目前,全球超过半数的人口都在使用互联网。[3]中国从自给自足状态一跃成为世界上最大的出口国和经济体之一。印度紧随其后。柏林墙已经崩塌,左右 20 世纪后半叶的意识形态之争也随之消失。这一切似乎与新千年之交以来的各种头条之间扞格不入:"9·11"事件、毁灭性的海啸和飓风、令世界上收入最高的人群瞠目结舌的全球金融危机、日本发生的核泄漏事故、巴黎市中心发生的自杀式爆炸事件、不平等引发的暴动,以及令人更加乐观的事情,比如传媒和社交媒体的激增、人类基因组的解码、3D 打印技术的出现、对比如同性恋婚姻等长期禁忌的破除、引力波探测及对围绕临近恒星旋转的类地行星的发现,等等。

似乎我们每天都从某种震惊中醒来。并且,震惊本身便是这个不同凡响的时代最有说服力的证据,因为令人惊奇的讯息来自时代自身。而震惊则是历史变迁在我们个人身上的明证——现实与期望在内心碰撞——它已成为我们所有人生活中永不休止的主题,我们为之振奋和鼓舞,各种令人惊奇的事件也将持续产生影响。眼下,我们并不会过多谈论地球工程、有机能源、超级智能机器、经过生物工程改造的瘟疫、纳米工厂或者人造的人类染色体,但在不久的将来——啊哈!——似乎我们也没多少别的事情可谈论了。

我们的急需之物,是洞见

我们并不知道去往何方,所以,我们任由眼下的危机及其所引发的焦虑摆布自己——甚至对其卑躬屈膝。我们畏缩不前,而非设法解决问题。我们在这个必须行动的时代,却选择了踌躇不定。目前,这种心态蔓延全球。美国人曾是自由贸易的主要推手,而现在正对其倒行逆施。[4]世界范围内的产业在不断累积或分配前所未有的巨额资金,而非用于投资新的项目或点子。据估计,到 2015 年年底,全球公司将会持有 15 万亿的现金资本及其等价物——这是十年前的四倍之多。[5]标准普尔(S&P)的500家公司作为一个群体，几乎倾其2014年所有利润回馈股东(通过股息和股份回购的方式)，也不愿把资金投入在新项目和新观念上。[6]政治上极右的(他们试图倒转社会朝着向同性恋、外来移民以及全球责任开放的趋势发展)和极左的人们(他们企图倒转社会朝商业和私人企业开放的潮流发展)都享受着横跨大多数发达国家的涌动人气。20世纪90年代，"全球化"一词流行开来。对很多人而言，它意味着不同人群的全球性汇聚，同时也承载着每个人对更好世界的宏大愿景。如今，这个术语已然失宠(除了一些政治家会在为他们无法解决的问题寻找"替罪羊"的时候援引它以外)(见图1.2)。

我们所缺乏的急需之物，是**洞见**(Perspective)。有了它，我们可以看到定义了我们一生的竞赛，并且在那些塑造我们世界的更广泛力量面前坚持自己的意志。冲击袭来时，我们能从它们所造成的局面中撤退，并将这局面置于更加广阔的背景之中，于是，我们能对冲击的影响(以及我们自己的反应)有更多的应对措施。公民和政治领导人需要洞见来创制某种令人信服的远景，它能将变革的巨大动力和我们的日常生活相互关联。商人需要洞见看穿全天候新闻和信息的混沌来做出果断决策，年轻人则需要洞见来解决他们自己热衷的大问题，并找到安放

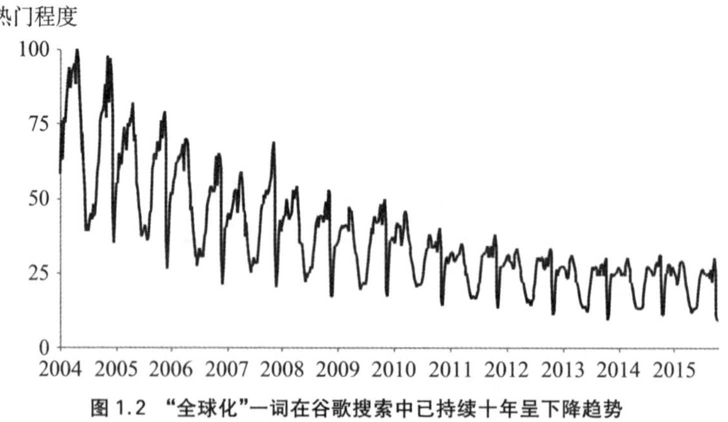

图1.2 "全球化"一词在谷歌搜索中已持续十年呈下降趋势

数据来源：谷歌趋势2015，"历年关注度：全球化"(*Interest over Time*: *Globalization*)，www.google.com/trends。

自身激情的人生之路。洞见能使我们每个人将自己的日常生活转变为某种史诗般的旅程。并且,洞见能提升我们一起将21世纪打造为人类最好世纪的可能。

“洞见是指引和门径,没有它,什么都做不好。”[7]达·芬奇写下这些话之时还是个艺术指导老师,但他其实可以很容易地影响其整个世代。达·芬奇作为米开朗琪罗的一个同侪,同样生活在命运攸关的竞争时刻,因为大理石作品已俘获其同时代的人。为了获得目前时代的洞见,我们只需要后退一步,回顾过往,就会明白:我们曾面临类似情况。500年前汇聚于欧洲并激发出天才、颠覆社会秩序的力量,在我们的有生之年再次出现,只是它们现在更加强大、更具有全球影响。

这是本书的主旨。它能让我们充满希望和决心。**充满希望**,是因为我们仍在庆贺文艺复兴所留下的遗产,500多年过去,它依然是人类最光明的时期。只要我们想要成就自己的黄金时代,我们就能够做到。条件已经成熟。我们能抓住眼下的时机,并实现一个新的兴盛时期,这一时期无论在量级、地理范围还是对人类福祉的积极影响上都远超上一个文艺复兴时期——或者,事实的确如此,远超历史上任何其他的繁盛时期。**充满决心**,是因为这个新的黄金时代不会就这么到来;我们必须努力实现它。

这项工程并不容易。1517年,哲学家和现代政治科学奠基人的尼科洛·马基雅维利(Niccolò Machiavelli, 1469—1527)曾这样写道:

> 谁渴望预见未来,就必须征询过去;因为人类的事务从来都与过往的时代类似。它源自于这一事实:无论过去,还是未来,人类都被同样的热情激励。结果就是,每个时代都存在同样的问题。[8]

我们不断受到警告。上个文艺复兴时代极度动荡不安,社会曾陷于(但也跨过了)割裂的边缘。现在,我们再次大胆而笨拙地摸索,无论作为个体、社会还是种族都是如此——并且，我们已经铸成一些大错。这也让我们中很多人对未来抱以冷漠和恐惧。假使我们试图达到能再次称之为伟大的境地，则必须对人类的可能性坚信不疑。我们必须尽己所能去实现它。我们必须拓展，并更广泛地共享发展的益处。我们必须互相帮助以应对前路无人知晓的震惊。

前方的路

我们从四个不同的部分将现时代重构为新的文艺复兴时代。

第一部分以我们时代之宏大、无可争议的事实为主，并反驳了那些松散且往往不负责任的华丽辞藻——它们充斥于当下的公共话语之中。进而，我们回顾历史，并解释清楚那些定义了500年前文艺复兴关联的、发展的力量，以及那些在过去四分之一世纪彻底重塑了我们当代世界的力量。哥伦布的发现之旅，柏林墙的倒塌——这两个事件都使得无知和迷思所造成的长期障碍崩解并昭然于世，并见证了全新的政治经济秩序交流在世界范围内展开。而谷登堡印刷术和互联网将整个人类的交流切换到了一个新常态：信息丰富，传播成本低，极其多样化以及广泛参与。

发展的力量——从健康、财富和教育中汲取——为当时人类的发展打下基础，自然也有利于现在的我们。战争和疾病是整个历史中人类发展的最大拖累，它们导致了文艺复兴时期几十年的衰退期。如今，整体的战场死亡数在急剧下降——即便将叙利亚内战所造成的暴力也算在内——并且，对各种疾患和老龄化的成功防治为全球寿命预期增加了近20年。[9]然后，读写能力和计算能力从精英阶层的奢侈品变成了一般的贵重商品。现在，未来的成年人则是历史上几乎全民识字的第一代人。

这些技术、人口统计、健康和经济方面的革新为人类活动的总体增添了势头和活力。每一个轮回，我们都会累积和重新投入更多的人力资本，并且，交换和行动的密集程度不断上升，直到——正如我们在第二部分所展示的——某个出类拔萃的天才加速了我们的发展。

文艺复兴的正面遗产是天才的爆发——过去一千年中，欧洲在艺术、科学和哲学等领域中的特殊成就无与伦比，这使得欧洲在接下来数百年里朝着科学革命和启蒙的固定方向前进。我们正处在另一个爆发的中间阶段，但规模和范围远超从前。我们对此心知肚明，首先，因为条件吻合；第二，一连串根本性的突破意味着时代已经到来。我们会证明，第一部分确认的力量正在助力天才们脱颖而出，并且我们预计，这种繁盛带来的深层变化将会对人类产生作用。我们也会探索人类集体成就的扩展性力量：我们在共享和协作过程中所产生的新的破坏性能力也拓展了可能性的边界。文艺复兴时期，集体的努力让世界上最大的教堂拔地而起；今天，大量的合作旨在为疾病寻找新的疗法，让人类的知识基础多语种化，并描绘可见的宇宙。

第三部分则是“繁荣背后的危机”，它用谨慎平衡了希望。那些助长了人类想象的关联和发展性力量也同样滋生着复杂性，并以危险的方式汇聚在我们的行动之中。这双重后果增加了我们在某种特定风险中的暴露程度——即“系统性”风险。500年以前，系统性冲击导致了一些史无前例的悲痛时刻——新的奇怪病症袭来，并以可怕的速度蔓延开去；新兴信贷市场出现毁灭性的金融崩溃；因为通往亚洲的全新海上路线出现，造成贸易的转移，丝绸之路沿线的部族整体上逐渐衰落。2008年的金融危机已经告诉我们要谨慎对待这类威胁，但我们尚未意识到其影响之广。

系统性风险也正在我们的国家内部和地缘政治中蔓延。文艺复兴时代创造了大赢家和大输家。我们的社会共识正在弱化，只不过技术召唤社会团结，或者集体反叛之时，社会共识就变得普遍而强大。500年前，虚荣、宗教战争和宗教裁判所的战火以及愈加频繁的人民起义打破了天才劳作其间的和平,也扼杀了当时的一些耀眼光明。现在,极端主义、保护主义和排外心理也同样发声,力图撕裂那些激发了我们时代天才的各种联系,而民众的不满已经榨干了我们的公共机构所需的、采取果断行动的合法性。

第四部分为"为我们的未来而竞争",它是旅途的终点。我们展示了达至伟大所有人都需要做的事情——政府、商业和公民社会,我们所有人——无论这个时代是否可能渡过重重危机。我们会重现上一次文艺复兴的荣耀,还是它的惨痛教训,抑或二者皆有?无论如何,我们都必须直面歌利亚,这便是问题的所在。

正本清源

但首先,我们需要厘清三个问题:

"文艺复兴"究竟意味着什么?

世界各地的历史系学生纠缠于这个问题已经百年有余。"无论时间、范围、内容还是意义,它们都不是文艺复兴这个概念的定义。它受到模糊、不完备和可能的影响……它是个几乎无法使用的术语。"[10] 荷兰历史学家约翰·赫伊津哈于 1920 年写下了这段文字。自那以来的约一个世纪中,相关的学术争论逐渐被迷雾笼罩。历史学家对"文艺复兴"一词的主要不满在于,它带有误导性地使这一时期听起来无时无刻不光鲜。上述用法始于意大利艺术史学家希奥尔希奥·瓦萨里。在其 1550 年的著作《最优秀画家、雕塑家以及建筑师的生活》中,瓦萨里赞美了当时的艺术潮流,并将它们与之前的哥特式风格区分开。19 世纪欧洲的历史学家捡起这个术语,并将其含义扩展以描述一定时期的艺术、文化和理性繁盛状态(就像我们今天在类似"文艺复兴时期的人"这一短语中所保留的某种意义一样)。在这一过程中,他们并未冷静地描述达·芬奇、米开朗琪罗及其同辈们生活的时代。相反,他们在创制"文艺复兴时期的欧洲"一举超越了其他文明这种观念——它是19世纪欧洲帝国主义叙事的起源和辩护理由。

现如今,历史学家们则迫不及待地指出"文艺复兴时期的欧洲"也丑陋不堪。我们不要忘记,在米开朗琪罗完成其西斯廷教堂穹顶画作后不到十年的时间里,天花和其他来自欧洲的病菌几乎灭绝了美洲大陆原有的阿兹台克人、印加人以及其他原住民。因此,历史学家对"文艺复兴"一词的使用便常常带有谨慎的批判性,主要用它谈论那些古希腊和古罗马时期的特定知识、生活方式和价值观在15和16世纪欧洲的"重生"。[11]

在这本书中,我们以这个术语在今日的流行含义为起点——即大规模繁荣的某个难得时刻。这个概念是一个很好的开端,因为它准确地描述了目前我们所有人生活的世界。但前提是,我们看到它包含了两个侧面。行文至此,我们强调了无论过去还是现在的文艺复兴时期,都孕育着善与恶、天才和危机。最后,我们对它的定义是清楚的:文艺复兴便是在某个风险最高的时刻竞争未来。

何时才是文艺复兴时期?

历史浑然一体:它看起来很紧凑,但总能找到将一个历史篇章与下一个编织起来的线索。学者们对"开端"和"结尾"处进行了标注,以便我们对集体故事的解读易于管理,也有助于长段历史的清晰化,但这些界线只可以铅笔标记(意指并非定论——译注)。

在本书中,我们主要回顾1450年至1550年的这一个世纪。公元1450年是一个坚实的起点。达·芬奇出生于1452年,1452年至1454年间发生的一系列事件为15世纪下半叶与该世纪头一年带来了完全不同的气象。几乎同时:英国和法国结束了它们之间的百年战争,这场拉锯战始于 1337 年,它是对日常生活的暴力破坏;东罗马帝国首都君士坦丁堡在 1 100 多年的时间里守卫着欧洲的东部前线,最终也在奥斯曼帝国的新式火药大炮中陷落;并且,战火中的意大利各方——米兰、威尼斯、佛罗伦萨、那不勒斯以及教皇国——也签约组成意大利联盟,这是一个互不侵犯条约,它使整个半岛恢复和平并将精力投入到日常工作中。[12]

基于类似的理由,我们把 1990 年作为新文艺复兴时期的大致起始时间。短短几年时间内:冷战结束了,柏林墙垮了,中国重新进入到世界经济之中,商业互联网开始启动。突然间,世界面貌一新。正如我们在第一部分所看到的,确凿的数据显示,这一时期与众不同。

我们大致将上个文艺复兴时期限定在 1550 年左右。我们必须遵循思想和事件的演变过程,无论澄清它们在大图景中的意义需要耗费多少时间。但实际上,一整个世纪的时间为诸多变化提供了有益的角度。到 1550 年止,这一历史时期的影响,无论好坏,都逐渐变得清晰——正如人们在长期的抉择中包含的智慧与愚昧一样。

我们并不会预测这场新的文艺复兴何时结束。但目前的"时代"比今年或者眼下的十年更为长久。新的文艺复兴是一个奇迹,一场竞赛,它将塑造整个 21 世纪。

缘何瞩目欧洲?

正如我们对这两个文艺复兴时期的定义,它们能在每个文明社会中找到。发生于 15、16 世纪欧洲的事件,在玛雅古典时期(Mayan Classic Period, 4—9 世纪)、朝鲜半岛上朝鲜王朝(Korea's Chosŏn Dynasty, 1392—1910)的最初几个世纪,伊斯兰黄金时代(Islamic Golden Age, 8—13 世纪),中国的唐朝(Tang Dynasty, 618—907),印度的笈多帝国(Gupta Empire, 320—500)以及阿克巴大帝治下的莫卧儿帝国(Mughal Empire, 1556—1605)等历史时期中都有着大致的对应。正如彼得·弗兰科潘在他的权威著作《丝绸之路》中所表示的，亚洲和阿拉伯地区或许曾经很引以为豪地宣称自己是历史上人类进步的源泉。我们鼓励其他作者也反观这些历史时期，进而对现在提出更多洞见。而本书则以欧洲特定时期的经验为着眼点。

缘何如此？并非因为15世纪的欧洲乃当时最为先进的文明。当时，中国已独领风骚数世纪之久。早在12世纪的时候，中国的首都开封已是百万人口规模的大都市了。比谷登堡早300年，中国的雕版印刷术已经开始大规模生产廉价到普通家庭都能购买的书籍。[13] 15—16世纪毗邻欧洲东部门户的奥斯曼帝国，已经是远超马基雅维利之任何描述的世界性复杂国家。并且，穆斯林，而非基督教徒，组成迄今为止世界上最大的信教团体。而人们则视当时的欧洲为一潭死水，许多15世纪的世界地图将其绘制于边缘地带。

但随着文艺复兴时期的到来，这种格局开始发生变化。之后的几个世纪里，欧洲奋起直追，并在人类发展的绝大多数指标上超越了所有其他文明，不仅如此，它还为我们置身其中的现代世界奠定了基本格局。当时与现在是多么相似，它为我们现在提供了最直接的教训。

自然，500年之前与现在发生的事件之间在细节上有着诸多差异。但是，难道这些细节意味着我们应该无视过往历史对我们如今这个天才勃发和风险并存时代的教益吗？这一点，你必须自己定夺。我们认为你将得出同样的认识：

现在是新的文艺复兴时期。

第一部分

文艺复兴时期的基本史实

我们何以成就了现在，

又是什么让这个时代与众不同？

第二章
新大陆

新地图和新媒介如何重塑了我们的生活世界

新地图

在我的生命里，有很多十分自然却又非比寻常的时刻，首屈一指和最不寻常者便是，我生活在整个世界都向我们敞开的世纪。

吉罗拉莫·卡尔达诺

(Girolamo Cardano，1501—1576)[14]

从天启到眼见为实

1450 年，欧洲人对世界的绝大多数了解都来自《圣经》。地球仅有 6 000 年的历史。从大洪水到彼时约 4 500 年。欧洲人、亚洲人和非洲人都是诺亚三子的后裔。这常常是体现在**古世界地图**世界图景中的常识，耶路撒冷被置于世界的中央，东方（太阳从那边升起）位于顶部，各

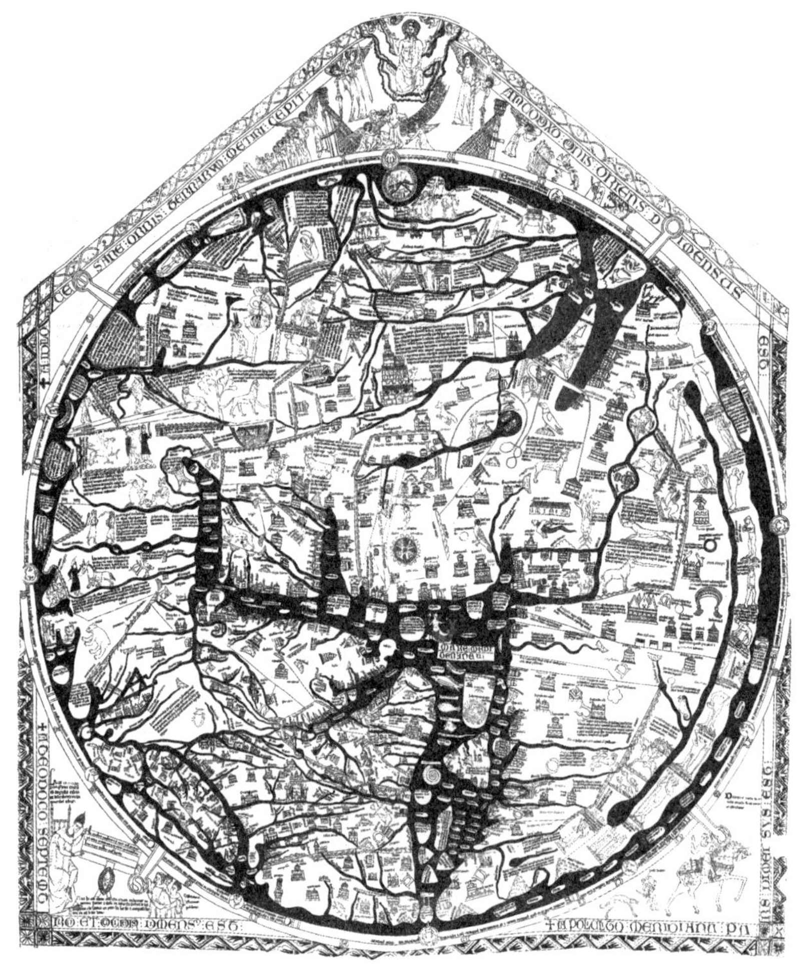

图 2.1 《圣经》所描绘的世界(约 1300 年)

里卡德斯 · 德 · 贝洛(Ricardus de Bello, 1285 年),《世界》(*Terrarum Orbis*)。
资料来源:牛津大学博德利图书馆(Bodleian Libraries)。

种怪物则沿边缘放置(见图 2.1)。

就更广阔的世界而言,欧洲学者所能获得的最为精确的一幅地图则由托勒密所绘制,他是公元 1 世纪古希腊的博学之人,其主要绘制的作品是《地形学》,人们在差不多 15 世纪才重新发现它(见图 2.2)。

显然,该地图绘制者对地中海、北非、阿拉伯半岛以及近东都了然

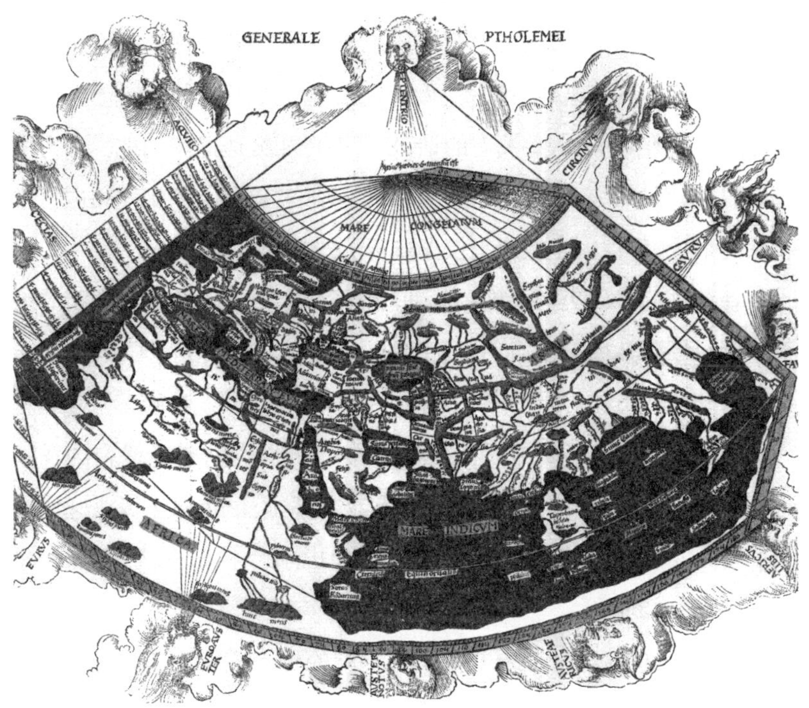

图 2.2　托勒密所描绘的世界(约公元 150 年)

若望·肖特(Joannes Schott,1520 年),《已知的世界》(*The Known World*),斯特拉斯堡:巴勒曼父子出版社。资料来源:牛津大学博德利图书馆。

于胸。但只要超越了上述陆地和水域范围,这幅地图的准确性便逐渐降低。托勒密的印度洋(右下角)被陆地所包围。非洲没有南端,印度缺少其半岛,并且亚洲没有东海岸。美洲和太平洋则完全不存在。比例尺也付之阙如。托勒密断定其地图覆盖了近半个地球。而事实上,它仅横跨了不到五分之一个半球。

1450 年的欧洲并不具备反驳这些明显的错误的资料。* 看似坚不可摧的边境很可能已今非昔比。水域守卫着欧洲西部。学者们和之前

* 在此,欧洲又一次落后于其他文明。早至 1402 年,朝鲜王朝宫廷里的地图便体现了当时的人们对非洲南端的了解,这很可能来自阿拉伯为起点的中阿贸易。

的托勒密所知略同，世界一定是圆的。这对任何站在欧洲西海岸端详着地平线的些微弯曲，或者对那些困惑于返航的帆船总是船帆先于船体出现之原因的人来说，都平淡无奇。但他们并不知道还有什么别的陆地可能就在那头，假如真有的话，是否有可能抵达这些陆地。目力所及，简直没有尽头。对无望距离的恐惧，外加对启示所赐真理和古希腊神话的信念，使得大多数船只仅仅航行于熟悉的水域。

往东去的障碍更为明确：欧洲的视野终止在土耳其政权开始的地方。苏丹穆罕默德二世治下的多民族、多宗教的奥斯曼帝国于 1453 年征服了基督教世界的君士坦丁堡，并更名为伊斯坦布尔，从而为曾经强大的罗马帝国画上了句号。在接下来的约一百年里，奥斯曼帝国在陆地和海洋上的军事胜利将欧洲的权势（尤其是威尼斯和热那亚这样的贸易帝国）驱逐出了地中海东部，包括整个巴尔干半岛、黑海、北非海岸以及中东大部地区。

但到 1500 年，欧洲已经有了全然不同的世界图景。随着航海和观察而积累起来的新证据与古老的真理相互竞争，并开始取而代之。1487 年至 1488 年间，葡萄牙航海家巴塞洛缪·迪亚士发现了非洲南端。十年之后，其同胞达·伽马也航行到了非洲南端附近，然后向上抵达非洲东海岸，跨越印度洋，直抵“香料之城”卡利卡特港口（Calicut，或称科泽科德）。他的航行证明了托勒密的错误：印度洋终究未被陆地所包围。这个消息反过来威胁着亚欧丝绸之路沿线部族的生存——大量有利可图的陆上贸易路线建立在海上路线并不存在的信念基础之上。这一消息对当时世界的意义比如今要重要许多，1492 年，哥伦布——在他寻找通往亚洲的新航路的过程中——偶然发现了伊斯帕尼奥拉岛（Hispaniola，今海地共和国和多米尼加共和国）。他就这样发现了新大陆。*

他们的成功在更广的范围内推动了人们对真理和财富前所未有的

---

* 特别是加勒比海地区；英国派出的约翰·卡博特（John Cabot）则于 1497 年发现了北美。

渴求。葡萄牙继续向东边的亚洲开拓其海上航线。达·伽马曾带着些许重要珍宝返回里斯本,但在接下来的五年里,载有约7 000人的数十支葡萄牙远征队,便已盖过了达·伽马当初的发现为其赢得的优势。他们全副武装,于1507年占领了霍尔木兹海峡(和现在一样,当时霍尔木兹海峡也是波斯湾所有往来贸易的咽喉通道),进而于1510年征服了果阿的西印度港口,并于1511年攻克了马六甲这个香料枢纽。到1513年,这支队伍已经抵达了中国南部港口,几乎在印度洋上的贸易中占据了垄断地位。而西班牙征服者埃尔南·科尔特则往西追随哥伦布的踪迹,于1504年在伊斯帕尼奥拉岛登陆,并推动了西班牙人对古巴(1511—1518)和内陆那些生活在现在墨西哥境内的阿兹特克人的统治(1518—1520)。除了城市富饶,阿兹特克人还以拥有世界上最为肥沃的农田为傲,他们还设计了复杂的灌溉系统来大量生产玉米、南瓜和豆类。帝国在新时代的崛起伴随着焦躁不安,法国于1524年派出了乔瓦尼·达·韦拉扎诺渗透到北美东海岸,并于1534年派出雅克·卡蒂埃首次突袭圣劳伦斯河,他总共突袭了三次。

而麦哲伦则是迄今为止最为野心勃勃的探险家,与之前的哥伦布一样,他于1519年从西班牙往西航行以探索通往亚洲的航路。他猜测,南美洲南端应与非洲南端一样可以通航,绕过它,便能比往东航行快得多地抵达香料群岛(印度尼西亚)。麦哲伦猜对了一半。他发现的美洲南部通道则被命名为麦哲伦海峡以示纪念。麦哲伦还发现了美洲另一侧的大洋,并起名为“太平洋”——因其上空有利于航行的微风。

通过这种名字的选择,麦哲伦抛弃了欧洲对世界地理的巨大无知。麦哲伦曾按照托勒密在古时对世界地形的预测,估计出从西班牙往西到亚洲约有130度经线的距离。[15]但实际则有230度经线的距离,而麦哲伦所谓的太平洋则让世界显得大为不同。太平洋是世界上最大最宽广的大洋,它幅员1.3亿平方公里——占据了整个地球表面的三分之一。麦哲伦带领着三艘船和237人从西班牙往西航行。历经三年的饥饿、谋杀、反叛和沉船的困厄之后,仅存的一艘载着18名船员的船只最终返航，他们的这次航行，为欧洲带来了地球大小和外形的确切证据。

在这个发现的时代里，地图制作的最高成就便是杰拉德·墨卡托(1512—1594)制作的世界地图，该地图发布于1569年(见图2.3)。他用时数十载从事探险、航行和地图制作等工作，其劳动成果作为地球的最终图景取代了托勒密之前的工作成果。稍加改进——澳大利亚直到17世纪初才被发现——它仍旧是我们当今地图的基本模板。

墨卡托的地图远非仅汇总了新的数据。它还为某种新的(在那个根深蒂固的宗教时代)渎神哲学摹绘了基础：出自直接观察的知识(自然之书)可能与古人的智慧和《圣经》启示(上帝之书)有所不同，甚至矛盾。朝北的、可辨认的海岸线和精确绘制的经纬度取代了地图上起装饰作用的海怪、宗教图标和模糊潦草的字迹。亚洲和非洲缩减至其实际比例，而欧洲——托勒密曾将其置于地图边缘——则被置于中心位置以确认其全球潮流中逐渐彰显的主要领导角色。一个新时代即将来临。

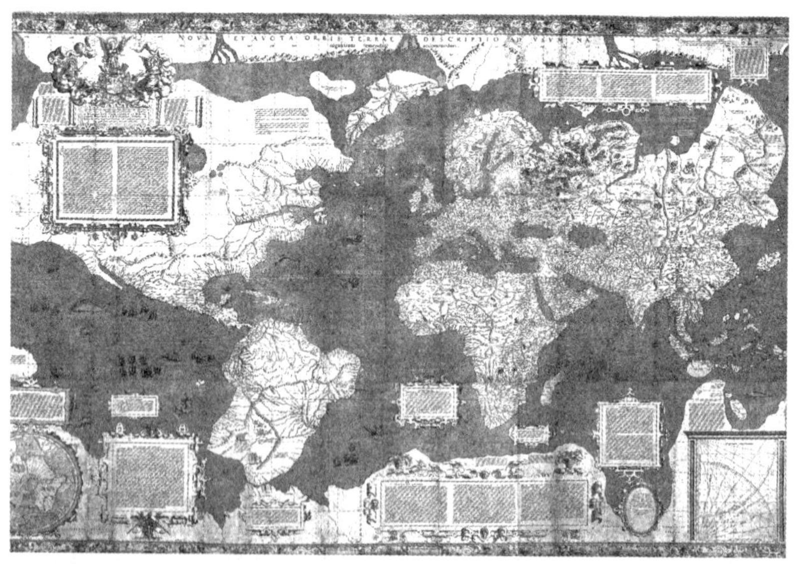

图2.3 墨卡托所描绘的世界(1569年)

拉蒙德·墨卡托(Rumold Mercator,1569年),《适用于航行中使用的有关全球陆地之全新和更完备的呈现》(*Nova et Aucta Orbis Terrae Descriptio ad Usum Navigantium Emendate Accommodata*),安特卫普:普朗坦出版社。

资料来源:法国国家图书馆。

从意识形态到市场经济

仅仅 30 年前,我们还面临着坚不可摧的边界。这一次不是海洋,而是意识形态。但它同样展现了宣布真理的当局权威和以观察的方式揭示替代选择的力量二者之间的较量。

我们当初并不知道现在的情况——即过多的中央计划会使国家经济停滞和崩溃。在 20 世纪 70 年代,共产主义对于民主国家的资本主义道路而言似乎是永久和有效的替代。终究,共产主义还在运转。共产主义国家普遍证明自己有能力提供基本的福利——营养、教育和医疗保健——给它们的公民,并且,苏联在科学领域尤其是空间探索方面取得了飞跃进展,这导致了资本主义观察人士的恐惧和嫉妒。

因此,铁幕将人类从政治上割裂开来;物理上,则有柏林墙的阻隔——进而成为两个互相排斥,并用核武装备的世界观之间的较量。

到了 20 世纪 80 年代,中央计划经济的失败——庞大的工业、不正当的激励、毫无热情的工人——已变得十分明显,甚至其中的老大哥也要向经济现状低头。邓小平使中国对外开放,紧接着,其十亿人口的经济体开始与西方贸易关系正常化。苏联总统戈尔巴乔夫则宣布了他的**改革**("重组")。经济崩溃席卷了众多国家,从菲律宾到赞比亚、墨西哥、波兰、智利、孟加拉国、加纳、韩国、摩洛哥等国,导致它们竞相寻找更好的增长模式。进口替代模式,即各国互相提高贸易壁垒以便它们各自可以培育自己本土的产业,被证明是失败的:它培育出来的产业并不能达到满足内需的规模和优异程度,而且也没有强大到与其关税补贴壁垒之外的产业抗衡的地步。增长的债务和通货膨胀压垮了越来越多的国家。它们被迫加入世界银行和国际货币基金组织(IMF),这两个组织坚持这些国家要采取一种新的、出口导向的路径:放弃贸易壁垒,引入外国竞争和投资,保护私有财产,积极融入全球金融和制造产业链。在仅仅十多年的时间里,40 多亿人加入了全球市场。[16]

戈尔巴乔夫总统认为苏联的萎靡不振源于政治，因此，他将资本主义浪潮转变为了民主化浪潮。1989 年，波兰的团结工会运动在波兰人民中赢得了选出国家领导人的权利。两年之内，匈牙利、保加利亚和捷克斯洛伐克都选择了自己的未来，民主德国也推倒了柏林墙。1991 年 12 月，苏联自己也解体了，俄罗斯首次选出了自己的总统叶利钦。

随着冷战的结束，对峙双方之前因地缘政治安全问题而被统治所胁迫的人们，开始对本国权力和财富的集中表示出愤慨。20 世纪 80 年代，军政府统治着拉丁美洲大部分国家：危地马拉、巴西、玻利维亚、阿根廷、秘鲁、巴拿马、巴拉圭、洪都拉斯、智利、乌拉圭、苏里南和萨尔瓦多等。到 1993 年，民主革命已将这些军政府全部推翻。撒哈拉以南非洲三分之二的国家在同一时期也经历了当时流行的政权更迭——包括南非在内，当地人曾以为需要几代人的时间才能结束种族隔离(apartheid)。从 1970 年至今，联合国成员国中具备形式民主的国家比例已从三分之一增长至五分之三。[17]

当然，政治上的分歧依旧。倘若“民主”意味着：(1)多数人通过自由和公平的选举进行统治，(2)保护少数人，(3)尊重基本人权，(4)公民在法律面前的平等，那么，仅有 47％的国家，或者 48％的世界人口生活于民主政治之中。[18]在许多地方，民主正面临威胁。俄罗斯议会曾经热闹的下院(国家杜马)现在已卑微至普京后冷战政策议程的橡皮图章。随着敏感的当局逐渐适应了疲软的经济状况，媒体自由已在拉丁美洲、土耳其、匈牙利、中东和北非等国家和地区备受打击。在发达的民主国家，选民参选率长期下挫，当局又以公共安全的名义剥夺了公民自由。(由于爱德华·斯诺登于 2013 年对美国国家安全局监视活动的揭露，人们公开辩论这个曾被默许的交易，但它并未被撤销。)

经过 20 世纪 90 年代，随着“民治”(rule by the people)思想的传播，经济表现成为政治领导的试金石。苏联的解体和中国的改革开放，全球安全政治便不再是选民心中的头等大事，更多世俗福利的考虑将被置于中心地位：就业、教育、营养、基础设施、技术、通货稳定性及环境,等等。“关键是经济,傻瓜!”,这是比尔·克林顿在 1992 年与乔治·布什进行总统竞选时说的名言——后者是时任总统,其外交政策不容置疑,然而却无足轻重。

经济增长超越国家间的政治分歧首次成为全球日益增长的共识。作为这种共识标志的世贸组织自 1995 年成立以来,现已有 161 个成员,包括所有主要的世界经济体(俄罗斯这个最后抵制者也于 2012 年加入)。[19]通过世贸组织,我们不仅互相敞开了门户,而且重新配置了国内资源——协调了我们国内的法规和机构——以进一步减少彼此经济运行的差异。近些年,全球贸易谈判的势头已趋于停滞——金融、社会和环境危机已经挫伤了曾经推动它们的那种增长第一的论调——但 20 年来世贸组织的谈判及其对争端的解决已经打破了全球贸易壁垒。在发达经济体中,平均进口关税已趋近于零,而目前的区域贸易举措,比如 11 个太平洋沿岸国家组成的跨太平洋伙伴关系(TPP),以及美国和欧盟之间的跨大西洋贸易与投资伙伴协议(TTIP),都旨在消除成员国之间的非关税贸易壁垒。* 区域俱乐部——欧盟(1993 年成立),北美自由贸易协定(始于 1994 年),东南亚国家联盟(建立于 1992 年),南方共同市场(始于 1991 年),以及南部非洲发展共同体(建立于 1992 年)——已深化了成员国之间的政治经济协作程度。

新媒介

谷登堡

文艺复兴世界的新奇之处不仅在于物理空间层面;这种新奇还延

---

* 常见的非关税贸易壁垒包括不同国家的监管机构对待同类产品的差异。比如,多数美国牛肉不能在欧盟出售,因为欧盟禁止了美国农场主使用的许多生长激素。

伸到了思想领域。与陆地和海洋之间新型关系的形成类似，观念之间关系的形成路径也可能倒转。

人眼难以辨别一百英尺开外的熟悉面孔；在一般情况下，人耳无法听到类似距离之外的谈话。若是更远的距离，我们的彼此交往则必须经由除了空气之外的传播媒介。大约 1450 年，德国美因茨的企业家约翰·谷登堡发明了一个后来很出名的新媒介。它是创新的巧妙组合：手持式模具使得人们可以迅速地排列数以千计的小金属字母（或者“活字”，type）；成千上万的字母在这个框架中排列以拼写出单词和句子；并且，某种油基印墨配方能沾在活字上，往纸上压去时，还能很好地印在上面。他为这种混合增加了两种常见的本地元素：印刷机（欧洲类似的技术自古便有，尽管压榨的是橄榄和葡萄）和纸张。纸张在三个世纪之前便已传至欧洲，西班牙的摩尔人受中国人启发而获得造纸的灵感。它比羊皮纸便宜，到谷登堡的时代，好些纸张已能从德国作坊中得到。

其结果便是有了世界上第一台印刷机，它掀起了一场信息传播革命。* 某人若生于 15 世纪 50 年代中期［即世界首批主要的印刷书籍（谷登堡《圣经》）出现之时］，当他在 50 岁回首其短暂的人生时，期间恐怕已出版了 1 500 万到 2 000 万册图书——这些图书很容易就在卷数总量上超过了自罗马时代以来的欧洲所有手抄本。[20]他或她很可能已很难再记起那个没有这些突然间出现的书籍的世界——那个世界唯一的信息交流方式便是面对面的语言交流以及手抄本；其中，一个“受过良好教育”的人就是阅读过一打信件的人；并且，任何更多的阅读量就意味着踏上漫漫朝圣路，去往位于阿维尼翁的教廷图书馆（Papal library，它是前谷登堡时代欧洲最大的图书馆之一，藏书量超过 2 000

---

* 首次使用活字印刷术的荣誉当恰如其分地归于毕昇（？—1051），他于 10 世纪 40 年代发明了这一技术。朝鲜的高丽王朝也于 1230 年左右发展了活字印刷术。但二者都未大行其道。由于亚洲文字过于复杂，它们都因为太笨拙太昂贵而无法取代手抄本。谷登堡发现了铅活字印刷术。

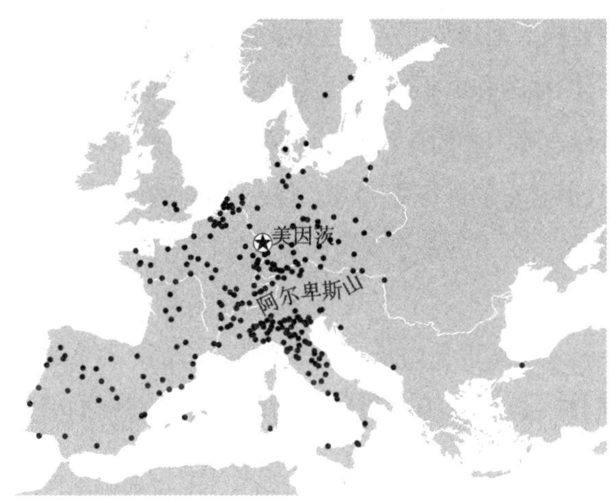

图 2.4　欧洲的印刷业网络,1500 年

资料来源:格雷格·普里克曼(Greg Prickman,2008 年),《早期印刷业图集》(*The Atlas of Early Printing*),爱荷华大学图书馆(atlas. lib. uiowa. edu)。

册),或者去到某个基督教国家中的最大修道院。但此景不再。在 50 年的时间里,印刷机在欧洲扩散至 250 多个重要城市(见图 2.4),欧洲 1500 年来有文字记录的文化总量翻了一番。它在接下来的 25 年里又翻了一番。内容增长渐呈指数趋势。

影响

印刷术这种新媒介不可避免地将老式技术淘汰。

它颠覆了书籍制作的经济学,曾经无价的工艺品成了廉价的商品。德国作家塞巴斯蒂安·布兰特(Sebastian Brant, 1457—1521)于 1498 年评论道:"通过印刷术,独自一人工作一整天便能产出以前1 000天的手写工作量。"[21] 他并没有夸张。1483 年,里波利出版社按照每**昆特诺**(用五张纸像笔记本那样对半折)3 弗罗林收费,并将之作为《柏拉图对话录》单册的用纸量。抄写员收费低些——比如 1 弗罗林——但一次仅产出一个副本。用更短的时间,里波利出版社可大量生产 1 025 本同样的书籍。[22]

印刷业极大地规范了学习过程。此前,每本书都是个独特的物件。不同的字体、插图和页码,有意无意地插入,删减以及别的特别风格等,都意味着没有哪本书的任何两个拷贝完全一致。印刷术并未完全消除这些怪癖,但对它们进行了删减。现在,人们学习西塞罗时,很可能在阅读相同的言论,万一某个拷贝因某种原因遭到破坏,学者们则有大量可靠的备份。这种影响是深刻的,尤其对植物学、天文学、解剖学和医学等新兴科学领域更是如此。与印刷机兼容的木刻和雕刻取代了手绘插图,人们第一次可以为不同地方的学者和航海家们提供几乎一模一样且详细的图画、图表和地图了。这些信息丰富的图画在安德里亚斯·维萨里的《人体构造七书》(*De humani corporis fabrica libri septem*)中随处可见,它们详细描绘了人体的肌肉结构,这在谷登堡之前的书籍版本中压根做不到(见图 2.5)。

印刷术还改善了知识的存取方式。前印刷术时代,知识更多地是一座有围墙的花园。大多数文本用拉丁文写成(这是那些受过教育的精英才能跨越的障碍),大多数专业知识只有在大学或学徒作坊的课堂讲授中才可获得。绘满图画的全新本地语种书籍使得"知识"更为"普通",这些书将知识传递给了学徒、店主和店员,还顺带提升了大众阅读的兴趣。* 同时,大量历史、哲学和自然界方面书籍的出版让学者们可以绕开学术审查者。"现在,年轻人通过勤奋学习也能获得和长者同样的知识,他们为何还要尊重长者?"名为贾科莫·菲力波·弗雷斯蒂(1434—1520)的年轻僧侣在 1483 年这样问道。[23] 许多年轻人也有同样的疑问。16 世纪最重要的天文学家之一第谷·布拉赫(1546—1601)从哥白尼等人出版的书中自学了很多本领。

印刷术扩展了知识共享的地理范围。虽然,欧洲在 15、16 世纪的大部分时间里都在探索和攫取其他大陆的自然和人力资源,但它也在

---

* 另一方面,这也意味着知识一开始便植根于产生它的语言之中。译者则成为必要但不充分的桥梁——今天尤其如此,因为词典比以前厚了太多。比如,英文单词是之前的五倍之多。

图 2.5　印刷术使得复杂视觉信息的传播成为可能

安德里亚斯·维萨里(Andreas Vesalius,1543 年),《人体构造七书》(*De Humani corporis fabrica libri septem*),巴塞尔:约翰·奥普雷努斯。

资料来源:美国国家医学图书馆。

这个混同的过程中加入了重要的新成分：西方的知识和观念。书籍很轻便，且流布甚广。《放纵的教会城市》这本罗马（西方基督徒的主要朝圣地）指南到1523年时已发行了44个拉丁文版本，并有欧洲和地中海沿岸国家的20个当地版本。[24]到16世纪初，来自安特卫普的印刷插图能在欧洲人航迹所至的每个地方找到，比如印度、中国、日本、墨西哥和秘鲁，欧洲生活形式和艺术风格就这样呈现在了当地艺术家眼前。[25]肩负《圣经》使命的传教士将欧洲和犹太-基督教中有关主权、财产、上帝、原罪和拯救以及“人”与自然关系的观念，传播给了新大陆的殖民地和亚洲的贸易伙伴。[26]

印刷术还扩展了公众可阅读内容的范围，从而增强了公众对著作创作的参与度。首批排版印刷的书籍为宗教类大部头。然后是拉丁作家（西塞罗、维吉尔、李维和贺拉斯），接着是更早的古希腊作家（先以古希腊文出版，然后以拉丁文出版），接下来便是将这些著作再版一次——而这次是以各种方言形式出版（以法语、英语和意大利语为主）。唯有那些散落各地的古希腊作品得以在中世纪幸存，而且译本比较错乱。但在15世纪，所有古希腊文本开始在西方世界的图书馆中得到修复。学者们汇聚在君士坦丁堡（当时还被希腊统治），试图从源头修复这些文本。土耳其人占领君士坦丁堡后，文本修复的涓涓细流逐渐汇聚成河。但希腊艺术家和学者因不满于奥斯曼帝国的统治，携其已卷边的柏拉图和托勒密著作西迁意大利。忽然间，古希腊的古典遗产得到修复：全都以清晰的希腊语为载体，并被当地阐释者生动重现。西欧知识分子如饥似渴地开采着这些珍藏的哲学、数学、天文学、生物学和建筑学经典宝藏。人们通过印刷术重新发现了过去，及其对当下和未来世代的意义。

但这些最终称为“经典”的古希腊语和拉丁语文本自身并不能使得欧洲日益增加的出版社忙活起来。书籍数量扩大的根本目的从保存过去的智慧和传播宗教信仰，转向了扩散新的理念和经验。进而，新的书籍形式出现了——宣传册——它扩展了自我表达的可能性。简短、快捷、廉价的印刷小册子便是大约 500 年前的推特文。商人、文员、工匠和其他专家、牧师等各色人士在 1500 年到 1530 年之间大约出版了 4 000 种不同的传单。[27]宣传册也使学者们迅速地将自己的名字与某个发现相关联，或者快速地反驳竞争者的结论。木星和土星在 1524 年的大契合(The Great Conjunction)这一事件便产生了 60 个作者(他们中的大多数助长了末日即将来临的歇斯底里)出版的约 160 个宣传册。[28]其他的册子则试图预言瘟疫或者政治危机，以及为忧心忡忡的公众提供谁会被打倒、谁会被赦免的实情(和谣言)。马丁・路德猛烈抨击天主教会的檄文于 1517 年被钉在他所在的当地教堂的门上，后被重印并在欧洲范围内传播，这无意中掀起了宗教改革运动(详情请参阅第八章)。

这些事件的影响并非一蹴而就；社会需要时间以适应新环境。抄写员在之后的几十年里依旧很常见，即便印刷术已经出现了一个世纪，保守派仍在指出这种技术的缺陷。比如，它可以传播错误(诸如所谓的《邪恶圣经》，该书由罗伯特・巴克于 1631 年在伦敦出版，其中第七诫写道，"汝等奸淫")。但事实证明，印刷术太有用、太迅猛而无法被禁止。梵蒂冈图书馆馆长安德里亚・德・布西(Andrea de Bussi)于 1470 年反思道："人们很难再举出对人类有着类似重要性的其他发明了，无论古今。"[29]

扎克伯格

但现在，我们可以。以获取、沟通和交换数据为目的的"数字"新媒介的出现便是第二个谷登堡时刻。数字化将我们生活其中的模拟世界——书籍、演讲、足球比赛和触屏上的点击——以 0 和 1 组成的序列呈现出来。对人来说，它就像摩尔斯电码一样乏味("乏味"用数字译为"0111010001100101011001000110100101101111011101010111110011")，但它对计算机而言则很容易，因为 0 和 1，"开"和"关"之间泾渭分明。

在这个转换过程中,我们会丢失一些信息(平滑的模拟声波的数字信号会离散成陡峭的阶梯状),但利弊权衡之下,我们获得了机器的处理能力。并且,我们知道如何迅速提高机器的处理能力。1965 年,英特尔的联合创始人戈登·摩尔指出,其公司所能配置的、在一个电脑芯片中的晶体管数量(以及与此相应的芯片处理能力)差不多每两年会翻一番。这条众人熟知的"摩尔定律"从此便确立下来。

摩尔定律可能是我们这个时代最重要的经验观察结果。第一次谷登堡时代的明显特征之一便是速度:个人短暂的一生之中,一种新的文化和交往媒介诞生了,并变得随处可见。我们时代的数字新媒介也一样。我们再来探究一下作为媒介基础的实体性基础设施。15 世纪的基础设施是印刷机;现在则是陆地和海底的光纤电缆。第一条洲际光缆于 1988 年铺就。从那时起,随着计算能力的飞速发展,通过这些光缆的数据也迅速增长,曾经闲置的缆线现已变得水泄不通。而现在,经由这种基础设施关联起来的用户数量则是千年之交时的 7 倍,从 4 亿人增长到了超过 30 亿人。[30]

这是人类有史以来对技术最为迅速的大规模使用。至少,在我们将数字设备变得小型化和便携之前是这样。就在晚近的 1998 年,仅有 20%的发达国家人口和 1%的发展中国家人口拥有手机。[31]现在,发达国家的移动终端用户数量已超过其人口数量;而发展中国家的移动终端普及率也超过了 90%(见图 2.6)。[32]

现在,近三分之一的移动用户使用手机上网。[33]目前,人类文化中唯一增速超过数字设备的就是数据本身——很大部分原因在于,每年我们都会生产数十亿部更好的设备来获取和分享信息。这些设备不仅包括智能手机,还包括可联网的汽车、洗碗机、核磁共振成像仪(MRI machines)和大型射电望远镜,等等。2011 年,可联网设备数量已经和地球人数一样多。到 2015 年,它们的数量已是人类数量的三倍了。有了它们,人类一年创造、备份和共享的数据量就有约 44 泽字节。这是一个非常大的数字——"44"后面跟着 21 个零。打个不那么准确的比

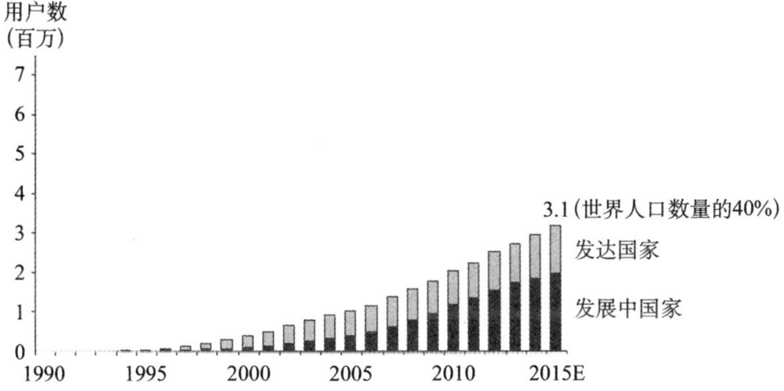

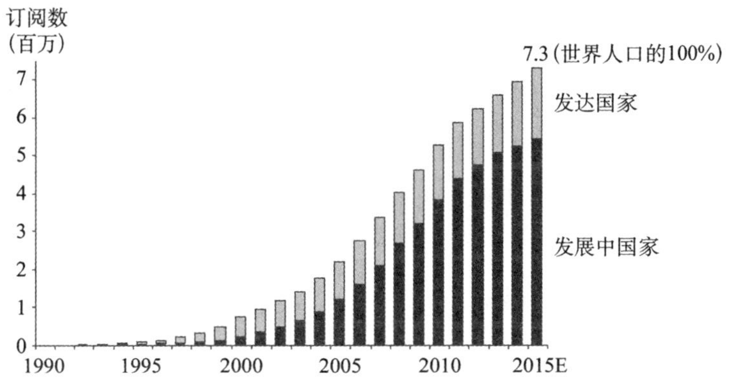

图 2.6 短短 20 年,几乎全人类都被移动设备或数据相互关联

数据来源:世界银行数据库(World Bank Databank,2015 年),"世界发展指标"(*World Development Indicators*),data. worldbank. org。

方,用这些数据量填满容量为 128G 的智能手机,可堆砌的高度达 25 万公里——这相当于三分之二的地月距离。并且,这个数据量每两年翻一番。而就在最近的 2005 年,当年的数据量所填满手机的高度"仅"相当于从迈阿密到伦敦的距离。[34]

新的影响

与之前的印刷术一样,数字媒介颠覆了我们所有人获取和共享数据的经济方式。多亏了摩尔定律和随之而来的计算能力的飞速发展，我们才能将数字化界面推送到人们身边——一直到我们每个人的耳朵、嘴巴、面部和指尖——让我们能以数字形式捕捉和共享我们所有的想法和言谈，并赋予其数字特性，即：它们能同时或连续千百万次地被消费、编辑和修订；也能被压缩、存储、备份并按需取回；而且，它们还能倍增，并以光速、信号近乎无损的方式复制到任何地方。这些特性使得距离、时间和成本诸因素与观念的散布和交换过程全然无关了。

就在最近的 2001 年，长途电话的平均费率，比如美国和英国之间，就高达 1.75 美元每分钟，并且，我们还要相应地配给时长。现在，多亏了网络电话（Skype）这样的数字服务，长途电话的成本降至之前的 1%，我们也不再操心费率。自 2001 年以来的国际长途时长也增加了近 3 倍，从之前的 1 500 亿分钟增加到约 6 000 亿分钟。[35]唯一与打电话相关的距离因素便是时区协调的困扰——这也是异步社交软件 WhatsApp（新鲜事）和 Facebook Messenger（脸书信使）得以崛起的原因之一。

另外一个曾经的奢侈品、现在的日用品，则是在线数据存储和处理服务——云计算。谷歌现在将这项服务赠送给了它的近 10 亿云用户，按照 1995 年的价格计算，在线数据存储服务人均价值 1.5 万美元。换句话说，仅仅 20 年前，价值总计 15 万亿美元的东西现在就已经免费了。[36]不光是大部分公共知识，还包括我们的私人图书馆——信件、照片、音乐和公司数据库——都能被随时随地取用。“云计算”是个吸引人却带有误导性的隐喻；它更像是皮肤——总是触手可及，与我们的身份密不可分。

随着欧洲新地图的展开，人们也将书籍及其包含的思想带往了沿途的每一条海陆航线；当今的数字信息也是如此。艾伦·德詹尼丝和其他 7 位名流在奥斯卡颁奖典礼上的自拍照，仅在 12 小时内就被全球 2 600 万电子设备下载，从而产生了约 2 TB（1 TB=1 000 GB）的数据流量。2013 年，全球数据流量就突破了每天 1 EB（1 EB=1 000 000 TB）

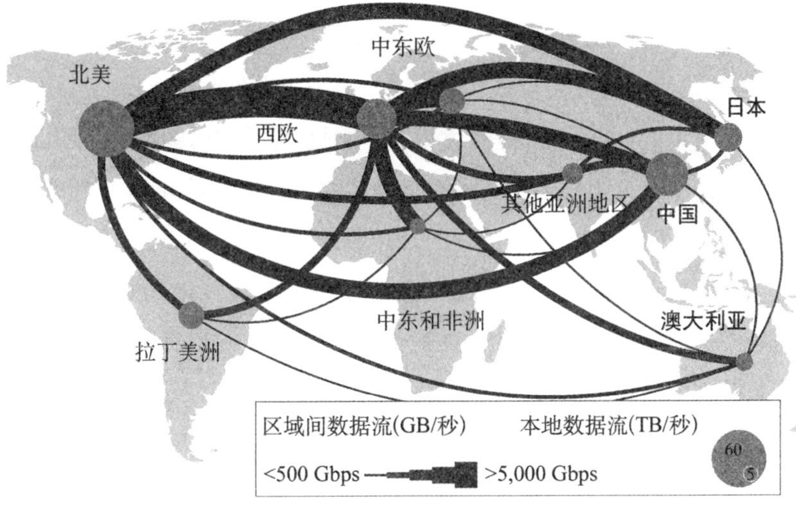

图 2.7　当今国家间浓密的数据流

资料来源:詹姆斯·马尼卡,雅克·布亨等人(James Manyika, Jacques Bughin, et al. ,2014 年),《数字时代的全球数据流》(*Global Flows in a Digital Age*),纽约:麦肯锡全球研究院;思科公司(2015 年),视觉网络指数(*Visual Networking Index*),www. cisco. com;以及作者的综合分析。

大关——这比 2003 年一年的数据流量还大。2014 年每天的数据流量则比 2003 年的年度数据量多出了 1. 5 倍。[37]随着网民数量的快速增长(到 2017 年可达 50 亿),外加每个网民将消耗越来越多的网络内容(特别是视频),全球总数据流量将持续扩大、飙升。[38]

与此同时,最繁忙的数据交互中心已由美国转移至西欧,后者已成为东欧、中东和非洲之间数据交换的黄金枢纽[39](见图 2. 7)。十年前,落后的物理基础设施将诸多发展中国家排除在数字时代之外。现在,智能移动设备已帮助它们跨越了这些限制。到 2015 年,与电力的覆盖率(约 82%的全球人口)相比,更大比例的全球人口(95%)至少已能使用第二代蜂窝通信技术(2G)。[40] *

数字媒介也有助于规范通信——视频共享是其中最显著的方式。

---

* 在电网未能覆盖的地方,联网手机通过当地商店、办公室或其他地方的发电机充电。手机充电是贫困社区广泛存在的微型业务之一。

人们大规模采用固定宽带后(到 2015 年,它已连接全球约 11%的家庭),视频共享才成为现实。[41] 出于某种原因,视频属于高带宽;它复杂度更高,比静态的音频模式减少了数据丢失,从而更能让我们沉浸其中。你给亲人打电话时,这些优势并不明显,但若你试图解释《使用三分配器笛卡儿打印机生物打印蜂窝构造的可行性》这篇论文(《可视化实验杂志》2015 年的文章)的目的,视频的优势便突显了出来。[42]

数字化还打破了话语形式。20 年前,我们把交往划分为“私人”形式(一对一)和“公共”形式(一对多以及多对多)。对前者而言,存在着廉价的大众通信手段(电话,邮政系统等),而后者则涉及很高的传播成本——诸如报纸、书籍、盒式录音带和电磁信号(电视和电台)等。通常情况下,只有企业或者国家实体(出版社、媒体公司、电视台和广播台等)有能力建立这样的渠道,并且,它们仅允许那些服务于其目的的通信接入。

如今,这种区分已成为暗淡的记忆。公共传播也变得廉价。与之前第谷·布拉赫的处境很相似,我们也可以扪心自问:既然每个人都可以直接向其受众讲话,为何老旧的话语形式还会比新的更受追捧?这个完全有效的问题已将传统媒体抛入危机之中。报纸不再“挑选那些适合的新闻”;现在,它们围绕着编辑的想法策划内容,生产话题,希冀读者将其添加进自己的时间线和新闻推送之中。学校和教师的角色也发生着改变。好老师的工作不再是提供信息。世界上的知识对于网络发达社会中的学生而言已经唾手可得;将其上传至学生们的脑中仅有着边际社会效益。今天,老师的工作便是帮助学生学习如何检索、批判和组合这些信息,并将其加入到他们自己的研究和看法中。

而对那些试图将自己的视频加入到全球信息和思想大合唱中的人来说,我们所处的谷登堡时刻为他们提供了很多办法。印刷术产生了小说、散文和宣传册;数字媒介产生了博客、视频频道、自定义编程(mashups)、微博和拼趣(Pinterest boards)以及种类繁多的虚拟商品,比如应用程序和电子书等。在刚出现的头十年，互联网的用途主要在于快速而廉价地传播信息。现在，它（由于宽带和手机的普及而成为可能）会邀请用户进行内容协作（比如用 Quora 交互问答，用 GitHub 共享编写的软件代码或者用 Thingiverse 共享 3D 打印的设计），策划意见门户网站（比如《赫芬顿邮报》或者报业辛迪加），或者参与到“开启生命之树”这样的科学项目之中。所有这些新形式都有一个共同特征：它们都涉及把受众转变为参与者——将消费者转化为内容的生产者和传播者。

最终，我们正在构建群体智慧的新阶层。作为一个群体，我们能以更加宽松、有力和快速的方式聚集、感知、发言和行动。我们可以帮助彼此寻找走失的孩子或者渡过难关。我们可以知晓更多同胞们的想法和感受。假设脸书是个国家，它以单月活跃用户超 15 亿这一点便能成为地球上人口最稠密的国家。[43]尽管这些人散居世界各地，但他们彼此之间的距离通常小于 4 个人（源自六度空间理论，即你和任何陌生人之间的距离不会超过 6 个人——译者注）。[44]在脸书上，即便我们从未谋面，你朋友的朋友也认识我朋友的朋友。

这种新的群体智慧在 21 世纪的诸多热点事件中发挥了关键作用：阿拉伯之春，占领运动，应对飓风桑迪的公众救援协作，巴黎气候协议及欧洲极端政治团体的兴起等。这些活动的巨大影响范围突显了新的数字媒介发挥其双刃剑作用的方式。社会和公众都还在学习和摸索如何经营和管理这个具备自主意识的阶层。正是它推动产生了伊斯兰国——以及拒绝宗教暴力和统治的新阿拉伯世俗化运动（见第八章）。尽管困难重重，但我们正受其影响。“人民的意志”“社会共识”及“民族的脉搏”等：这些一度抽象的哲学术语正在变成我们的文化和政治中更加具体、可测量和有影响的组成部分。

在不远的将来会有那么一天，你足不出户便能开展商业，从事研究，探索世界及其文化，调用任何精彩的娱乐设备，广交朋友，进入社区市场，以及向远方亲友展示照片，等等。

比尔·盖茨，1995年[45]

令人惊叹的并非比尔·盖茨有多么正确，而是，让我们回想起这些事情都不可能的世界是何等艰难这件事。数字媒介迅速扩展并渗透了我们的日常生活，这使我们几乎无法相信自己曾亲往图书馆学习莫桑比克的首都叫什么，或者当年向朋友展示自己旅行照的唯一方式便是额外洗印并邮寄一堆照片等陈年旧事。与之前的印刷机时代一样，我们再次颠覆了如何获取和交流知识以及召集社群的方式。一如既往，我们的集体实验仍是编织新的社会网络以便将那些特权阶层与技术的应用相结合。这次的不同在于特权阶层的范围有所扩展。

这是个新的世界。接下来两章将展示它正以何种方式改变着我们所有人。

第三章
新的盘根错节

全人类的联系如何变得愈加紧密而复杂

你将一张地图的四角合拢时会发生什么？你会改变地图表面每个点之间的关联方式。曾经的边缘地带瞬间成了某个可能领域里的新节点，而一度确定的中心区域则相对弱化了，之前逐渐消弭的距离则变得清晰可知。

哥伦布、麦哲伦、达·伽马和谷登堡等人——为他们的世界做出了上述贡献。我们也正在为自己的世界做出同样的努力。相关证据已超越了随处可见的数据领域。人类彼此关联的每种方式——贸易、财富、通信和旅行等——都佐证了我们正生活在一个全新的世界中。

贸易

杀死海怪

贸易是一种有限的——因而略显不足——全球关联性代表，但它却是一个良好的领导力指标。从历史上看，追逐利润的商人和企业家是首批从那些分隔族群之藩篱的夹缝中突围的人群之一。哥伦布发现美洲，达·伽马从非洲南端抵达印度，麦哲伦的船员从错误的方向成功驶往亚洲，凡此种种，这些人的主要任务便是贸易——特别是，为奥斯曼帝国所控制的通往东方的陆上通道寻找替代路径。

在这些探索航行之前，大多数贸易都是局部的，长途的洲际贸易主要发生在内陆或内海周边。而欧洲则是世界边缘的古老半岛。“欧洲”甚至未曾作为大陆标签存在过。它的居民则由一群处于分裂状态且时常交战的威尼斯人、阿拉贡人、巴伐利亚人和佛罗伦萨人，以及其他地区一些独自繁衍生息又默默无闻的人口所组成。与已知世界(亚洲、中东和非洲)的贸易额至多仅占欧洲经济的 2%。[46]欧洲人不得不为进口的陶瓷、丝绸和香料支付硬通货——真金白银——因为他们并未生产出足够多其他文明认为值钱的商品。

新地图改变了这一切。当时人们所理解的珍贵资源(奴隶、香料、糖和黄金等)首次进入到全球贸易进程中。欧洲——这个词逐渐开始有其重要性了——精心设计了这些日渐增长的洲际货物流程。16 世纪初，大西洋奴隶贩子开启了这可怕的生意：他们每年从非洲运输 1 万到 1.5 万名非洲黑人到南北美洲殖民地。奴隶们在这些殖民地种植甘蔗、咖啡和烟草(1560 年以后)，并生产供大洋另一端欧洲人享用的商品。[47]他们还开采新大陆的黄金和白银。16 世纪，西班牙和葡萄牙从美洲(尤其是南美)攫取了约 150 吨黄金——这相当于同一时期整个欧洲的黄金产量。[48]他们将其中一部分运回国清还债务和从事金融战争，而其中大部分则运往亚洲购买更多的东方奢侈品：瓷器、丝绸、茶叶、咖啡以及特别是，胡椒(这在 16 世纪上半叶占据了葡萄牙经由印度洋贸易总量的 85%)。[49]

远洋货运量在全球航运时代的头一百年里规模适中。葡萄牙人每年派出 7 艘船只穿越印度洋与亚洲进行贸易往来，每艘船各携 400—2 000吨贸易货物和金条。西班牙则与自己的新大陆殖民地有着更多的往来；截至 1520 年，他们每周都会派出两艘船只穿越大西洋。这样，海怪已被杀死，距离的谜团也已解开，并且，深海巨浪中的冒险已成了家常便饭（尽管依旧危险）。远洋贸易开始将世界各大洲、各种文化、资源和语言关联起来，国际金融和大规模的信贷也应运而生，并被用于资助那些越发遥远的商业探险。而全球经济重心也从中东转移至欧洲，前者自古巴比伦时起便是人类往来的十字路口。“绕道好望角通往东印度航线的发现以及美洲的发现乃人类有史以来最伟大最重要的两件事”，大约 300 年后，亚当·斯密在其《国富论》（1776 年）中如此评价道。

在陆地上，东西方之间的城墙被证明比劫掠成性的土耳其幽灵所设想的还要千疮百孔。比邻而居的两大文明，无论谁都不占据征服对方的优势地位，这迫使双方演化出更为复杂的商业、外交和文化交往。热那亚人失去了进入黑海的通道；威尼斯人则失去了岛屿、爱琴海和地中海东部等处的港口。但这些路线沿途对商品供给的市场需求并未消失。进取的商家、外交官以及律师共同对银行、信贷、记账和货币兑换等制度进行了革新，以确保丝绸之路继续通商。同时，奥斯曼帝国于 1517 年占领了埃及（后者通过波斯湾连接印度洋），他们也开始发展起与亚洲的海上货运联系。[50]

拆除城墙

如今，曾经与世隔绝的土地上的宝贵资源也再次进入到全球贸易进程之中。

冷战时期将“我们”和“他们”区隔开来的城墙意味着，1973 年的全球实物出口量（以其占世界国内生产总值的比重衡量为 12%）并不高于冷战爆发前的 1913 年。[51]这 60 年间，尽管有很多大型跨国贸易的推动，包括宽体客运飞机和货运喷气式飞机的发明、商业航线的拓展、集装箱联运、大众化的国内国际电话、为消除国际资本流动和跨国公司的汇率风险而建立的国际金本位体系等，但结果还是“不高于”。

一旦城墙倒塌，商品流会再次奔涌而出——规模和种类都会远超之前的半个世纪，全球经济的新市场和生产中心恰好相得益彰。

新的规模

作为总体经济活动的一部分，全球货物贸易在整个 20 世纪 80 年代呈现持平的趋势。紧接着，它突然间开始蓬勃发展。1990 年，货物贸易仅占全球 GDP 总量的 1/7。到 2014 年，其比重则达到了 1/4。目前的世界范围内，人们每挣取 4 美元就有 1 美元来自向他国出售的货物。并且，货物的价值也提升了约 5 倍，从 1990 年的 3.5 万亿美元升至 2014 年的 19 万亿美元——尽管其间还经历了 2008 年金融危机带来的世界经济衰退。[52]

与货物贸易相比，服务贸易则创了历史新低——比如，理发服务比哈雷·戴维森摩托更难出口——但即便如此，服务贸易的规模也有急剧增长。自 1990 年起，跨境服务流动按相对价值计算翻了一番，从占全球 GDP 的 3%增长到 6%还多，绝对价值则是之前的 6 倍，从 0.8 万亿美元增长到 4.7 万亿美元。[53]

新的种类

除了规模，全球贸易关系的种类也在增加。这种类首先体现在地理上。1990 年，大多数贸易仅限于发达国家。整整 60%的全球货物贸易由富国之间的相互出口组成。发展中国家之间的贸易仅占全球货物贸易的 6%。但如今，二者各自的份额逐渐持平。世界各地的贸易都在增长，但新兴市场之间所开辟的新贸易路线的贸易增长速度则是其他地区的 2 倍。

世界集装箱港口排名反映了这种新的平衡。1990 年，年吞吐量世界前十的港口都位于发达经济体中。到2014年，排名前25位的港口中有14个位于发展中国家，并且，中国骄傲地独揽了7个位列前十的港口。上海从2011年起就成为世界最繁忙的集装箱港口，但它在1990年时尚未出现在前25位的名单中。[54]

贸易结构也变得更加多样。全球货物贸易中单列出来的最大份额在过去和现在都是这些商品——石油、天然气、咖啡、小麦、铁以及其他原材料。但在**制成品**中，现在的交易种类比25年前远为丰富多样。国际民用航空组织1991年7月的一页日志宣告了中国航空公司首架波音747飞机的交付使用，它"被用于从北京运输纺织面料、服装和其他商品到洛杉矶、旧金山、伦敦、巴黎和香港。回程航班上，飞机则装载了电脑和其他电子产品"。[55]

今天，我们倒可以带着几分好笑和不可思议来看待这些小插曲。对发展中国家而言，发达国家曾用过的重商主义路径——即发挥其廉价劳动力和丰富资源的杠杆作用——已经过时。新兴经济体不再简单地提供资本投入和市场份额；他们国内的行业翘楚纷纷从事资本、客户和人才的全球性竞争。2012年，中国超过美国成为世界最大的制造商。巴西、印度、印度尼西亚、墨西哥和俄罗斯都位列全球制造业前15强。[56]在过去的四分之一个世纪中，越南放弃了农业部门的中央计划经济，进而从大米进口国一跃成为世界最大的大米出口国之一：孟加拉国则从头开始建立起一个15亿美元规模的服装出口业；[57]新西兰的小奶农经过整合，继而取代欧盟成为世界最大的奶制品出口商，他们占据了世界贸易市场份额的1/3。[58]印度则打造了价值1 000亿美元的信息技术出口业，[59]它现已占据全球外包市场调研和数据分析市场70%的份额；[60]这类例子不胜枚举。

当然，中国是突出的例子。从30多年前几乎与世隔绝，到现在，中国经济已与超过230个国家和地区建立了贸易往来——这在世界上首屈一指。从1990年起，中国在世界出口总量中所占份额增长了5倍，从全球总量的2%上升至12%——这也是其他任何国家所无法媲美的。[61]其出口额以美元计增长了近40倍，从1990年区区620亿美元增长到2014年超过2.3万亿美元。[62]其产业结构则从轻加工(衣服、鞋子、纺织品和家具等)转向了大额的机械和电子加工业。出口仅仅是故事的一半。中国的进口也已迎头赶上，从1980年的200亿美元增长到了2014年的2万亿美元——以先进机械设备、发电设备为主，然后是能源和原材料等。[63]中国是其所在地区所有大经济体(比如日本、澳大利亚、韩国和中国台湾地区等)的最大客户，并且也是拉美和非洲经济(巴西和尼日利亚等国)的最大消费国。就其自身而言，中国现在占据了所有发展中国家贸易额近1/3的比重。[64]

各企业供应链也很快适应了这种新的规模和风险。1992年，诺基亚推出了世界上首部大规模生产的手机——诺基亚1011。该手机主要在英国和芬兰(距离其欧洲的起始客户很近)进行组装，部件则来自韩国。我们可将其与现在的苹果手机进行对比。苹果手机的700多个供应商遍布五大洲的30多个国家。[65]物流复杂度的增加部分在于产品自身复杂性的增加(诺基亚1011不带摄像头，更别说触屏了)。但同时也在于，新兴国家制造和购买先进产品能力的增加，外加通信和交通技术的提升使得许多不同国家的供给和需求得以相互整合。在20世纪90年代和21世纪初，我们称上述现象为“离岸外包”(offshoring)，它主要指价值链中的人工操作和重复生产部分(比如组装和客户服务等)被转移到了低成本国家。这个术语现已过时；它意味着某种“国内和国外”的观念，倘若在当今的市场中竞争，则需要抛弃这种管理模式。现在的产品多由“世界制造”——而像苹果手机等产品，则购自世界。贸易打破了整个价值链，并基于战略原因定位每个环节：离岸外包一些，回岸一些，其他则近岸外包。成本当然重要，但它并不左右决策。21世纪，在田纳西州生产美国汽车部件和在广州生产一样有利可图——若将时间、费用、风险和响应性等都考虑在内的话(见图3.1)。

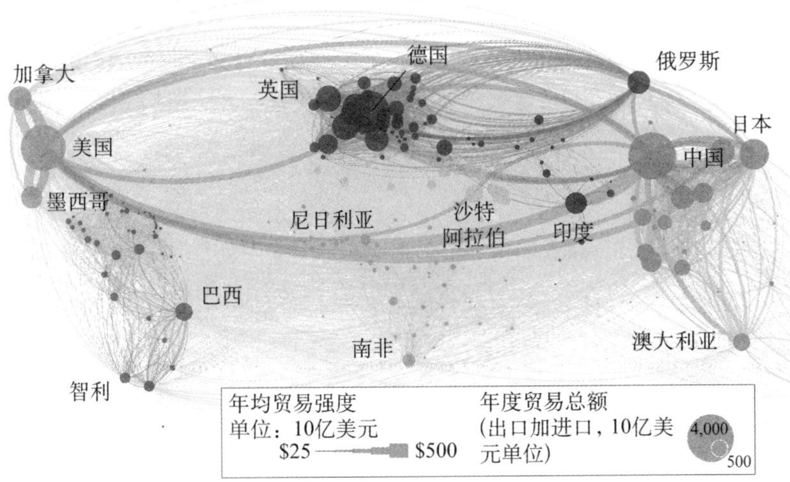

图 3.1　贸易已变成一种真正的全球现象

资料来源：拉胡尔·C. 巴索尔教授(Professor Rahul C. Basole)和朴玄宇(Hyunwoo Park)(他们将数据制成了图表——译者据原文献译)，载于：潘卡·格玛沃特和史蒂芬·A. 阿特曼(Pankaj Ghemawat and Steven A. Altman，2014 年)：《DHL 全球关联性指数(2014)》(DHL Global Connectedness Index *2014*)，www.dhl.com/gci；以及作者所做图例与分类。

金融

从威尼斯到安特卫普

新地图和新媒介也改变了世界的金融联系。金融总是人们寻找社会变化证据的好地方，因为它在社会中发挥着基础性作用。但我们并不总能认识到这一点：我们对“金融”这个概念如此习以为常，但要整理出它的真正含义且要费一番功夫。

抛开天价的回报和摩天大楼，金融所剩下的便是作为在经济体中提供基本和核心功能的产业：简单说，就是将社会闲散资金和那些需要它们才能开展的活动进行配对。这是金融真正重要的方面。上一次文艺复兴时期，这项功能以两种听起来耳熟能详的方式得到改变：资金筹措在地理上的转移和扩展——从一项威尼斯主导的当地事务变成了以安特卫普为中心的洲级市场活动——而这个市场的参与者也扩大至商人以外，上至王公诸侯下到平民百姓的所有人。所有这些变化共同导致了资金流量规模的飙升，从而将整个欧洲大陆的财富更紧密地关联了起来。[66]

自15世纪晚期开始，欧洲的经济重心由地中海沿岸转向了大西洋沿岸，意大利银行的经营方式也随之转变。原因部分在于，意大利人**主动融入**了新的经济增长中心：比如，美第奇家族（the Medici）就将其主要产业从佛罗伦萨转移到了安特卫普。部分原因则在于，德国和荷兰的新兴商人家族将源于意大利的专业金融知识**应用于**自己的核算、承包和各种金融实践中。

贸易的扩散引起了金融业的创新和自由化。意大利的主要金融工具本能是**汇票**，它是卖家和买家之间实体货物贸易的借据（IOU）。比如，某个意大利的胡椒买家在1450年并未实际支付其地中海供应商现款。相反，他给供应商开了借据，仅当其将这香料运抵并倒卖给大陆买家之后才清还借据。借据是信贷的方便形式，但有一个重要限制：它不能转让给第三方。意大利人将之视为两个足够互信的人之间以账目形式（而非现金）开展生意的私人承诺。

但在沿海城市安特卫普这个16世纪的欧洲金融新中心，商人们对这种限制感到不安。来自印度的胡椒、新大陆的白银、英格兰的布料和德国的金属材料都往来于这个港口城市。这些商品的买家和卖家遍布整个欧洲；他们的任何一次赊购和赊销，都是在规定期限内以数十张有时候甚至数百张借据的方式予以支付。为了保持商贸流通的平稳，商人们需要某种更加灵活的信贷工具以助其巩固自己的地位。因此，到1520年左右，他们便制作了用于交换转让的票据。（这么做的困难之处则在于，人们需要完善法律制度以确保违约风险也能转移。[67]）

很快，一个名为"国际货币共和国"的组织兴起了——它的总价值是其实际贸易融资的上百倍。[68]现在，商人们可以通过在安特卫普的汇票交易所倒卖借据(汇票)来支付其下一次远赴印度收购香料的花销，而非像以前一样与当地的买家和卖家讨价还价了。公共资本市场的惊人流动性为商家提供了某种便利的方式来筹集资金、对冲风险以及掌握其货物目前的市场价格等。商人出手的汇票在其货船抵岸之前便已转手多次：通常为 20 次，上百次也不足为奇。有时候，汇票转手的动机是变现营利或者减少亏损(比如香料的价格就很不稳定)；有时候，则是那些汇票持有者急需现金以另作他用。而那些信誉最好的商户(比如富格尔家族)所签售的汇票则跟如今的纸币一样可转手流通。[69]

所有这些新型市场活动的结果则是人们更广泛的参与度和欧洲大陆金融的一体化。约有 5 000 名来自欧洲各国的商人代表常驻安特卫普汇票交易所。正如其中一名商人代表所言，“在这里，人们可以听见各种语言组成的混杂声音，也能看见各种样式组成的斑驳服饰；简言之，安特卫普交易所就像是集合了大千世界所有组成的微观世界。”[70]

个人则不必再从事贸易并从中获利。任何人若看好某物的市价以及商家的信誉，则可以汇票进行交易。那些非商家——机构、受托人以及小额投资者等——纷纷成为活跃的短期参与者。有了这么多的参与者，可用的资产库随之膨胀，越来越多的贸易企业也得以开张。其他事业也从中受益。从加莱到奥斯陆的市政府将其国家地租和土地抵押给交易所，以便为农业、住房、矿业和运输项目筹集更多资金。

交易所有助于整合欧洲的现货市场。随着资本市场压低了金融贸易的成本和风险，运输成本和延迟就不再那么重要了。很快，西班牙和葡萄牙的面包师发现生长于遥远波罗的海北部的小麦可与当地附近的谷物进行价格竞争。同样，法国和葡萄牙的食盐则强势入驻波罗的海食盐厂家的本地市场。

新的金融市场将欧洲大陆的经济财富更紧密地联系在了一起。但正如第七章所展现的，这也预示着新的风险，但它仍旧帮助更多人把握住了更多的时代机遇。

从华尔街到迪拜

更加深入的整合，更广泛的参与，随之飙升的规模和风险：这也是当代金融叙事的诸多面向。

2007 年，美国房地产泡沫的突然破灭导致了全球性的经济衰退，我们如何走到这般境地？1990 年，海外融资和投资主要是富国俱乐部的活动。美国和西欧是当时的跨境金融活动中心。晚至 1999 年，前者参与了所有国际贸易的一半左右（按价值计）；[71] 所有跨境资本流动的 90%发生在发达国家之间。[72] 进出新兴市场的国际资金流则规模较小。发达国家对新兴市场的各种机遇缺乏了解；新兴市场则缺乏基础设施和专业知识来改善其境况。

在上个文艺复兴时期，意大利信贷活动中的各种推动和促进因素也在欧洲大陆扩散开去。自 1990 年起，类似的动力也在遍及全球的资本市场活动中传递开来。拉动发达国家资本进入新兴市场的最明显因素再次表现为经济增长轨迹的转变。随着发达国家经济增长陷于停滞，投资者们便被发展中国家经济的资本饥渴状态引诱。短短数年之内，这些经济体实施了旨在让自己对外资更具吸引力的重大改革。除了开放经济进行贸易，它们还将国际债权人和投资银行家们引入其经济政策的制定中，采用更加熟悉的金融和货币政策，以便资金更容易地从本国进出，还将有价值的国家资产出售给私人投资者。同时，发达经济体走低的利率和不温不火的经济增长促使投资者走出了其舒适的安乐窝。

贸易的扩散再次伴随着金融创新，后者导致市场活动规模的陡升。主要的创新——“资产证券化”（securitization）和“信用衍生品”（credit derivatives）——都旨在让债务和风险更容易转移。通过资产证券化，贷方可将自己手中的各种借据（按照现代的说法就是债券和抵押贷款）进行整合。“宽客（Quants）”则对这些整合进行仔细评估，以降低整体风险同时维持超额回报,这个称呼指代那些以往可能进入火箭科学领域的物理系和数学系毕业生。然后,贷方再将这些经过评估整合的借据出售给其他投资者。这样一来,贷方便清理了其账目上的债务,并能自由地出贷更多。信用衍生品则作为一种保险政策出现,贷方购买它以防范其持有的部分不良借据不被偿还的风险。贷方购买的信用衍生品来自愿意承担此种风险(收取一定费用)的第三方;万一借方最终违约,第三方则会补偿贷方的损失。再一次,清除了账目上的债务能让贷方出贷更多。

这两种金融创新的一个重要结果便是20世纪90年代中期次贷市场(subprime mortgage market)的出现。20世纪90年代中期以前,借方要么享有“优惠”(prime)待遇,这意味着他以现行利率获得贷款,要么享有“准优惠”(subprime)待遇,这通常意味着他并未获得任何贷款。而到了20世纪90年代中期,贷方获得了这些新的权力以分担债务和风险(并且还有比以往任何时候都更便宜和强大的计算机助其进行数学计算),便开始向享有准优惠待遇的借方提供贷款——以高利率的方式。次级贷款的规模则从1995年一开始的650亿美元增至2003年的3 320亿美元。[73]

金融自由化也发挥了作用。1986年,撒切尔夫人在英国的改革消除了固定的交易佣金,并引入了电子交易。在随后的10年中,欧洲经济与货币联盟让资本在欧洲各地的流动越发容易。1996年,美联储开始允许金融机构使用信用衍生品以降低它们的法定准备金要求(再一次,它们可以出贷更多)。1999年,美国出台《金融服务现代化法案》,并废除了1933年以来的《格拉斯—斯蒂格尔法案》,进而让银行、证券公司和保险公司在彼此的行业里相互竞争。

新的规模

忽然间,跨境金融流迅速上升。1990年到2007年间,全球跨境资本流量从每年 1 万亿美元增长至**每年**超过 12 万亿美元——平均每年16%的增幅保持了近 20 年。[74] 2007 年到 2008 年的金融危机终结了多数跨境金融活动(多指发达国家之间),但每年仍有约 4.5 万亿美元的债务和股权在跨境流动。[75]

新的种类

不仅金融资本流量比以前大很多,而且它们流经的地方也比 25 年前多很多。

西欧与新兴市场——非洲、中东、俄罗斯、东欧以及亚洲其他地区之间已经建立了深层关联。新兴经济体之间也已直接建立起新的广泛联系。现在,拉丁美洲与亚洲新兴市场之间的投资贸易联系和它与西欧的经济联系一样重要。自 1990 年以来,外国直接投资(FDI)流往发展中国家的份额占全球外国直接投资总额的比例,由之前低于 1/5 增长至接近 3/5。[76] (FDI 很重要,因为它通常周期较长,并为那些技术和管理经验可以共享的资金流出方和流入方之间建立联系。)尽管流入发达国家的债务、股权以及其他形式的投资持续走低,但流往中国、南亚、拉丁美洲和非洲的投资已重拾金融危机前的重要地位。

世界资本已整合为一个更加庞大、复杂和更加全球化的投资网(见图 3.2)。

你不必以查看世界地图的方式来见证这个新的全球金融一体化进程。你能在自己的个人文件夹中发现它——或者只是有这种可能,如果金融机构的报表不太透明的话。你的养老金(或美国的 401K)可能被用于投资约克郡的风电场,蒙古的金矿,里约热内卢的房地产——或者很可能,三者皆有。你几年前取出的住房贷款现在可能已顺利地被开曼群岛的某家公司所有。你每月为信用卡欠款、学生贷款和汽车贷款所支出的款项正源源不断地被转移至伦敦、迪拜、东京、约翰内斯堡以及其他地方的债券持有人那里。

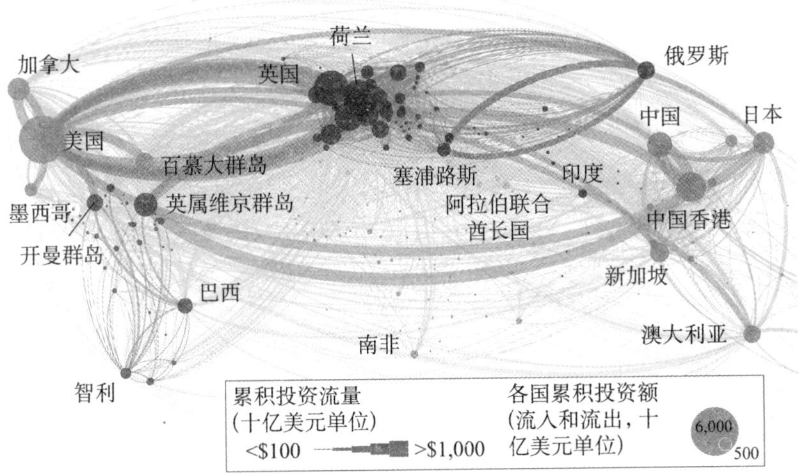

图 3.2　跨境金融资本将世界各地的收支项相互关联

资料来源：拉胡尔 · C. 巴索尔教授和朴玄宇根据数据所制图表，载于：潘卡 · 格玛沃特和史蒂芬 · A. 阿特曼(2014 年)：《DHL 全球关联性指数(2014)》，www. dhl. com/gci；以及作者所做图例与分类。

我们金融关联的规模和复杂性滋长了新的风险(就像金融风险本身一样——见第七章)，但也带来了机遇。放眼全球，需要金钱的项目都与之相关。据估计，到 2030 年为止，发展中国家超过 700 个新兴城市将需要约 40 万亿元左右的资金用以建设新的基础设施——道路、港口、发电站、水利和电力设施、学校和医院等。[77]仅有少数城市能够独立支付前期费用。协助来自两个方面。总体而言，发展中国家在 2015 年对发达国家是净资本输出国。[78]这对加拿大这样的发达国家而言是个好消息——它有着得天独厚的丰富自然资源但人口却很少。到 2020 年，加拿大仅在能源部门便计划投入大约 6 500 亿美元；[79]但它无法在其仅有的 3 500 万公民中募集到如此大规模的闲散资金。

金融有风险，其主要参与者往往忽视了他们在社会中的真正作用，但作为一个行业，它从未如此恰到好处地为人类的成就保驾护航过。

综上所述，现在贸易对全球经济的重要程度相比 20 年前已是举足轻重了。每年的跨境货物、服务和资金流的总价值已经从 1990 年仅占据全球国内生产总值20%多的比重上升至现在的接近40%(以货币计算,则从每年约5万亿美元上升至将近30万亿美元的规模)。并且,发展中国家所占的份额也增长了2倍。[80]再一次,世界经济资源已进入全球贸易进程。

人口

那么,又应当如何看待世界上最宝贵的资源——人呢?世界地图重绘之时,个人也卷入了与他人的全新关系之中。过去的边缘地区变成了新的枢纽。旁观者变成了参与者。旅行是人类最古老的冲动:世界已敞开,我们当中不断涌现的人流——则会反思如何旅行。

短期旅行

对那些在上个文艺复兴时期就具备足够能力和方法游历四方的人来说,突然间就多出来很多必去的地方了。比如,去往已经建好的商业枢纽(威尼斯、巴黎)、高等学府(帕多瓦大学、博洛尼亚大学)以及文化城市(佛罗伦萨),再加上安特卫普(贸易和工业)以及大西洋和亚洲之间伟大的枢纽城市:里斯本、塞维利亚、阿姆斯特丹和(1600年之前的)伦敦等地。天主教会重新恢复了长期被忽略的罗马城,条条道路再次通向罗马。而威尼斯这个欧洲和东方贸易的海边中介城市,则变得比从前更加国际化。在这里,来自全欧洲和中东地区的基督教徒和犹太教徒和奥斯曼土耳其人,以及少数来自非洲和远东地区的流动或者住家商贩代表常常形成彼此摩肩接踵之势。而城市本身则演变成拜占庭、伊斯兰和意大利等不同寻常的混杂建筑风格,这倒与其复杂的人口局面和谐一致。

十字路口上的城市以多样、丰富的文化和更多的新人口、新货物和新观念为傲。这三者——多样性、混杂的人口和变化的观念——共同汇聚到了港口、市场、教堂、法庭、显贵门庭和大学校园中(人们在这些地方的交流简化为拉丁语这种共同的学术语言)。到16世纪初,克拉科夫的著名学府雅盖隆大学有超过40%的学生为外国人,有的甚至来自遥远的斯堪的纳维亚半岛和苏格兰等地;而意大利的帕多瓦大学每年有数百名德国学生毕业。去往这些城市游历成为16世纪精英阶层的必选:为了去获得新的知识、技能和社会关系,这些都是在瞬息万变的世界中取得成功的必要条件;再就是为专业发展和创新寻求资助;另外就是学习新的语言,特别是古希腊语,自然也包括阿拉伯语和希伯来语,以便参与到当时最有学问的讨论中去。

如今,十字路口上的城市再次游人如织。纽约、伦敦、东京、巴黎、新加坡、洛杉矶、布鲁塞尔、北京和圣保罗等地:你试着去找出一个无论身居何处,但没去过哪怕其中一个这种枢纽城市的全球行业领袖。你找不到。其余人则追随领袖们的脚步。从1990年到2014年,世界范围内国际旅行总人数(其定义为至少在某地待一晚)从4.4亿上升至1.4万亿,中国现已成为最大的游客输出国。[81]航空运输提供了类似的明显证据。旅客出行总次数从1990年的约5亿人次陡升至2014年的32亿人次。[82]从2011年起,国际航班数也已超过了国内航班数。[83]

诸多因素推动了这种增长。其一是廉价航空公司[西南航空、易捷航空(EasyJet)、瑞安航空(RyanAir)和乐桃航空(Peach)等]在北美、欧洲和亚洲等地纷纷出现,它们极大地拓展了空中乘客的群体范围。但更重要者是从世界上曾经的边缘地区兴起的枢纽城市,上述人群由此挤进了空中名流们(jet-setters)的全球航行中。

新兴枢纽城市的出现可以明显地从世界最繁忙机场的排名中看到。1990年,世界最繁忙机场(以年度乘客总数计)的前25强仅有两个位于北美以外的地区,且都是欧洲主要的枢纽城市:伦敦的希斯罗机场和法兰克福机场。现在,相应的机场数已经增长至16个——包括位列第二的北京机场。[84]上述转变还可从排名前25的机场客运总量的下降中看出。1990 年,它们占据了全球客运量的一半以上。现在,这一比例降至 25%以下,这是因为出现了太多的新路线和新机场分担乘客流量——特别是,中国的空中运输量已经增长了 20 倍。[85]

20 年前,3/4 的空中乘客来自北美和欧洲。现如今,北美、欧洲和亚洲的旅客各占全球空中乘客总量的 1/4。空中名流这一术语仍旧意味着那些少数精英们的活动,但在未来的 20 年中,无数人将加入到这个俱乐部中。波音公司和空客公司这样的大型飞机制造商曾预计,2015 年到 2034 年间,航空业乘客量增幅最快的地区将是非洲(尽管基数较低),紧随其后的是拉美和亚洲,然后是中东。非洲和拉美之间的航线将是增长最快的地区间航线。从绝对数字看,亚洲乘客将很快霸占候机室。假使飞机制造商的预测成立,那么到 2034 年,亚洲乘客数量将超过北美和欧洲乘客数的总和。[86]

长期移民

长期旅行者或者移民,都是些优秀人才。移居意味着要克服那些将我们和他人彼此阻隔开来的地理、文化和社会经济间的距离。相应的冲击无论对移民自身、迁出地还是迁入地而言,都很深远。移民的旅程——无论从乡村到城市(即城市化进程),还是从本国到国外——常常由一个个风险巨大且兼具英雄气概的故事所组成。

上个文艺复兴时期见证了移民潮的显著增长,我们这个新的文艺复兴时期也是如此。

城市化进程

哥伦布以前的世界,平均每 5 000 个欧洲人中(每个国家因大小各异而有所不同)仅有 1/10 生活在城镇。像意大利这样的贸易国则高居城市化排行榜首位(15%~16%左右);而位于欧洲边缘地区的国家(比如西班牙、葡萄牙和英伦三岛等地)的相应数据则为较低的个位数。[87]但随着世界图景的展开,边缘地区变身成为交通要道,这些城市很快便迎头赶上。在一百年的时间内,葡萄牙的城市人口比例从3%增至14%。[88]英国的城市化比例则翻了一番(从2%增至4%),西班牙也差不多(从6%增至11%)。塞维利亚则成为西班牙进出新大陆货物的国际贸易中心,其城市化人口数量则从1500年的6—7万攀升至1588年的15万。另有成千上万的人远赴美洲大陆。[89]已有的枢纽城市也有新人口源源不断地流入。城市提供了更加稳定的收入,市镇军事设施的保护(坚固的城墙则可最大限度地抵御类似1494—1559年意大利战争这般冲突的影响),以及比乡村更加丰富的社会和精神生活。最重要者,迁往城市——特别是贸易城市——意味着离知识、市场和机遇更近。1500年,欧洲仅有5个城市可以夸耀自己的人口超过了10万;到1600年,此等规模的城市已有十多个了。

再看1990年,城市化程度最高者尽是发达国家。北美和大洋洲约3/4的人口,欧洲、拉美和加勒比海地区70%的人口生活于城市之中。但亚洲、非洲这些世界经济的边缘地区,则仅有少部分人(约30%)住在城市。

边缘不再,如今半数以上的亚洲人和40%的非洲人生活在城市中。从绝对数字看,这些地方的城市人口数量在过去25年中已经翻了一番。换句话说:目前生活在亚洲和非洲的人们已将这些地区过去整整5 000年的城市人口增长过程重演了一遍。[90]

其结果是,整个人类已于2008年悄然迈过了一个重要里程碑:即我们这个物种史上首次出现了其中多数在城市生活的现象。除非出现大灾难,否则,我们永不会再次倒退至这个临界值以下。我们现在已经是城市动物,尽管我们的居住地发展趋势因地而异,但以全球人口净值计,所有未来人口增长都将发生在城市。到2050年,人类城市人口规模还会再增加25亿;而农村人口数预计会减少1.5亿。[91]城市乃各种事物的汇聚之所,而我们这个物种正快马加鞭地朝它赶去。

新的枢纽城市再次出现。特大城市如纽约、伦敦、多伦多、巴黎、新德里、圣保罗、孟买、墨西哥城、上海和达卡等竞相占据全世界的头条新闻，但真实的故事——至少考虑到城市发展——却将在发展中国家约700多个城市中展开，它们的现有人口规模都超过了50万，另外还有350多个新兴城市将在2030年之前达到这个规模。到2030年，上述城市将增加13亿居民——对比来看，现有的大型城市则仅会增加1亿居民。[92]

我们就算真对这些新的枢纽城市有所了解，其程度也很有限。它们囊括了大约150个人口规模在500万到1 000万的地区枢纽城市，比如中国的长沙、巴西的茹安维尔以及墨西哥的韦拉克鲁斯；还包括几百个人口规模在100万到500万的中等人口增速城市，比如印度的艾哈迈达巴德和俄罗斯的索契——它们通常建在当地自然资源或者产业聚集的地方；另外还有数以千计的小型新兴城市，我们很少能在地图上找见它们，比如衡山、雷波、库恰马城、孔奇、卡西亚斯、丁满、埃斯科韦多和阿瓦索洛等等。

而中国则执城市化进程之牛耳。1982年—1986年，国家计划农业的取消将剩余劳动力从其原来的农村岗位中释放出来。仅用了短暂而仓促的4年转化时间，中国的城市人口便从大约2亿攀升至将近4亿。[93]而中国的下一次城市繁荣期始于1992年之后：邓小平视察了中国的东南沿海地区，这一历史性时刻［期间他还宣称，“致富光荣”(To get rich is glorious)］把坚持市场改革奉为共产党的信条，并提出以出口带动经济增长，这吸引了农村劳动力向沿海地区流动。深圳蜕变为现代版的塞维利亚。深圳在20世纪70年代还是一个人口仅为1万左右的小渔村，1979年被划为经济特区，之后10年中，其人口规模增至150万。1992年之后，深圳的发展便迈上了新的台阶：2000年，深圳的人口规模突破800万，2015年则突破了1 000万(算上流动劳动力人口，则有1 500万)。[94]类似的故事在其他数十个城市重演，因此，中国现在半数以上人口——将近8亿——生活在城市中。[95]仅仅一代人的时间，将近5亿人口——相当于欧盟目前的人口数量——移居到了城市。

非洲将续写人口增长和城市化的下一个篇章。从现在到2030年，非洲，而非中国，将走上世界规模最大、速度最快的城市扩张之路。中国的总人口将维持在大约13亿到14亿的规模，而非洲的人口规模预计会从现在的10亿增长至超过16亿。新生人口中，则有多达4/5将出生在城市，这将推动非洲的城市人口比重在2030年达到50%。而现在非洲最为拥挤的城市开罗，人口规模将从1 800万增至2 400万。不过到那时，拉各斯或者金沙萨的人口规模(它们各自现有人口1 200万左右，且都在大踏步迈向人口规模翻番之路)可能会赶超开罗。[96]

城市化带来了诸多好处。它从物理上将人们更紧密地联系起来，从而提高了我们使用土地、能源、水源和其他自然资源的效率。这一进程还增进了我们的社会关系和彼此的交往程度，并将那些使我们能够全球关联的物理和数字基础设施带到跟前。并且，城市还集中了人力资源。金融资本、商品、市场、技能、信息和知识生产：所有这些都能更加容易地在城市中被发现和累积。在本书第二部分，我们将证明，若支撑条件合适，这些项目能够对人类的成就产生深远而积极的影响。第三部分则将展示它们也承载着新的风险。

跨越边境

上个文艺复兴时期也是人们被迫大规模地在不同国家之间迁徙的时代。

这种循环始于欧洲内部。在东部，奥斯曼帝国对君士坦丁堡的征服促使成千上万希腊人向西流亡到意大利城市威尼斯、佛罗伦萨和罗马。而在西部，信奉天主教的君主斐迪南和伊莎贝拉于1492年设法征服了曾经强盛的穆斯林余部安达卢斯。从711年起，来自北非的穆斯林就占领了现在西班牙和葡萄牙的大部分领土；现在，他们在自己曾经的故乡已不受欢迎。而斐迪南和伊莎贝拉又从 1478 年开始加强了他们的宗教审讯：以民族团结和天主教纯洁性的名义进行的审判和骚扰最终将成千上万的犹太人和穆斯林驱逐出境。*

从 16 世纪 20 年代开始，欧洲其余地区经历了另一波流离失所者的大迁徙——这一次则是路德宗教改革运动的结果。这场运动将基督教徒划分为天主教徒和新教徒，进而产生了欧洲自 5 世纪罗马帝国灭亡以来都未曾见过的大规模迁徙浪潮，类似事件下一次出现则是在一战时期。[97]

而最臭名远扬的大规模迁徙则是大西洋奴隶贸易，它发生于哥伦布发现新大陆之后的数年之内。到 19 世纪中叶，奴隶贸易已将 1 100 多万的非洲人贩卖到了美洲。跟海运货物贸易一样，这种残忍的贸易起初规模不大。到 1600 年，约有 40 万非洲人被运抵新大陆，他们被迫服役于约 25 万欧洲人所占领的殖民地。[98]但是，残暴已然发端，在以后的数世纪中它还会变本加厉。

这种被迫的迁徙主要由经济利益所驱动。欧洲盼望着通过在其新殖民地上种植棉花、咖啡、糖类、烟草和靛蓝等作物，以及开采金矿银矿等方式攫取巨额财富。法国和英国占领了在北美发现的新耕地；西班牙和葡萄牙则占据着今天的加州南部到智利的新疆域。欧洲和地中海沿岸已为消化这些地区的货物准备好了市场。万事俱备，只欠人力。对此，15 和 16 世纪的解决方案便是奴隶贸易。欧洲人从刚刚探明的非洲沿海地区围捕非洲人，进而将这些非洲人运到大洋彼岸补充美洲所需要的劳动力。（美洲本地的奴隶可能更加便宜，但欧洲疫疾已将本地劳动力储备灭绝殆尽，见第四章。）

经济型移民的伦理规范在过去 500 年中已彻底改变。正如伊恩和其他人指出的，那些特殊种类的移民，主要指难民，可能因为周遭环境

---

* 奥斯曼帝国的统治者巴耶济德二世派出自己的舰队，将来自伊比利亚的犹太人安置到他的帝国。他后来曾说，天主教的反移民立场“削弱了自己，充实了我国”。

提供的机会寥寥而背井离乡，而如今的经济型移民往往会从他们的移民决策中获得更多的自由。他们可以获得更高的工资和更好的生活质量（无论是对他们自己，还是那些依靠他们的家小都是如此），作为代价，他们则为异国经济的增长和活力贡献着力量。

新的资源和消费市场的开辟再次刺激了劳动力的流动。1975 年，紧闭的国门或高度保护的经济牢牢限制着世界 2/3 的劳动力。现在，我们多数人至少形式上都在那些致力于开放贸易体系的国家工作。这些政治和经济变革迫使各国反思他们要将迁徙的特权赋予谁。

很可惜，历史和殖民的纠结，或者种族和民族歧视等因素仍旧为移民准入政策投下了长长的阴影。然而，移民们用自己的能力为其所在国贡献的技能、观念或者金融资本显得越发重要了。

当今劳动移民的规模取决于你如何看待它。从绝对数字看，身居国外的总人口比例在一代人的时间内已经增长了 2/3，从 1990 年的1.5 亿人增长到了如今的 2.5 亿人。[99] 另一方面，全球总人口也在同一时期增长了 50%。因此，全球移民总数占总人口的比重自 20 世纪 80 年代起一直维持在 3%的低位。[100] 这应该让我们感到惊讶。毕竟，移民被认为是跨越国家边境的人，而边境数量已经倍增。1980 年，联合国拥有 154 个成员国，现在则有 193 个。苏联时期，人们从俄罗斯搬迁至哈萨克斯坦并不被算作移民，而现在则算。

从这个角度看，再一次，新路线上的移民呈现给我们的仍是一个较为温和的开端。跨国务工、生活的持续受限意味着，其他所有东西都能在全球流通，唯有人本身还举步维艰。

然而，人们总有办法应对。2004 年，欧盟开始了将中欧、东欧和波罗的海国家囊括进来的扩张运动。欧盟的扩张为上述国家的民众赋予了他们长期渴望而不得的迁徙权利。到 2014 年，超过 1 400 万欧盟公民生活在他们出生地之外的欧盟国家。[101] 而在全球范围内，每年约有 1 700万人口持各种签证移居他国。其中包括 350 万低技术工人每年从菲律宾和印度等国家移民至中东或其他地区，再就是每年 30 万左右

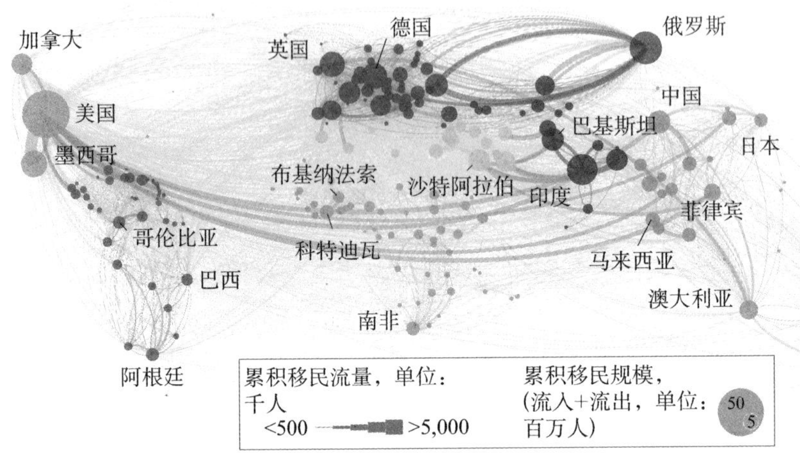

图 3.3 连接所有地区的全球移民流纵横交错

资料来源:拉胡尔·C.巴索尔教授和朴玄宇根据数字所制图表,载于:潘卡·格玛沃特和史蒂芬·A.阿特曼(2014年):《DHL全球关联性指数(2014)》,www.dhl.com/gci;以及作者所做图例与分类。

的人口从墨西哥跨境进入美国。[102]年复一年,移民们从家庭层面将世界各地紧密地联系了起来(见图3.3)。

我们其余人都因他们而受益。美国现已成为将近5 000万合法移民的家园,他们几乎来自全世界其他所有国家——并且,据估计,另有1 100万非法移民。[103]许多社会都因为在允许人们更加自由地迁徙这件事的得失上陷入激烈的政治论辩,进而走向割裂局面。但经济学家却对此有着潜在的共识:移民乃创新和未来工作的主要资源,更加自由的移民潮会促进经济增长、刺激创新并减少贫困。

通常而言,由于更低的工资和更少的福利待遇,非技术和半技术移民比本地员工为其雇主和当地政府作出的贡献要多。这些移民以低廉的价格提供着优质的医疗保健、儿童和老人护理以及(通过他们在季节性的农事生产中付出的艰辛劳作来提供)更便宜的水果蔬菜。他们所从事的体力劳动已越来越少地为长期居留者——特别是那些越来越多的受过高等教育并盼望着从中得到回报的人——所愿意从事。并且他们还交税。(一项针对英国经验的重要研究发现,21 世纪的头 10 年中,移民们在税金和其他公共物品方面的支出超出他们从当局的获利约 1 500 亿美元。相比之下,本地居民的相应支出则净缩水 1 万亿美元。[104])移民往往更年轻,也比一般的当地居民更愿意获得工作,因而,他们常常也帮助缓解所在国人口的老龄化趋势。这是发达国家的一个关键问题,因为他们的人口越趋于老龄化,其余工薪阶层为社会福利所承担的负担就越重。(欧洲的人口老龄化问题非常严重:据估计,从现在到 2050 年,如果仅维持目前的福利政策水平,就需要引进 14 亿工薪阶层人士。而更可能的结果则是,小幅上升的移民伴随稳步下降的福利。)

其他移民则提供稀缺的劳动力资源。约 2/3 的美国科学和工程技术人员由移民组成,另有约 10%的 IT 职位空缺,因为没人具备胜任这些职位的能力。而在英国,约有 12%的职工为移民,但他们占据着半数新增的就业岗位——要么由于他们具备当地人缺乏的技能,或者其他人都不愿从事这些人所做的工作。[105]

也许最重要的,便是移民让生活更加丰富多彩了。他们带来了自己的文化、语言和观念,并将侨居国与故乡的有用社会关系相互关联。再者,他们还将移居他国时表现出的勇气和智慧投入到了工作中。谷歌、英特尔、贝宝(PayPal)和特斯拉等公司的创始人都是移民。2005 年,移民们管理着之前 10 年中成立的 52%的硅谷新兴公司和全美 25%的技术和工程企业。移民美国的诺贝尔奖获得者、美国国家科学院(National Academy of Science)成员以及奥斯卡获奖导演人数是本土出生的上述奖项获得者人数的 3 倍。[106]

一些经济学家认为,若回到一战前的移民制度(那时的劳动力可以自由地在世界迁徙),全球经济将在未来 25 年内增加 40 万亿美元——这是目前美国 GDP 总值的 2.6 倍,贫困大概也将随之消除。[107]“所有外国人都享有不受限制的准入和居住权”,英国国务大臣格兰维尔勋爵在 1872 年如是宣告。随后,这个世界强国便不再盘查护照,边境准入也取消了配额限制。这种迁徙权制度不大可能在短期内立即恢复——2013 年,美国参议院还投票决定额外投入 450 亿美元到边境安全上,欧盟成员国则雇用了 25 万边防军——但显而易见,无论政治上是否支持,越来越多的人仍在寻找他们的跨越边境之路。[108]

移民的首要动力是经济上的:一般而言,发展中国家的移民移居美国之后的工资为之前的五倍左右。次要动力则是全球发展和人口增长。撒哈拉以南非洲以及南亚、东南亚正在走出贫困陷阱,并将迅速以其世界最大(且更有能力)的劳动力人口为傲。再就是由于生活失去希望,灾难和迫害促使人们背弃那些无法再为他们提供安全或庇护的家园。仅在 2015 年,就有数百万逃避叙利亚内战的难民涌入了邻近的黎巴嫩、约旦和土耳其等国,另有百万难民逃往欧洲。他们和那些躲避利比亚、厄立特里亚、伊拉克和阿富汗等国内部冲突的难民们一起带来了欧洲大陆自二战以来最大的难民危机。[109]

上个文艺复兴让人类首次一瞥自身的全球性。在隔绝我们彼此的高墙已经拆除数十年之后的现在,我们再来看这个问题。随着游客和移民队伍的从寥寥无几到为数众多,他们散播全球的劳动、文化、语言、社会网络和需求将我们关联了起来。

技术

新的船只

这些全新的全球人口流动不会轻而易举地发生。在上个文艺复兴时期,新的世界地图将问题和机遇都呈现给了我们。欧洲主权国家、银行家和冒险家专注于重要资源的同时也承担着巨大风险——他们寄希望于克服长途贸易和探险的挑战并紧握收益。船只设计上的创新硕果累累(这可能得感谢中国)。[110]新的风帆(这肯定借鉴自奥斯曼帝国)和新的船舵提升了速度和机动性。船体也增大了。更大的船只更适合于开放的海域，挣得的利润也更多(因为船运能力的增长速度快过船员的耗费)。到1600年，一般船只的货运能力已从300吨增至1 000吨。[111]欧洲也持续为中国火药开发新的用途，大型帆船逐渐出现，并成为欧洲贸易船队的重装护卫舰。

新的工具和技术为船只导航带来了革新。哥伦布横跨大西洋之时甚至没有可靠的手段获知其船队经纬度。他满怀希望地向西航行，第一次看见伊斯帕尼奥拉岛时，他误以为是日本(此时他已偏航6 000英里)。* 天文学家和数学家们接受了这个挑战，仅仅数十年之后，任何水手都可以通过用一种新的星盘测量太阳(或者夜间的北极星)高度的方式，在图表册上找见自己的纬度。†(再次，与伊斯兰的合作尤为关键。15世纪初，奥斯曼帝国为欧洲带来了阿拉伯数字系统和高等代数，而前者取代了算盘，没有这些东西，任何图表的绘制都不可能。[112])1533年，莱纳·杰玛发明了三角测量，这极大地改善了陆上导航。[113]更好的导航带来更好的地图，其最高峰则是1569年墨卡托对已知世界进行的地图绘制。

商业的技术也发生了变化。随着贸易量的增加，新的服务行业逐渐出现，以支撑贸易并为之提供便利。大洋和陆上运输从某种完全独立的活动——每个商人都有自己的船只、船员或马队——发展成了由专业的货运公司承担的外包服务。他们组织或购买货运能力，并将之作为打包解决方案转卖给贸易商。商人们则能专注于自己的核心业务，并以锁定运输费率的方式降低风险，小商贩的业务也更容易起步。与之前整船包租不同，商贩们现在可从运输服务商处购买小块的货运

---

* 亚美利哥·韦斯普西于1499年旅行至美洲，并发表了关于其航行的信件《新大陆》，这块大陆是一块全新大陆的“神奇(Aha!)洞见”便因他流行开去。因而，地图绘制者便以其名字亚美利哥为该大陆命名。

† 测量经度则耗时更久。若无雷达、GPS或者卫星，获知你所在海域经度最简便的方法便是将船只的本地时间与一个已知经度的时间进行对比，再加/减15度每小时的时差。不幸的是，能在海上持续计时的时钟直到1763年才发明出来。

空间了。[114]

类似地,佣金代理商也在采购和销售服务方面打开了新的市场。大商家在主要城市维持着常驻代理网络,后者代表前者经商并处理相关信息——小商家则无法负担这样的基本配备。佣金代理商便应运而生。通过将自己以按次计费的方式承包给诸多客户,他们把上述大额固定费用转化成了小额服务费。总之,这些新的服务行业让哪怕很小的企业也能参与到许多遥远市场的贸易中来。[115]

更新的船只

如今,新技术仍发挥着同样的作用——让更大规模和种类更多的货物、服务和人员得以流通。在空中领域,航空技术的改进扩展了飞机的飞行范围,并降低了它们的运营成本以及相应的环境成本。现在,世界上没有哪两个城市之间的距离比一天还远,更多的人能够负担飞行的费用了。过去 30 年中,美国的飞行成本降幅高达 40%。[116]

而在陆地上,新兴的“物联网”(Internet of Things)——从汽车到带有微型芯片的可乐贩售机以及电脑等一切事物都被贴上标签,以连接至数据网络——意味着物理世界中越来越多的东西正在形成数字属性。通过电脑和机器人的安排,这些东西能开始以远超人力所及的规模、速度和效率流通。现在,全世界已互联的物品总件数为 150 亿;到 2020 年,这一数字将达 500 亿。[117]比如,韩国首尔的整个公共交通系统——每辆巴士、出租车、火车和公用自行车——现在都已网络化了。[118]人们的期盼是,随着每个在网的用户和“设备”开始在电脑辅助下管理自己的交通选择之后,出行的时间将缩短,道路拥堵也会减少。

物联网将改变陆上物流的规模和种类。我们对此很清楚,因为它已经帮助海上运输实现了这一点。目前为止,这是新技术在增强全球新物流方面贡献最多的地方。“集装箱化”通过将从汽车到蜡笔在内的所有东西置于相同可追溯的箱子内，而实现了航运数字化。这项革新始于 1956 年集装箱货船的出现，到 20 世纪 90 年代早期，全世界的主要港口都已经过改造以应对这种变化。如今，集装箱运输了 90%的非散装货物。[119]这个简易的箱子十分强大，因为它克服了航运的最大瓶颈：上下货物。每个集装箱都能以同样的方式处理（这意味着机器能够取代大部分人力），并能快捷方便地从船上分卸至飞机、火车和卡车上。1990 年，全世界装船的集装箱有 2 500 万个。如今的规模则逼近每年 1.5 亿个。[120]

这种故事众人皆知。而鲜为人知的是这些集装箱的运输路线是如何改变的。轮船自身是最好的讲述者。再一次，由于新地图带来了新机遇，船只越走越大。统治着上个文艺复兴时期的经济规律也同样主宰着我们现在：货运能力和规模相比成本的提升更加迅速。但在 1984 年，集装箱货船的运力达到了约 5 000 个标准箱（TEUs，20 英尺当量单位，或一个标准集装箱的尺寸）的极值，并在这个临界值附近徘徊不前 12 年。

这种局面倒与造船技术无关。相反，这是因为 5 000 个标准箱的货船是勉强能通过巴拿马运河关卡的最大船只（这样的轮船标记为“巴拿马型船”），并且，没人愿意购买那无法满足全球最重要航线（美洲大西洋和太平洋海岸之间的运河通道）的集装箱。

然而，1996 年，世界最大的航运公司之一——丹麦马士基集团——决定挑战传统。它接收了一艘载货量为6 400个标准箱的“后巴拿马型”轮船女王号。马士基集团认为，经济重心正在转移。巴拿马运河不再与增速最快的贸易路线沾边：这些路线包括连接远东（中国、韩国、日本），亚洲“四小龙”（中国香港、新加坡、中国台湾等），以及南北美洲西海岸的太平洋航线；连接欧洲和南美的大西洋航线；外加关联欧洲、中东和亚洲（经由苏伊士运河）的印度洋航线。

禁忌一旦破除，集装箱船的设计便突飞猛进。1998 年，轮船货运量突破了 7 000 个标准箱的屏障。1999 年，突破了 8 000 个标准箱的标准。2003 年,第一艘 9 000 个标准箱的轮船下水,到 2005 年,10 000 个标准箱的船舶出现——宽度总长 61 千米的集装箱被装载上船。当时,10 000 个标准箱的轮船是个重要里程碑,因为它已经接近"苏伊士型"轮船了——即苏伊士运河的通行上限。埃及的苏伊士运河是地中海和印度洋之间的重要海上通道;它将欧洲直接与中东和亚洲相连,进而避免了达·伽马绕道非洲南端的远航。2009 年,它被加深以通行上至 18 000 个标准箱的货船;2015 年,它被再次加深,还另挖了一条平行运河,这有效地倍增了运河的通航能力。但苏伊士运河的重要性也是江河日下,最近的集装箱船(比如装载 19 200 个标准箱的"MSC 奥斯卡"号轮船,2015 年命名)已接近其最大通航能力。

这反映了世事的变迁程度。打造一艘永远无法通过巴拿马运河(即便是 2016 年开放的,新的、更大的关卡也不行)但能勉强通过苏伊士运河的海上巨兽(400 米长,59 米宽),这种 20 年前看来的荒谬事,如今已言之成理。随着国际贸易量的复苏,很快,建造更大且无法通过上述运河的"马六甲型"集装箱船也讲得通了。马六甲海峡——全球航运的第三个汇聚点,联结太平洋、中国和远东与印度洋——将展现未来航运规模的新天地。我们现在所述说的航运公司通过苏伊士运河、绕过非洲的逻辑,将更多地与讲述长途跋涉上述非捷径长路而付出更多的逻辑相一致。边缘不再,德班、蒙巴萨和达累斯萨拉姆等非洲港口都是非洲和大洋洲、非洲和南美洲,以及东西非洲之间不断成长中的贸易路线上的重要路标。

最终,随着文艺复兴时期新贸易中介的兴起,多样化的新型支付服务(pay-for-service)平台——比如广告、支付处理、仓储、数据处理、专业服务和资本筹措等,正在保障如今的全球货物流动——这使得大型商业基础设施也能为增幅较小的小型公司所使用,同时也能助力更多的商贩涌入全球市场。这些平台使得全球细分市场有望实现:从熏肉风味的香皂到日本禅宗园林的设计者,小规模交易模式,比如小额借贷、小额支付以及微工程,华尔街上的高频交易,以及求职者的全球职位搜索等。

3D打印的出现意味着，制造业也正在变成某种按次计费的服务。在产品范围日益扩大的所有领域，廉价的数字模板可能会取代昂贵、定制的模具以及用之塑造的塑料制品，以及钢材塑形等。接着，机器人就能在任何需要的时间和地点，按照逐次逐层的方式进行真实版组装了。工程师则可以利用这种技术雕琢那些对于传统制造业而言过于复杂的东西，比如SpaceX火箭引擎的部件等，而上百万缺乏资金或规模以实现他们愿景的设计师也可以这么做了。这种“自造者运动”的兴起可能会消除生产者和消费者之间的诸多流通环节，但它也能让新型数字化流通直接从工匠到达每个人。

超越“相互关联”

我们已经从20世纪80年代的地图角落中聚拢起来，那时的地图置西方于左，东方在右，其余地方则位于边缘，而现在，各个国家、各种组织和人群之间的关系已被重构。我们已将边缘地区——中国的广州、巴西的桑托斯、南非的德班等——改造为全球货物、资本、人群和观念相互汇聚和交换的枢纽城市。我们已经去中心化(de-centred)，以至于北京、布鲁塞尔或者网络空间里做出的决定都能和我们自己首都的决策一样改变着我们的生活。整个世界都在召唤，我们已推进技术为自身提速，直到我们能——实际上已经——感受到这一切。

20世纪90年代，世界已“彼此关联”。这个词最好地捕捉了我们彼此日益增加的关联性和呈献在我们面前的新可能。现在，这种描述已捉襟见肘。它无法传递20多年来，人们从政治、经济和社会等方面对全新世界环境的适应这层意义。现在，我们的联系已**盘根错节**(entangled)，并且，它的程度在三个重要方面已超越了20世纪90年代的状况。

团结一致

首先,我们的选择并不多。"相互关联"意味着选择——但我们只能精心选择那些能最好地服务于自己利益的联系。而我们无法如此容易地让自己释怀。新种类和更大规模的贸易流通也是泥沙俱下。上个文艺复兴时期见证了如火如荼的奴隶贸易。而在这个新的文艺复兴时期,非法经济正在蓬勃发展。据估计,其总额已超过 10 万亿美元。[121]很可能 20%的全球贸易都属非法。[122]洗钱者、人口贩子、非法武器商贩、危险废品走私者以及海盗(网络上的和海上的)都在我们的纵容下不断壮大。

更多将我们关联在一起的糟糕事则完全合法。全球资本市场有助于推动和资助技术转让,但也往往变化无常。它们的波动会导致整个地区瞬间变得萧条。类似地,中国经济的放缓也会导致全世界的雇主们被迫裁员和减少投资。而世界上的船队每年都会将 300 万到 500 万立方千米的压舱水(ballast water)从一个大洋带到另一个大洋。这种做法会使得外来物种彼此交换生态系统,排挤本地物种并破坏它们的栖息地。(仅在美国,生物入侵每年都会给北方造成超过1 200亿美元的损失。[123])到 2100 年,我们集体的碳排放量预计会使全球气温上升 2 到 4 摄氏度。[124]并且,我们都已熟知马丁·路德的观点比预想的传播得更远更快这一经历,如今的社交媒体上也正在发生同样的事情。

连接点

一个"盘根错节"的世界听起来比一个"相互关联"的世界更加杂乱无章,的确如此。诸多旧的难题尚未解决,一些新的又冒出来将我们彼此缠绕其中。文艺复兴时期,一个顽固的问题便是无知。迷信和缺乏经验在初次远洋航行之后仍然将其继续压制了至少一个世纪。而多数最先进的知识仍然受制于拉丁语这种载体。那些不认得它们的(绝大多数人)人则在一段时期内很难察觉(更别说参与)到新的发现。

但很多人能够开始阅读方言文献了,这加深了另外一个连接点:身份。印刷术帮助巩固了民族身份。口语方面,存在着上百种“英语”——即那些互相听不懂的方言。而在印刷方面,则仅有寥寥数种方言。在这个更加一致的交流领域,操着英语、法语、西班牙语、意大利语和德语等语言的人们,逐渐意识到他们各自分属于更加广阔的、远比他们想象中强大百万倍的共同体:民族。[125]民族身份激发了16世纪部分最为辉煌的文学——英语世界的莎士比亚(1564—1616)、西班牙语中的塞万提斯(1547—1616)等。它也开始鼓舞着民族主义——我们彼此的民族处于竞争状态的想法——并赋予人们更宽广的新视角,通过它,人们便可对“他者”不尊重、不信任甚至施加暴力。宗教身份也在这一时期(如前所述,许多难民因此流亡)得到强化。

如今,无知仍旧挫败着原本可使人类更顺利关联的连接性力量。根本问题之一仍是人们对彼此母语的无知。就像之前的拉丁语一样,英语是联系学者们的通用语言。它是国际政治、商业和学术的有力推动者。但也正如拉丁语当年的情形一样,大多数人(全球约75%的人)并不说英语,因此,他们在一定时期内很难利用全球互联所带来的诸多机遇。网络则是绝佳的例子。非英文的网络内容正在增加,但在2015年,英语内容仍旧占据半数以上(55%)的网页版面(俄语仅次于英语的流行程度,但仅占6%)。[126]这是一把双刃剑。接近25%的互联网用户说中文普通话。[127]我们中不说此语者将在一段时期内难以理解他们的谈话、兴趣或想法。

身份在其民族主义、宗教等思想形式中仍是个棘手的节点。从大的图景看,欧洲目前的政治联盟项目则显得反常。过去50年的趋势是,各国各行其道,而非相互联合,正如少数群体决定,他们最好还是想象一个更小、更一致的社会,如此也能更好地把握这个小社会的命运。独立运动可以实现人类最为珍视的价值之一:民族自决。但它也有副作用。正式边界的增加可以很容易地阻碍货物、资本、人口和观念的流动，这取决于各国的边境政策。最令人不安的则是，有时候极端形式的暴力活动也伴随着独立身份的诉求，比如恐怖主义、内战、种族或宗教清洗等。过去25年中，人类的一些最丑恶、最棘手的冲突都与人们的民族主义或者宗教身份诉求有关：20世纪90年代的北爱尔兰、索马里、卢旺达、前南斯拉夫以及车臣；21世纪的达尔富尔地区、苏丹、乌克兰、伊拉克和叙利亚；以及自始至终都存在的巴以冲突和印巴在克什米尔的冲突等。自然，还有很多其他的冲突。美国内部各民族之间、欧盟各国之间、印度的宗教之间、基督徒和穆斯林之间也都酝酿着不那么暴力，但仍带分裂性质的身份冲突。

竞争

最后，“相互关联”暗示着大家以合作的精神相互交往。我们在跨境事务上已越来越多地达成了这个目标：健康、安全、经济和环境等。比如，让世界灯火通明的全球能源贸易，便背弃了那超越诸多深刻地缘分歧的相互依存格局(见图3.4)。2015年的巴黎气候协议见证了195个国家达成了一个科学驱动的共识：替代能源必须在21世纪大部分时间里为我们提供动力。

但竞争也会拓展我们的能力范围。我们可能会以全新的眼光看待整个世界，但我们并未丧失掌控各自份额的欲望。

当然，上个文艺复兴时期整个欧洲的局部“发现”，便是早已奠定了各自诉求的当地民众之间的竞争。他们还引发了欧洲内部的竞争。紧随新大陆发现之后不久，西班牙和葡萄牙便对它的所有权展开了法律大战。哥伦布奉西班牙国王之命远航，但在1479年一份更早的条约中——探测的主轴线仍沿着美洲南北海岸展开——西班牙早将加那利群岛以南的所有领土割让给了葡萄牙。最终，两国于1494年在托德西利亚斯签署了一份新条约，该条约旨在以“佛得角群岛以西370里格”

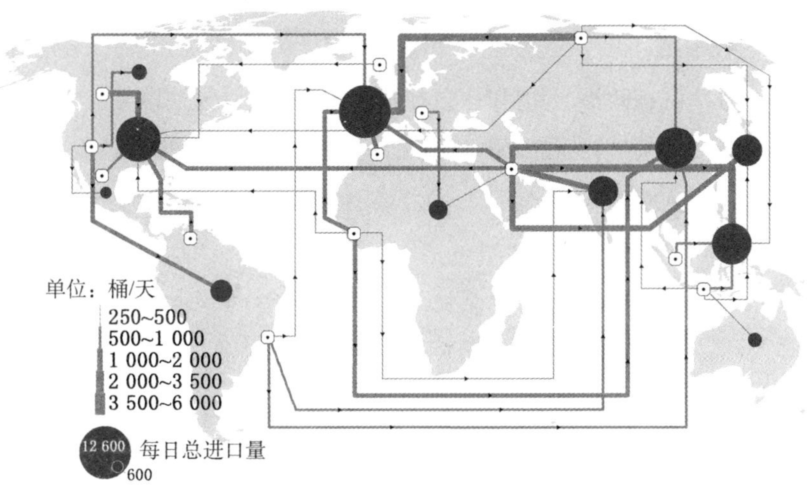

图 3.4 全球石油贸易挑战着诸多深层的地缘政治分歧

资料来源：英国石油集团(BP，2015 年)，《世界能源统计回顾(第 64 版)》[*Statistical Review of World Energy*(64th *edition*)]，伦敦：英国石油集团。

处的一条子午线为界，重新将世界划分为东西两半。西班牙主张该线以西发现的全部领土归自己所有；该线以东则归葡萄牙。(1500 年，该线延长线以东的南美洲东端被发现，这便是为何巴西人如今说葡萄牙语，而不像其邻国一样说西班牙语的原因。)当然，倘若两艘假想船只从该线朝相反的方向出发，越过 180 度经线之后它们会重聚。促使地图绘制者重新绘制世界地图、麦哲伦踏上其勇敢的环球航行，以及欧洲精英们将世界看做真正的圆形的主要动力，便是葡萄牙和西班牙当局在世界另一侧对分割线绘制的竞争(同时计算出具有商业重要性的香料岛屿归属于谁的半球)。文艺复兴不仅发现，更是瓜分了世界。

时至今日，全球互联的核心领域仍旧争论不休。民主和市场经济的传播，在帮助建立国家之间联系、增进人类福祉的同时，也将东方世界限制在了后冷战格局中，这极大地增加了欧美国家利益。讲俄语的人在东欧地区的不断扩散可能有助于该区域内部的彼此关联，但这也会给克里姆林宫干涉其邻国的内部政治提供借口。美国、加拿大、俄罗斯和丹麦等国通过国际合作来绘制北极海床图——这个地球上最为遥远且环境恶劣的地域——最终旨在为那些未开发的石油和矿产财富划分主权归属。

新大陆在政治、经济和社会方面已经和旧大陆无法区分。它已成为机遇和负担、动力和障碍、相互依存又彼此冲突的全球性汇聚之所，我们所有人都心向往之。下一章将讲述为何生活在其中会使得当下成为有史以来最好的时刻。

第四章
维特鲁威人

人类的健康、财富和教育如何达到了新的高度

> 我们在本世纪所见的发展……比我们祖先在过去 14 个世纪之所见还多。
>
> 彼得·拉莫斯(Peter Ramus, 1515—1572)[128]

我们用以理解上个文艺复兴时期的宏大观念之一,是最终被称为“发展”的概念。这一时期充斥着太多可见的变化,从我们将自身视为占据着存在之链上重要而固定的中间点(上帝和魔鬼之间),到我们将自己看作打破这个链条、决定自身命运的造物,大范围的哲学变革开始了。在思想史上,这是重要一步,它部分地将早期现代欧洲与其中世纪过往切割开来。*

人类对其自身发展可能性的新认识曾在《论人的尊严》这篇演说中表达了出来,该文为皮科·德拉·米兰多拉(Pico della Mirandola, 1463—1494)于 1486 年所作:

---

* 学者克雷格·特鲁利亚近期的研究表明,穆斯林哲学家加扎利也于 1106 年得出了类似的突破性结论。

> 所有其他造物的本性由(上帝)订立的律法所定义和限制;相反,你……可能……是你自身存在的自由而骄傲的塑造者,以你想要的方式改变自己。是降至更低的粗野的生活方式(还是)……再次提升至神圣生活的更高等级,这取决于你自己。[129]

人们常称这篇文章为《文艺复兴宣言》。首先是由于其写作起源:它是全新关联时代的学术化身。该作者在博洛尼亚研究了教会法(拉丁语),并在帕多瓦钻研了古希腊哲学(古希腊语),还在佛罗伦萨和巴黎等地学习了希伯来语、亚拉姆语和阿拉伯语。其目的是要发现某种能将基督教思想、古希腊哲学、犹太思想以及其他思想流派整合起来的基本人性哲学。其次,则因为其明显的现代主题:假如我们奋力争取,就能达到更高的存在状态。[130]

这篇演说与文艺复兴时期的标志性形象(达·芬奇 1490 年前后创作的《维特鲁威人》)有着象征层面的亲缘关系(见图 4.1)。其中的圆形象征着天堂、和谐与完美。正方形——四角、四元素和四季——则象征地球。[131]通过将人置于二者中心,达·芬奇寓意着我们同时具备这两种能力,他还吁求我们去实现自身自然形态中的天赋潜能。我们看到、也明白了自身的可能。

从苦难到中产阶级

达·芬奇的艺术视野有着现实生活的对应。在物质福利方面——健康和财富——文艺复兴时期的欧洲达到了新的高度。与之前一个世纪相比,更是如此。

最坏的时代

1346 年,一支来自亚洲的蒙古军队包围了港口城市卡法(位于现

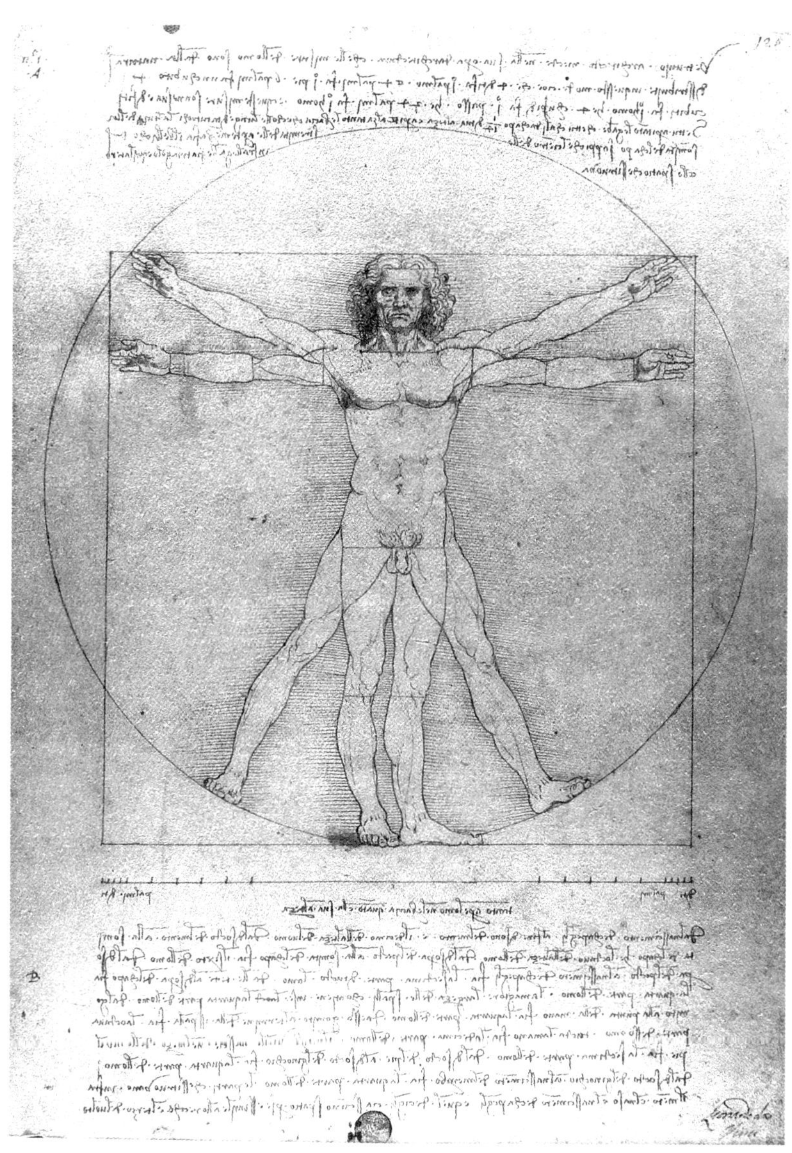

图 4.1　一种充满可能的形态

《维特鲁威人》(约 1490 年),达·芬奇。
图片来源:意大利威尼斯学院美术馆(Gallerie dell'Accademia)。

在克里米亚境内)。这些蒙古人为当地带来了一场恐怖而致命的瘟疫,而且人们普遍相信,“将那些因病致死的尸首置于投石车中射入城中,其散发出的恶臭就有望将城中之人赶尽杀绝……很快,腐烂的尸体便污染了城内的空气和供水,恶臭异常强烈,以至于数千人中都难有一个侥幸不被(蒙古)军队的尸体所感染。”[132]那些得以走脱的人可能已将瘟疫一路带到了地中海沿岸,进而很可能导致了历史上十分致命的流行病。1347 年到 1353 年之间,那场人们熟知的黑死病夺走了大约 1/3 到半数欧洲人的生命——7 500 万人或者更多。[133]而在遥远的英格兰,则有 30%到 50%的人口死亡。[134]地中海沿岸的情况更为糟糕。佛罗伦萨的人口损失了近 2/3,从瘟疫之前约 12 万人骤减至之后的约 4 万人。[135]

人口减少加上瘟疫的侵扰,以及连年的战事——以英法百年战争(1337—1453)和奥斯曼帝国 1352 年之后的征战为甚——让整个欧洲大陆的经济活动处于萧条状态。粮食产量因田间无人劳作而下降,许多幸免于瘟疫的人们又沦为饿殍。甚至货币都很短缺。欧洲自己的矿山几乎开采殆尽,与奥斯曼帝国之间的战争又打断了欧洲与西非黄金海岸之间的金银贸易。各国宫廷则在国际债务的重压下苟延残喘。

活在这个时代很危险,也往往很悲惨。

最好的年代

到 1450 年左右,欧洲开始走出低谷。大约在同一时期,英法暂时搁置了它们的百年领土争端,意大利各个权力中心(米兰、威尼斯、佛罗伦萨、那不勒斯和罗马教廷等)则签订了一份互不侵犯条约(《洛迪和约》)如此,他们便能享有和平所带来的经济效益了。此次最为严重的瘟疫爆发也逐渐平息,人们的自然免疫力得到增强并延续给了欧洲文艺复兴时期更为年轻、坚强但数量有所减少的人口,他们已准备好且能够参与到欧洲大陆的和平重建进程之中。

瘟疫幸存者的生活水平也逐渐从社会底层得以提升。农民方面，巨大的人口变迁导致了社会制度的重大结构性调整，曾经富饶的土地也因缺乏人力照料而日渐荒芜。为了吸引所剩无几的农民，地主们被迫纷纷减少租金并改善生活条件。在法国这样的地方，王权则先行一步，为农民们提供了一些可以完全拥有的小块土地，这不仅让废弃的土地得以复耕，而且新的土地也得到耕种，农业总产出因而得以扩大。于王权而言，这是个双赢的局面。土地得到了耕种，农民有饭吃了，进而皇家国库又获得了更广泛的新税基——他们在国王的税务官面前可比权贵们逆来顺受得多。[136]在西欧大部地区，以农民耕种地主所有的土地为基础的封建农奴制度，逐渐让位于上述新体制。越来越多的农民为自己租用或获取了土地，接着，他们便能在市场上出售自己的剩余产品和空闲时间。

新的产业和贸易联系也刺激了农民福利的改善。对多数乡野的农民而言，这是他们史上第一次主宰自己的劳力，而城市中逐步复苏的产业也将活计转包给这些新的(廉价的)农村劳动力群体。耕种和收获之余，乡野村夫们便能在临近城镇的商贩处赚取一些利润，比如纺纱或者制作工艺品等。同时，饮食也开始得到改善，因为，具备更多营养和热量的新大陆食物——比如甘薯、花生、各种豆类、蔗糖和玉米(1540 年之后)——逐渐走上了欧洲人(也包括中国人、印度人和非洲人)的餐桌。[137]在接下来的 200 年中，这种农作物的交流会深刻地改善欧洲人的健康(烟草——1560 年之后引入——则会为此开倒车)。到 1570 年左右，欧洲人口规模迅速回升到了瘟疫前的水平。[138]

先前的古老贸易路线也再度活跃，而且，新的洲际贸易也正在出现。这些因素导致农产品和手工制品的需求持续增加。由于城镇和乡村之间贸易网络的改善，外加经过改进的农事技术得到广泛传播，一些地区的农民开始将其之前种植口粮作物(比如小麦等)的部分或全部耕地改种了价值更高的经济作物(比如用于酿酒的葡萄)。

那些善于利用这些新环境的农民便过上了十分安定的生活。有些

图 4.2 英国沃里克郡一处富农住宅,建于 1480 年左右

资料来源:纳特·阿尔科克,丹·迈尔斯(Nat Alcock and Dan Miles,2012 年),《中世纪英格兰中部地区的农民住宅》(*The Medieval Peasant House in Midland England*),牛津:牛轭丛书(*Oxbow Books*)。

人做得非常好,以至于一些农民贵族也逐渐出现,其中很多人修建的房舍现在仍然点缀着西欧的景观(并且,它们通常超出了 21 世纪中产阶级的购买力)(见图 4.2)。

城镇的生活也得到改善。意大利的地中海城市则堪称表率。这些城市资源匮乏,但机遇良多。当地的贸易、商业和银行等基础设施以及社会建制都遥遥领先于欧洲其他地区,所以,威尼斯和佛罗伦萨等城市最早受惠于欧洲大陆命运如此这般的逆转。威尼斯主导着欧洲香料的进口,同时,它也是亚洲和地中海东部的瓷器、珠宝、香水、丝绸和其他奢侈品的主要输入港口。它还是羊毛和丝绸、玻璃和银器、香皂和帆船的主要产地,而且,到 1500 年,它还坐上了全球图书出版的头把交椅。而佛罗伦萨在数百年里都是美第奇家族的故乡,也是欧洲最大的商业中心之一。到 1500 年,意大利便以全球最高人均 GDP 傲然于世。意大利人比一般的西欧人要富裕约 30%,其人均收入更是比那些居住在伟大的奥斯曼帝国、埃及或者日本帝国的人们高出 2.5 倍。[139]

文艺复兴时期,这些财富从地中海沿岸扩散到了欧洲其他地方。

海上大发现之旅为西班牙和葡萄牙带来了大把新财富。其中多数流入了王公贵胄、商人和银行家之手，但欧洲大西洋沿岸的大部分地区则因这突如其来的经济活动而日益繁荣。因为众多进取的商人、水手和从乡下涌来的工匠纷纷加入到新大陆的淘金热中，欧洲的大西洋港口城市就逐渐变成了新的商业中心。城市的发展为手工艺品的需求带来新的刺激，也为如下领域带来了更多的就业机会：手工业行会和职业院校；小贩、店主和服务员；从事非正式的维持秩序的工作，征收税款和代为记账，等等。*

最后一类工作暗示了城镇居民得到的最大好处之一：国家的发展。税基越发庞大，便需要更多的税吏和会计人员。贸易企业，海上航行和帝国建设也需要更多的大使、船长和办事员。应对疾病（通过隔离）的新健康规程则需要医生和官员的强制推行。火药的引入和传播——始于 1453 年攻破君士坦丁堡城墙的火炮，继而发展至 1503 年西班牙在切里尼奥拉大败法国时所用的手持火绳枪——引发了一场军备竞赛，各国纷纷资助、部署新式武器和相应的防御工事。这要求更为强大且训练有素的军队，也需要更多的工程师、军事专家和管理这些人的官员。所有这些为应对变化的世界而进行的国家建设对城镇居民而言都意味着更多薪酬更高的工作。1480 年至 1520 年间，法国巴黎的宫廷扩大了一倍，其他宫廷也差不多。这增加了杰出个人摆脱其出身的上升机会，因为很多君主倾向于训练能干的平民，而不愿赋予老派的封建世家更多权力。在西班牙，一些皇家委员会的成员便起于阡陌。彼得·拉莫斯这位当时最知名的教育改革者之一，打小便是烧炭工的儿子，最后在巴黎以修辞学钦定教授的身份与世长辞。

大批的中产阶级在城镇出现，其中包括商人、大厂商及其雇员、技术型的工匠、艺术家和学徒，以及国家官僚等阶层。（他们在本书第二部分所描绘的繁荣兴盛局面中发挥了重要作用。）对于那些依旧贫困的人而

---

* 非法经济（偷盗和性交易）也势头迅猛。

言，情况也有所改善，因为关于贫穷的新看法已广为人知。公众对这个问题的意识正在增强。小说的主题则从中世纪骑士和迷途牧羊女的故事转向了反对孤独的城市景观这种现代悲剧设定。英国的人文主义者托马斯·莫尔(Thomas More, 1478—1535)在其1516年的著作中创造了“乌托邦”(utopia)一词，并将之作为该书的名字以吸引人们关注未能达到他愿景的那些现实。

社会上的修正主义情绪导致莫尔这样的思想家曾反复念叨，贫穷不应该是人类社会中的痼疾，尽管每个人都曾对此深以为然。激进的解决方案蔓延开去，部分原因在于另外一个迅速传播的观念——新教改革(第八章将对之进行详细讨论)。对天主教徒而言，救济穷苦是一种基督教德行，因而它应该出于自愿。新教徒更多地关注乞讨和流亡这类越发突出的社会问题，他们企图通过公共项目来消除之。几乎就在16世纪20年代同期，大约60个西欧城镇的新教领地发明了贫困救济的中心化机制。这些政策实验的细节有所不同，但它们一般都包含禁止乞讨、对富裕市民进行评估进而强制征收的济贫税，在暂时的现金短缺时期顺势为穷人提供低息贷款项目，以及为乞讨者提供技能培训的教育项目以使他们成为水手、服务员或者其他对社会有贡献的人。[140]

从健康和财富方面衡量，之前一个世纪乃诸多欧洲世系中过得最糟糕的时期之一。猛然间，下至小农上至皇亲国戚，都迎来了最好的时代。

全新的黄金时代

今天也是同样的黄金时代。尽管很多苦难仍旧困扰着我们这个世界，但从健康和财富的宏观层面衡量，现在实则是最好的年代——即便对世界上最不发达的地区来说亦是如此。我们比以前任何世代的人们有着更大的机会摆脱贫困，过上健康长寿的生活。

而这一次，全球都因此获益。

自上而下，人类健康已跃升至历史最高水平

人类健康最为重要的衡量手段之一便是人们出生时的预期寿命。“我们能期望多长的寿命?”可能是能够概括营养、疾病、药物、医学、灾难、战争和生活方式等因素对我们的健康有何影响的唯一问题。

以此为衡量标准，当今之世真是亘古未见。1960 年起，全球平均预期寿命整整增长了近 20 岁——从之前的 52 岁增长至 71 岁。[141] 上一个 20 岁的增幅用了 1 000 年左右(而其中大部分又发生在 1850 年之后)；而这一次，仅用了 50 年时间。1990 年，过世的人中仅有 1/3 度过了他们的 70 大寿。到 2010 年，故去者有近半数活到了 70 岁，而其中约1/4 的人活到了 80 岁。仅用 20 年，80 岁就变成了新的“古来稀”。[142]

这些成就着实具有全球性。现如今，几乎任何国家中的新出生婴儿都能比该国历史上任何时期的人们期待更长的寿命。自 1990 年起，南亚国家人口出生时的预期寿命提高了 7 岁，东亚、中东、北非和拉丁美洲为 6 岁，而中亚和欧洲的部分发展中国家则为 4 岁。即便在经济条件最为恶劣，艾滋病(毒)肆虐最甚的撒哈拉以南非洲地区，新出生婴儿如今的预期寿命也比 1990 年时高出 6 岁。少数国家甚至取得了过去无法想象的飞跃。埃塞俄比亚和不丹等国的预期寿命已提高了 15 岁(分别从 47 岁升高至 62 岁，以及从 52 岁增至 67 岁)；马尔代夫和柬埔寨则增加了 16 岁(分别从 61 岁增加到 77 岁，和从 55 岁增长到了 71 岁)。而像南非、莱索托(艾滋病毒降低了两地约 20 岁的寿命预期)和叙利亚(自内战爆发以来，当地人的预期寿命降低了 20 岁)等少数国家则有所倒退，但它们原本就是与全球健康发展进程的非凡年代背道而驰的例外情况。

自上而下，人类财富也攀升至历史最高水平

整体上看，最重要的财富增长发生于穷人而非富人中间，对前者而

言,增加的收入和资产带来了迥然不同的生活质量和选择的权力。

如今的穷人与文艺复兴之间有着特别的亲缘关系:令人愕然的是,财富金字塔底层人们的生活在过去500年中几乎无变化。彼时,贫困意味着以面包、蔬菜和稀饭度日,肉类则属难得的奢侈。一些人出卖自己的体力,另外一些人做些小生意,比如制售木炭出售或者搬运垃圾等。多数人则多多少少都干些,这需要点勇气和毅力。他们将所挣财资的60%—80%花在了食物上,其余大部分投入到衣物和居所上。这些人的生活条件比较局促,所有物也至多不过寥寥数件旧衣物,以及睡觉铺于稻草之上的麻布袋,外加一个凳子或者(可能的)一张桌子等。对于那些承担不起的生活必备物品,他们或者去乞讨,或者与人共用,或者付之阙如。

类似地,我们现时代极端贫困的人们——世界银行将之定义为生活在每天1.9美元这一水平线之下的人——也主要靠口粮度日。他们中情况稍好的人则出卖自己的劳力去做点简单的营生——做点街头小吃、干点针线活或者在手机上出卖通话时间等。他们会将所得收入的55%—80%花在吃饭上,其余部分则用在其他生活必需品上。他们往往生活在6到12人组成的家庭里。一项针对印度西部极度贫困人口的调查发现,大多数家庭都有一张(简易的)床,但仅有10%的人家拥有一张凳子,5%的家庭有一张桌子。他们营养不良,缺乏红血细胞(贫血)。[143]他们还很虚弱、常常生病,而且有很大概率形成严重的视力问题或者其他残疾问题。具体情况因地而异,但整体情况依然严峻。[144]

幸运的是,极度贫困已不再像25年前那般普遍了。这实在是一个全球经济增长的时刻。1990年到2014年间,166个国家中有146个国家的实际人均收入有所增加,相关数据已可获取。[145]2014年,全球实际人均GDP已超过8 000美元,比1990年的水平高出约40%。[146]即使算上最近的经济危机,现存的原生经济资源也足以让大多数人一生的机遇和选择权利发生改变。

这种改变正在逐渐发生。全球贫困人口在过去几十年中已大幅下降。柏林墙倒掉之时，近 20 亿的人口（约占世界总人口的 43%）仍生活在世界银行给出的国际贫困线之下。到 2015 年，尽管这期间全球人口又增长了 20 亿，但极端贫困的人口数量已减少了一多半，仅剩 9 亿（占全球人口的 12%）——虽然人数仍旧很多，但这依然是个巨大的进步。[147]历史上首次出现了这种情况：人类总人口增加的情况下，贫困人口的数量却下降了。[148]50 年前，发展专家想当然地认为，极度贫困乃是某种永恒的痼疾；而现在，他们则在为根除极度贫困的时间表争论不已，40 年，30 年还是 20 年？

中国的 14 亿人口占人类总人口数的 1/5，30 多年超过 8%的年均经济增速让人们的平均收入增长了 20 倍，并让 5 亿多人脱贫。[149]中国有很多值得批评讨论的地方，包括它对目前经济放缓的处理方式，但它从一贫如洗的过去蓬勃发展起来的方式则更值得赞美。这是世界史上最为成功的发展故事。印度则紧随其后。从 1990 年起，其每年的经济增速都接近 8%，而生活在极度贫困中的人口比重则下降了近一半，从超过 50%降至约 30%。[150]

尽管这些亚洲大国取得了战胜贫困的最大成就，但非洲（虽然起步较晚）也正在迎头赶上。在经济方面，20 世纪 90 年代是非洲“失落的十年”。撒哈拉以南地区，人均实际经济增幅在－1.1%左右；《经济学家》杂志宣布非洲已“毫无希望”。[151]但从 2000 年左右起，这个大陆的经济开始好转。随后的 GDP 年均增幅约为 5%；新千年以来，世界上经济增长最快的 10 个国家有 6 个始终位于非洲。[152]然而，撒哈拉以南非洲的 40 多个经济体各自都面临着重大的问题，该地区的总体 GDP（约为 1.7 万亿美元）现已大致达到了俄罗斯的水平[153]，并且，据估计，它在未来十年中还会以每年 4%—7%的速度持续增长。[154]而撒哈拉以南非洲处于极端贫困的人口比例已从 1993 年的近 60%降到了一半以下，且呈稳步下降趋势。

大致上，现在的世界比四分之一个世纪以前富裕得多，同时也能为贫苦大众提供多得多的机遇和选择。

自上而下，教育也处于历史最高水平

人们的选择权利扩展之后，他们首先去做的事情之一便是花更多的时间上学。教育不仅是发展的结果——即人们有的选时的确会做出的选项——而且，它还是健康和收入状况转好的催化剂。

教育范围的扩大

对许多人而言，教育的角色在上个文艺复兴时期经历了从某种相对的奢侈品到越来越昂贵之商品的转变，并且，它也成了很多人实际和精神的必需品。

1450 年，不足 50 所的大学零星地分布在欧洲大陆上。到 1550 年，大学的数量则接近之前的三倍(见图 4.3)。[155]注册高等教育的德国人数量在中世纪大部分时间停滞不前，但在 16 世纪里则增加了一倍。[156]

大学在册人数的增长部分在于总人口的增加，但部分也在于学生主体从神职人员和贵族阶层逐步扩大到普通的市民阶层。愈加复杂的金融、商业和贸易企业要求其备选的人才库具备更好的读写和计算能力；持续膨胀的国家官僚机构则需要更多具备法律训练的人。好工作对于那些二者得其一的人而言是唾手可得——越来越多的人办到了。同时，通过让低成本的自我学习成为传统(高昂的)口授方式的可能补充，新技术(印刷的书籍)便极大地降低了人们受教育的门槛。

受教育人数的增长部分还在于，关于获得教育有何意义的新观念逐渐受到人文主义运动影响(这让人们对古代作家重拾兴趣)和因新教改革而起的宗教反思而流传开去。高等教育贯穿整个中世纪的核心课程——神学、法律和医学——当时仅对专家们有用。许多人甚至认为初等教育也毫无必要。但是，自 16 世纪 20 年代起，席卷半个大陆的多数新教徒真的践行了这种观念。最终将新教徒从天主教教徒中分离出

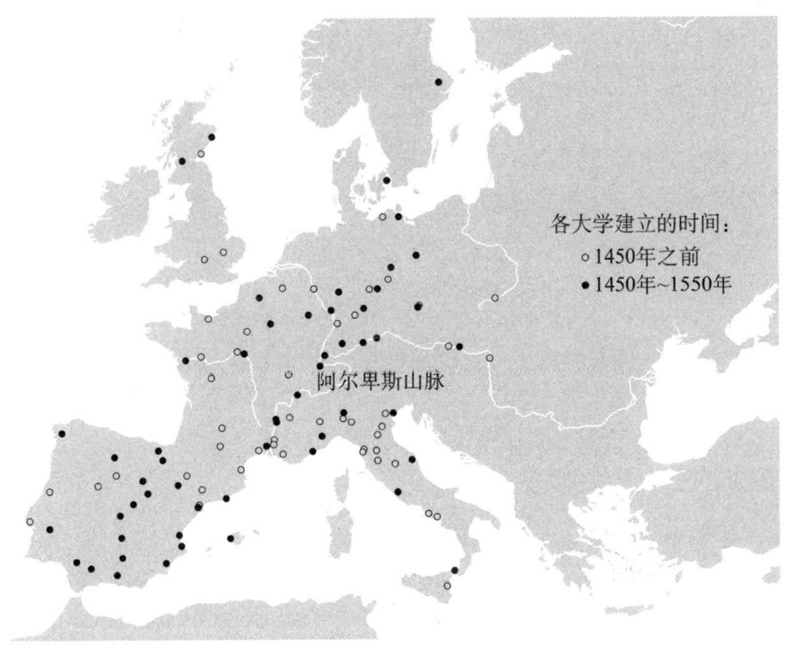

图 4.3　高校在欧洲的文艺复兴时期激增

资料来源：希尔达·德·里德-西蒙斯(Hilda de Ridder-Symoens, 1996 年),《欧洲的大学史》(*A History of the University in Europe*),英国剑桥：剑桥大学出版社。

来的核心观念之一便是，人们礼拜上帝的时候并不需要中介(比如牧师);他们所需知晓的一切都在《圣经》及其各种译本之中。突然间，阅读成为新的救赎之路，每个持有这种想法的人都有了理由去学习书本上潦草的字迹到底有何意义了。由于他们的部分愿景是带领人们回归更加纯粹的基督教箴言，许多新教徒也主张从修道院撤走正规的学校教育，并将之转交国家管理。当时急于增强自身权威而颇具雄心的君主抓住了这种想法，一系列新的公立大学旋即开办。

人文主义萌芽于此前一个世纪，一位名叫彼特拉克(1304—1374)的人则对其有着很大的推动作用。因痴迷于古希腊和古罗马，彼特拉克便去探访古时的著名遗迹，还搜集了当时的硬币，甚至写信给这两个时代里早已作古的名人。他还是一位政治家，他发现佛罗伦萨的精英们与自己志趣相投。他为这些精英们的城市治理增添了一层浓厚的神秘色彩：他们是古代罗马共和国的新生一代，公民美德的守卫者，抵抗着现代版本的帝国衰败——即当时好战的教皇。彼特拉克让古典世界中的政治辩论在当时的意大利重生。

接下来的一个世纪，在大量古典作品得到修复并由谷登堡的神奇印刷术重印之后，彼得拉克重现伟大古典的夙愿突然间有了新的实现基础，这种愿望还为教育事业注入了新的声望和目标。随着时间的推移，教育的重心从中世纪的核心课程转向了“人文”领域：语法、修辞、历史、诗学以及道德哲学等——这些学科分支并不旨在培养专业人才，而在于培养才德皆备的公民。由于面向更广泛的受众，这些课程还催生了一批新式学校。一些人在扩大教育普及面的想法上比较激进。费尔特的维多里诺创办的世俗寄宿学校“欢乐之家”同时招收男生和女生，如此，女生们也能参与并浸润到古典课程中，这些课程的主题包括绘画、音乐和体育等。[157]

在一个世纪的时间里，教育在大众心中的地位逐渐由少数人的猎奇，扩展为挖掘多数人潜能的手段。

教育的普及

在我们自己的这个世纪，人文主义对更有能力、积极有为的公民的激励功能已经和人权的法律语言融为一体。1948 年的《世界人权宣言》第 26 款(即该法律宣言的核心文本)申明：“人人都享有受教育权”以及“教育的目的在于充分发展人的个性”。

我们正在实现这一愿景的路上稳步前进，这条路的起点便是所有教育事业的基础：读写能力。1980 年，几乎全球人口的一半(44%)为文盲。而现在，尽管全球人口快速增长，这一比例却降到了仅为 1/6。在仅仅一代人左右的时间里，人类中具备读写能力的人数增加了 30 亿。互联网和之前的印刷术一样，为人们学习如何读书写字提供了一个全新而有力的理由。在年轻人中，文盲率仅为 10%，而这一比例还在下降——这意味着未来几乎所有的成年人都将具有能够参与到人类新型知识网络中的基本能力。[158]

正规学校教育作为下一步的上升阶梯，也早已登上了世界舞台。自 1990 年起，撒哈拉以南非洲的小学入学率增加了一倍多，而截至 2015 年，发展中国家中 91％的小学适龄儿童都已入学(富裕国家的数字为 96％)。[159]从全球范围看，这些孩子中的 90％将完成小学教育并进入中学(1990 年这一比例至多为 75％)。[160]尽管各地区之间发展不平衡，但仅有少数国家倒退下滑。

重要的是，女孩和男孩在受教育上的性别差异正迅速缩小。这一点很重要，不仅因为性别限制了某人的生活机遇这一点很糟糕，而且，让女孩受教育会让社会更加美好。受教育越多的女性会生养更少的小孩，因此，她们便更不可能死于分娩，也更可能出去工作。她们也会为自己的小孩提供更多机会。受教育更多的女性所生的小孩也可能更健康地度过婴儿期，并获得免疫力。她们每周会花费更多的时间学习，考试成绩也更好，也更可能养成良好的营养和其他习惯，而对坏习惯(比如吸烟)嗤之以鼻。[161]

基于所有这些理由，发展中国家最近投入了大量精力教育女孩，并取得了丰硕成果。从 1990 年起，女性的小学入学率已从 73％上升至 87％，中学入学率则从低于 40％的水平上升到超过 61％。[162]此外，地区之间发展不尽一致——阿拉伯国家和南亚国家更快，撒哈拉以南的非洲则慢些——但变化的趋势都相同。目前，在半数发展中国家，女孩入学人数至少和男孩一样多；这其中有 1/3 的国家，入学女孩的数量则更多。在有些国家，变化的速度超出了所有人的预期。比如，摩洛哥仅用了 10 年，便实现了美国耗费近半个世纪才达到的女性入学率水平。[163]

处于最高阶段的中学后教育也以最快的速度取得了巨大进展，这很大程度上归因于发展中大国(比如中国和印度)对高等教育的普及。从全球范围看，中学毕业生进入高等教育阶段的比重也比 1990 年时扩大了 1 倍多，从当时低于 14%上升至 2014 年超过 33%的水平。[164] 据我们自己的估算，如今还在世的具备高等教育学位的人数比 1980 年以前获得这一学历的人数总和还要多。另外，每年还会新增 2 500 万到 5 000万的高等学位获得者。大规模地开放在线课程(MOOC)，比如 Khan Academy(可汗学院)和 Coursera 等平台都在推动这一数字更快地增长。

尽管发达国家的高等教育入学率最高(约占中学毕业生人数的 74%，相比之下，发展中国家则为 23%)，但以绝对数字看，发展中国家正变得令人刮目相看。[165] 世界上科学和工程学博士生人数的 40%，和 37%具备这一学位的科研工作者都在发展中国家。[166] 相应的女性数量也在迅速增加。自 1970 年起，男性的高等教育入学率上升了 4 倍，而女性则上升了 7 倍多，以至于当今世界——历史上首次——入读大学的女性人数超过了男性。[167]

人类比历史上任何时期都更加健康、富裕，且更有教养。我们在过去几十年中取得的发展成果并非仅是长期趋势下的逐步改善。相反，我们已经跨越了永远不会再现的临界点，这标志着此刻便是我们的黄金时代：自 1960 年起，全球寿命预期几乎增加了一整代人的时间；全球人口爆炸的同时，贫困人口呈绝对下降趋势；未来的成年人几乎全部都能读书写字；女性在教育中已占据数量上的优势地位。每一项成就的经验有所不同。巨大的挑战仍在。曾经的小康之家现正努力奋斗。将近 10 亿人的生活水平仍低于日均 2 美元。但是，对于许多不同地方的越来越多的人而言，再一次证明了，现在就是活着的最好时代。

为何着眼于现在？

我们正在消除疾病

与上个文艺复兴时期情况一致，新时期的答案开始于疾病的减少。

人类健康的两大主要威胁是传染性疾病(由特定的细菌、病毒和寄生虫导致并传播)和慢性疾病(长期的,比如心脏疾病、癌症和糖尿病,它们的原因都很复杂,包括生活方式、饮食、遗传以及其他因素等)。人们已证明,这两种疾病在我们这个时代相互团结且日益壮大的力量面前十分脆弱。对于传染病,这种力量已经在起作用了:保健、公共卫生、清洁水和病虫害防治方面的技术和实践都已得到改进;疫苗、抗生素和其他药物也已研发;农作物得到改良,主粮的矿物质、营养都得到了强化;持续增加的公共预算和私人收入都投入到了所有这些事情上;外加教育人们对上述事宜进行理解并合理利用等。

1990 年,1 300 万不到 5 岁的小孩因 4 类主要的传染病而夭折:呼吸道感染(肺炎),腹泻,肺结核,以及其他儿童疾病,比如麻疹、小儿麻痹症、百日咳、白喉和破伤风等。[168] 多数这类死亡发生在发展中国家。发达国家几乎没有小孩因上述疾病夭折。

2015 年,590 万儿童死于传染性疾病。由于疫苗、安全饮水、教育和行为方式的改变,这些无法估量的悲剧已经减半。[169] 避孕用具的广泛使用,更加全面的产前产后护理,生产过程中日益增多的专业技术人员等因素共同作用,让死于生产的母亲比例减半。[170] 她们的小孩体重不足的比例也下降了一半,从 1990 年的 29%降到了今日的 15%,这主要归功于收入的增加和进口的农业改良。所有上述因素的结果便是,相比 1990 年,每天有 1.9 万个额外的儿童生命被拯救,这一非凡成就每年都在被不断超越。

在人类生命历程的另一端,我们也正在减轻慢性疾病的苦难,比如心脏疾病和癌症。在整个发达世界,现在因某种心血管疾病或类似原因死亡的人数与 20 世纪 60 年代相比,已下降了一半以上。[171] 研究人员正通过推广新技术让我们保持健康,比如降低胆固醇的药物和无须心脏直视手术便能打开动脉的支架等。但同样重要的则是预防思维的广泛普及,我们所有人都曾为此做出贡献。吸烟这种曾经无处不在的行为,在当今的社交场合已显得有些尴尬了。匿名戒酒互助社已走向全球。人们更少地摄入脂肪，运动量也多了（或者至少，他们知道应该如此）。这些广为流传的生活方式和习惯之重要性明显体现在全球死亡率的统计数据中，这揭示了两个事实：首先，人们与慢性疾病作斗争的趋势甚至在有效药物和手术治疗得到应用之前便得到逆转；其次，那些将自己禁锢在预防思维以外的地区正处于节节败退的状态，即便新技术在手亦是如此。[172]以俄罗斯为例，国家和民众（特别是男人）对应该少喝酒少抽烟的证据视而不见，其目前的平均预期寿命（66 岁）比过去的 1960 年代还缩短了 3 岁左右，与北美和欧洲其余地区现在的平均预期寿命相比则缩短了 13 岁左右。[173]

儿童死亡率的显著下降，外加预防和处置慢性疾病方面的突破，一同构成了 1950 年到 2005 年间人类人口总数有史以来（在我们这个物种的历史上）最快翻倍纪录的原因——且该纪录将永远保持，如果人口学的预测准确的话。

这空前绝后的人口爆炸已经为东亚（以中国为主）和南亚（以印度为主）带来了巨大红利，而非洲那边，人口红利才刚刚显现。不久前，发展经济学家还十分确信人口的快速增长是件坏事。1972 年，罗马俱乐部（the Club of Rome）这个非营利智库发布了一份现已众所周知的研究报告：《增长的极限》。它预测了生态系统被污染破坏，自然资源被开采殆尽，最终社会崩溃的未来景象。但到 1990 年，我们早已切身地领会了上个文艺复兴时期的发现：人口的爆发性增长可能是件好事。“人口是国家的真正财富”，1990 年世界银行的《人类发展报告》以此作为卷首语。诚然，人口规模越大，支撑和供养的耗费则越多。地球资源有其限度，这也千真万确。但每增加一张嘴的同时还带来了两只手和一个脑袋。只要有足够的食物供给（文艺复兴时期的人们通过开垦更多土地应对这种警示，我们则通过改进灌溉技术，升级化肥和改良种子培育的方式让世界农场产出翻倍来解决这一难题），收益——更多的手力和脑力——就会大于代价。[174]这种逻辑在一个开放、相互关联的经济环境中作用显著，其中充足的劳动力能转化为贸易优势和广泛的福利收益。

我们正在收获经济相互关联的好处

经济联系的增强和福祉的增加二者之间并不会自动建立关联。许多情况都表明了这种关联是如何起作用的，而其他情况又证明了干扰因素（比如机会不均，治理不善或者冲击性事件等）又如何将其打破。

这些警告很重要——正如我们将在后文中看见的，它们往往导致上层人口的收益超越底层——但它们也并不否认全球贸易和金融的诸多关联方式有减少贫困，创造财富，投资更好的卫生和教育设施等效用。

首先，扩大的贸易以超越限制和本地周期性需要的方式，为穷人产品的市场增加了规模和稳定性，进而为他们创造了工作机会，增加了收入。这种好处对小规模的劳动密集型产品更明显——这个领域，一双双空闲的双手便是竞争力——而对仅雇用了少数熟练工人的大规模资本密集型产业则不那么明显。[175]

在文艺复兴时期，倘若乡野闲散农民开始在非农忙时节为远方的市场编织布料，他们的收入就会提高。这与越南在20世纪80年代后期和20世纪90年代早期将自己定位为世界大米种植者时的情形没有太大区别。在1987年到1988年这一年的时间内，越南将自己从大米进口国转变成了世界排名第二的大米出口国，并且，其大米出口量从那时起一路攀升（从1990年的150万吨增长至2014年的700万吨左右）。在这一过程中，越南改善了农村营养条件，新增了720万个农村岗位，并为小农户增加了新的年收入（2013年，这一数字为30亿）。[176]最近的例子则是孟加拉国，该国建立了230亿美元规模的服装出口部门，2015年该部门的出口占了该国总出口的80%以上，并带动了400万人就业。[177]的确，该部门的工资和工作条件都很骇人听闻，但这些都在改善（2013年，政府将服装产业工人的最低工资提高了77%）。[178]被迫在极度贫困和贫困之间做出选择，很多孟加拉人选择了后者。[179]

其次，新的经济联系也促进了竞争。根据之前的条件（特别是垄断），竞争能增加人们所能购买到的商品和服务的多样性，并相应地提高商品的质量，降低其价格。这意味着紧张的家庭预算能撑得更久，而小买卖也能更容易启动。文艺复兴时期，价格更低的粮食从波罗的海运抵欧洲，并帮助降低了面包价格。现在，小麦、大米和其他谷物的全球贸易则有助于控制世界主粮成本。

新的联系也能提高生产力。在单位小时内，坐在缝纫机前的人会比仅仅依靠针线的人缝制更多的衬衫。"生产力"是经济学家们用以理解这种差异的术语。它对人类福祉至关重要，因为，我们在单位小时内产出越多，这种单位时间对他人就越重要，我们也便能期待以此换取更高的工资（即收入）。

全球经济联系的增强从多方面提高了我们的生产力。最明显的便是专业化。正如文艺复兴时期贸易联系的改善一样，一些农民开始专业化种植葡萄而非粮食作物。他们卖掉葡萄（这比他们所能种植的谷物收益要多），将所得的部分收益用于购买自己所需的粮食，其余则装进兜里。

专业化依然是我们今天（正如越南的例子说明的那样）通过贸易提高生产效率的组成部分，但也只是一部分而已。另外一个主要方式则是技术升级。应用了新技术的新机器要求其操作者也学习新的技术。中国台湾这个资源贫乏的小岛在 20 世纪 80 年代发展出一个 1 800 亿美元规模的制造业——技术则来自国外。[180]而发展路径与中国台湾相似的韩国制造业，其现在的规模已是前者的两倍。韩国 20 世纪 80 年代中期从美国和日本引进的技术帮助它在先进半导体领域崭露头角。[181]2013 年，韩国的芯片制造业规模已超过日本，位列世界第二。[182]

最后，更紧密的经济联系能以重要和积极的方式改变劳动力工作和结构的性质。文艺复兴时期，新兴的乡村工艺和纺织业不仅对闲散农民，而且对老幼妇孺都是福音，因为他们有了加入到劳动力大军进而提高物质生活水平的新机遇。类似地,现在的经济开放形势也有助于女性离开农业进入到制造业和服务业中去,这对她们的教育、健康、收入和技能的改善都有积极影响。[183]

我们正在收获人与人互相联系的好处

人与人之间的相互联系一直也都对人类福祉大有益处。

对于那些未能降生在高速增长的经济体中的不幸人群而言,移民能为他们提供一个分享其他地方福利和收益的办法。通过从低增长经济体向高增长经济体(或者从欠发达地区向发达地区)迁移,不同技能、教育水平的人都能在相同的工作中获得更多收入。

移民们不仅能从这种差异中受益;许多人还将收益寄往家乡。移民是一种互惠的现象。人们带来了自己、自己的劳动力和技术,他们还常常往别的地方汇款。这种日常的财政支持自1990年以来已经增长了近20倍。据估计,2016年寄回发展中国家的款项总额将超过0.5万亿美元。[184]这是相关国家每年从外国政府手中获得的官方发展援助(ODA)总额的3.5倍。尽管这赶不上外国投资流入的资金数目,但它通常能深入到外国投资无法到达的社区,并且,它已被证明比外国投资可靠许多(见图4.4)。投机取巧的投资者们往往根据一年中甚至某一小时的机遇形势,将资金从一国撤出投往另一国。侨汇则扎根于家庭。倘若国家遭遇危机,侨汇往往会增加,而外国投资则会出逃。

人们常批评技术移民流为“人才外流”,医疗领域尤其如此。海地大约95%的护士和60%的医生留在了高收入国家工作——这是个极端的例子,但也屡见不鲜。[185]显然,医生或其他专业人士的大规模流失定会为其祖国带来损失,如何鼓励更多人留下就成了从泰国到坦桑尼亚等国积极政策的试验主题。即便如此,从长远看,大量证据还是表明移民对输出国的好处大于其付出的代价。比如,菲律宾是世界最大的

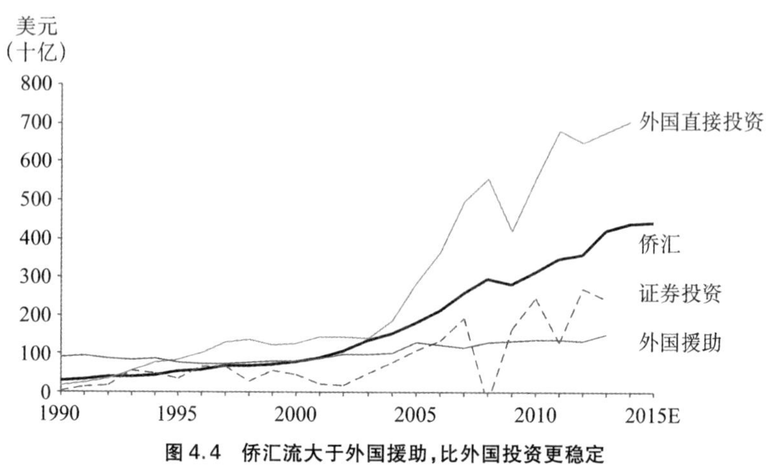

图 4.4 侨汇流大于外国援助，比外国投资更稳定

数据来源：世界银行数据库(2015 年)，"世界发展指标"，data.worldbank.org。侨汇估值来自世界银行(2015 年 4 月 13 日)，据《移民与发展简报》第 24 期(*Migration and Development Brief* 24)。

护士输出国之一，其国内医疗系统中护士与病人的比例一直保持在发展中国家最优的行列。本土的刺激和培训计划为国内国外两个市场提供了充足的护士供给。

移民也会为接收国的国民福祉创造净收益。移民侵占工作机会和阻碍社会服务的忧虑被夸大了。勇气、志向和能力是那些试图迁往大城市或新国家并成功克服了所有障碍的人们的共同特质。作为一个群体，他们缴纳的税金比他们消费的服务成本要高。而且，他们往往从事着所在国劳动力市场无法(比如护士)或不愿意(比如家政清洁服务)填补的工作。他们还有助于所在国与自己家乡建立更紧密的联系，这就可能成为一种商业资源。就拿以色列侨民来说，他们帮助所在国和自己的家乡都建立了繁荣的高科技产业。这些联系还能培养某种更具世界性的政治氛围，并在有需要的时候提供至关重要的支持。当俄罗斯于 2014 年将克里米亚并入之时，加拿大曾是最直言不讳的批评者——部分原因在于，130 万加拿大人具有乌克兰血统。[186]

我们也正在收获观念碰撞的好处

我们生活其中的新世界和人类发展取得的新高度之间的最后联系便是观念的传播。这些观念的形式之一就是实用知识(practical knowledge),它的传播则是贯通上述联结性力量的线索。它对发展的影响实在太大,因为,一旦人们将知识创造(通常代价极高)出来,传播它的代价则实际为零。而且,与其他商品不同,掌握知识的人越多,它就也越容易为其他人掌握。然而,最重要的是,知识是包装好的——如设备、药丸、注射剂,或者像一套策略步骤——欠发达社会若采纳它,便能越过其发展过程中必经的几年或几十年时间,而直接获益。[187]

这些益处在发展统计数据中很清楚。图 4.5 描述了人们出生时的预期寿命以及对应的人均 GDP 数值。这条曲线名为"普雷斯顿曲线",它得名于 1975 年第一个绘制它的经济学家。这个图表显示,随着人们收入的提高,其预期寿命沿曲线上升:预期寿命值在低收入阶段增速

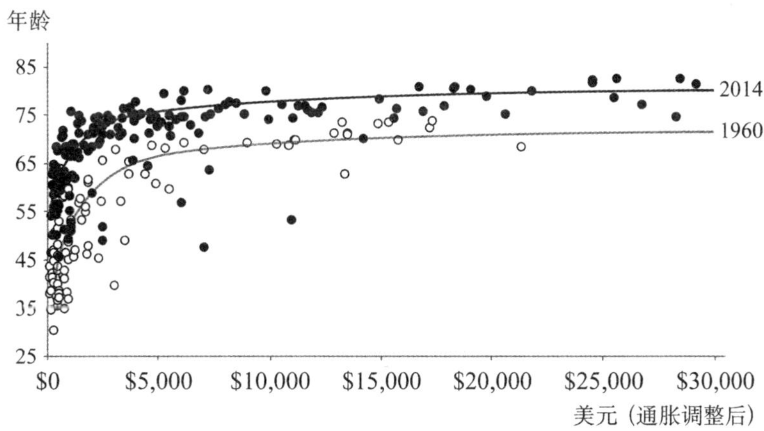

图 4.5　新观念和新技术的传播
意味着现在每个收入阶层出生的小孩都能享有更长的预期寿命

数据来源:世界银行数据库(2015 年),"世界发展指标",data. worldbank. org;安格斯·迪顿(Angus Deaton,2013 年),《大逃亡:健康、财富和不平等的起源》(*The Great Escape*: *Health*, *Wealth*, *and the Origins of Inequality*),普林斯顿:普林斯顿大学出版社。收录时有修改,感谢作者对这一主题的深入研究。

较快，之后则温和上升。但随着时间的推移，整条曲线向上移动，因此，在收入的每个阶段，现在的寿命预期都要比1960年高。为何我们处于和我们父母不同的曲线上？答案是：知识环境已经改变。

一些流传甚广的观念是积极的，并非因为它们能让我们做一些实际的事情，而是因为具有普遍意义：这些观念鼓励我们换一种方式设想什么是好生活。我们将这些观念称为**价值观**。民主观念则是其中最重要的例子，我们在第二章已经呈现了它在过去四分之一世纪中的急剧扩张。让我们回到亚里士多德，文明的大观念之一历来都是将政治参与作为某种独特的人类才能，并且，一个好的社会允许人人都有机会形成和表达自己的政治主张。发展经济学家们(尤其是阿玛蒂亚·森)为这个哲学观点增添了实践上的权重，他们指出，经验事实表明，民主制政府往往比其他形式的政府更少为本国人民带来灾难。

民主观念的扩散也有利于全球人类福祉，因为它有助于整体稳定。正如500年前的情况，战争对发展有害。暴力迫使人们离开家园，并剥夺了养家糊口的家庭成员和父母的子女，最终导致大范围的身体和精神残疾。目前，70%的婴儿死亡数和接近80%的失学儿童都集中在受冲突影响的国家。[188]战争一旦爆发，便葬送了国家数十年的发展积累。

民主国家之间很少发生战争。尽管这个陈述的有效性完全取决于人们如何定义“民主”和“战争”，但在以下意义上这句话仍然为真：随着生活在形式民主制度之下的世界人口越来越多，国家之间大范围冲突的总体量级已经下降——从冷战结束时的峰值处下降了60%。[189]民主制度的传播也展现了解决国内纷争的更好办法。军事政变已基本从拉丁美洲(1970年到1989年之间，该地区经历了30次这样的事件，从那时到现在则仅有3次)消失，它在非洲(当地20世纪90年代发生了15次，但从2000年到现在仅发生了5次)也变得不太常见了，在全球范围内，这些行动在人们心中的合法性正在下降。[190]直到2011年叙利亚内战的爆发，21世纪里死于内战的总人数(每年约4万人)正朝着20世纪80年代平均伤亡人数(每年超过16万人)的1/4处迈进。[191]尽管媒体依然常常歪曲我们对世界暴力已经下降这一事实的理解。而民主等类似观念(还包括人权、国际正义和其他相关规范)的流行正是其部分原因。

黯淡无光的黄金时代

线性透视法的发明者菲利波·布鲁内莱斯基(1377—1446)曾教导说,我们所见之物取决于我们如何观看。因此,两个文艺复兴时期给人们的教益也当如是观。前方的风景令人振奋,后面的则并非如此。发展导致两极分化。一些人大步向前;那些原地踏步的人则会落后。事情改善得越快,我们越需要调整视野以窥其全貌。

逐渐落后

文艺复兴时期,进步的极化效应显而易见。尽管,人们的平均福利在这一时期多数时间里得到提高,但位于社会两端的富人和穷人之间的差距则越来越大。根据英国历史学家 W. G. 霍斯金斯的说法,“这是羊毛工的黄金时代……羊儿备受剥夺,其剪剩下的毛仅够活命,但也不总是这样”。[192]

那些能够利用新环境的农民收获颇丰,而那些未做到这一点的农民则过得没那么好。在农村,他们占有的土地逐年减少。那些曾经大到足以维持一个农民家庭的土地则以继承的方式被瓜分掉了,父母的资产在多个继承人之间被分割;决意巩固领地的贵族也通过所谓的合法行为(通常为不正当)获取之;另外就是厄运——身体不好、收成不好、失窃、疾病或战争等——也会让一个家庭负债。农民从欠债到被驱逐的路途很短,很容易便走完了。更便宜的进口粮食(自波罗的海运来)所引发的竞争并没什么帮助——只是降低了谷物价值而已。

在城镇，类似的情况在经济底层处滋生蔓延得更为厉害。这一时期的数据并不完整，但每个可用的例子都表明，随着1450年之后贸易和新型制造业的扩张，贫富差距日益扩大。到1550年，几乎每个西欧大城镇5—10%的上层人士都拥有当地总财富的40—50%，而50%的底层人口则除了自己的劳动力之外，几乎别无他物。在英国萨福克郡(Suffolk，当时欧洲最“工业化”的地区之一)，1.5%的人口控制着当地50%的财富，而底层约50%的人口仅拥有当地4%的财富，并且其中4/5生活在贫困线以下。[193]

上述情况的主因是底层人口的实际工资下降了。贫困村民的持续涌入导致城镇工资的下降，对那些无技术人员尤其如此。城镇制造业主对农村的业务转包完全躲避了市民公会的规则和集体议价能力。女性的情况变得特别糟糕。1480年到1562年间，保姆的工资并未增加；而同一时期，日常必需品价格则上涨了150%。[194]

蹒跚倒退

贫富差距扩大不仅仅由向前发展的相对速率驱动。有时候，穷人还会被迫返贫。冲击性事件(第七章的主题)对穷人的打击超过了富人。16世纪20年代欧洲范围内屡次的歉收对很多农民就意味着债务，直至最后被驱逐。同时，当地市场需求和消费者偏好的波动甚至可能危及性命。种植谷物的农民总还有口饭吃，而那些选择栽种比如葡萄之类利润丰厚的经济作物的农民，在交易突然骤降的时候就会挨饿——这种情况常常发生在周围地区爆发了疫疾或冲突的时候。[195]冲突即将来临(见第八章)。

而人口一直在增长。几十年来，人口的恢复对穷人有利，因为劳动力供应的增长推动了食物产量，也增加了人们对制成品的需求。但最终，人口的规模开始对农民不利了。1450年，整个欧洲几乎少有身强力壮的男性找不到工作的情况。到1550年，年轻人失业的现象已司空见惯——这再次有助于维持城镇的低工资水平——而住房需求的增长又让农村地主向农民租客抬高租金成为可能。[196]

贫富差距的日益扩大背离了当时高尚的理想主义所允许的限度。人文主义推崇“人”,但很多主张似乎忽略了一般人的糟糕条件。救济穷人的方案往往更倾向于美化街道,移除它们难看的部分,而更少倾向于帮助穷人。在很多城市,穷人救济的主要推力变成了对廉价劳动力的管理。在 1529 年以后的威尼斯,乞丐以半价工资被安置在商船里工作。1536 年开始,根据英国的济贫法,福利接受者的小孩必须为其他农民或手艺人无偿工作。1541 年,比利时鲁汶通过的一项法案要求无业者每天手持工具在市政厅集合两次,否则就会从福利救济人员名册中除名。那些制定这些规矩的人声称艰苦的劳作有利于慰藉穷人的心灵,但是对雇主而言,这顺带会对无技术劳动力造成压低工资的好处。

地理分野

文艺复兴不仅是个欧洲现象,而且是个西方现象。就西欧范围而言,其北部(由于其更佳的经济联系)开始赶超南部,大西洋沿岸(基于同样的原因)也开始领先地中海沿岸了。[197] 而东欧基本保持农业状态,那里的农民感觉封建压迫越发沉重,而非更轻。在总体经济方面,这一时期的亚洲基本停滞不前。

其他大陆则处于倒退状态。在非洲,大约 15 万人在 1450 年到 1500 年之间沦为奴隶,接下来的一个世纪则另有 25 万人被奴役,[198] 而对南北美洲来说,欧洲的大发现时代则标志着当地早先文明的崩溃。和欧洲交易的确为美洲土著人带来了一定的益处。欧洲人为当地引入了新的作物:来自欧洲的小麦,亚洲的大米和甘蔗,勒旺地区的橄榄,以及非洲的咖啡等。他们也带来了新的动物:家养的牛、羊、猪、鸡、山羊和各种役畜。还传播了新技术:帆船,金属工具和武器,以及犁。他们甚至重新发明了轮子——当地一个美索美洲文明曾在 1500 年左右独立将其创造出来,但人们只当它是玩具,因为该文明缺乏大到让两轮运货车成为可能的驯化牲畜。

但欧洲所带来的负面影响——疾病、掠夺和征服——肯定超过了其带来的正面影响,并且令人毛骨悚然的是,正面影响几乎没几个土著美洲人能活着享受到。欧洲、非洲和亚洲千年一遇的交往将专家们所谓的各大陆“病毒库”互相进行了整合。这种生物层面的混合产生了历史上最凶悍的杀手——比如黑死病——以及对它们的抵抗力。美洲被幸运地隔离开,并安然度过了这几次死亡潮,但欧洲探险者和侵略者的到来顷刻间让土著居民遭受到数千年来自然界所累积的恐怖。欧洲人带去的天花、麻疹、流感和斑疹伤寒(外加非洲黑奴携带的黄热病和疟疾)将海地几百万当地人口消灭至几百人,阿兹特克人(位于墨西哥)和印加人(位于秘鲁)90%—95%的人口灭绝(前者从至少 2 000 万人口降到最多 100 万,后者从 900 万降至 60 万)。[199] 由于疾病消灭了大多数美洲原住民,幸存者又被武力杀害或征服,欧洲的帝国便主张当地的金银财富和耕地为其所有。自 1500 年起的至少 3 个世纪里,美洲大陆供应了世界银产量的 85%和金产量的 70%。[200]

新污点

当我们转向最近的进展时,布鲁内莱斯基的透视概念仍然有效:你所见之物取决于你的观看角度。

我们退一步,将人性看作一个整体,故事便在很大程度上显得很积极。全球中产阶级逐渐出现——收入位于中间部分的 1/3 人口——他们的真实收入自 1988 年起增加了 60%—70%。人群中收入垫底的1/3人口同期收入增加了 40%。[201] 但若将全球顶层收入人口和全球底层收入人口的财富进行比较,一幅十分奇特的图景出现了。尽管全球福利的平均水平得到了改善,但两个极端却在加速分离,因此,今日顶层和底层人口的生活形成了前所未有的鲜明对照。2010 年,世界上 388 位亿万富翁控制的财富比占人类半数的底层民众还多。2015 年,仅 62 位亿万富豪便控制着同样规模的财富。[202]占世界人口半数的底层人口——36 亿人——过着平均每天开支不过数美元的生活。其中 25 亿人生活在没有卫生设施的条件中,13 亿人用不上电,8 亿人食不果腹。[203]这些占人类一半的底层人口分担了儿童死亡总数的 99%,其中 4/5 的死因为慢性疾病,3/4 为传染病。[204]

进一步,如果将人类打散并置于他们所组成的国家,这幅图景会再次改变。将国家进行比较,首先映入眼帘的是经济学家所谓的“收敛”效应。[205]总的来说,贫穷的发展中国家的平均收入在过去 25 年里一直在迅速追赶富裕、发达经济体的平均收入水平。从 2000 年起,50 个国家的人均收入水平已连续 10 年(或更久)增速超过3.5%,被世界银行归类为“低收入”国家的数量也已减半,从超过 65 个降至 33 个。[206]这一经验证据支持了某种直观想法:刚点燃巨大增长引擎(比如基础设施、教育和医疗)的欠发达国家应该比已经拥有这些设施的成熟经济体发展更快。

而一些重要警示为上述国际形势蒙上了阴影。人民和国家都是如此:全球顶层和底层人口(国家)的相对财富分野明显。从 1990 年起,世界最穷国家的平均收入实际增长 30%,从 270 美元增至 350 美元——增幅为 80 美元。最富裕国家的人均收入也增长了 30%,从 36 000 美元增至 44 000 美元——增幅为 8 000 美元。[207]

你所出生的国家仍然很大程度上决定了你将过上的生活。要是你出生在欧洲,将比你出生于中美洲或者南亚高出 8—9 英寸(这是多代人健康较好的综合衡量)。[208]可万一出生在尼日尔,你的预期寿命和上学时间比出生在丹麦分别减少和推迟 26 年和 9 年。[209]并且,你很可能参与到军事政变、内战或者其他形式的暴力冲突之中,并可能在这一过程中被杀、落下残疾、被强奸、成为孤儿,进而(或者)沦为难民。

最后,让我们更进一步考察同一国家中的同辈人,差异和分野再次主导了这幅图景。在几乎所有国家之中,从最不发达到最发达的国家,贫富差距在过去几十年中持续扩大。[210]尼日利亚这个非洲目前最大的经济体,也成了世界最不平等的地方。过去 20 年里,尼日利亚经济创造的收入按实际人均计算几乎翻了一倍。令人震惊的是,尼日利亚的贫困人口比重也翻了一番(从超过 30%到超过 60%)。[211]在美国,1990 年以来 1/5 的顶层人口的实际收入增幅超过 25%;而 1/5 的底层人口的实际收入则下降了 5%。[212]底层 1/5 的人口在美国经济所创造的人均收入普遍比现在还低 40%的时候,反而挣得更多。即便那些长期以收入平等闻名的欧洲国家,比如丹麦、德国和瑞典,也经历了富人将穷人远远地甩在身后这一过程。[213]这种分野不仅仅体现在统计数据上,更体现在空间上。正如你出生的国家奠定了你的生活质量,你的居住环境也能决定这一点。出生在英国牛津高档社区的居民预计会比那些出生在城市贫困区域的人们多活 15 年——也更可能让自己的孩子进入到以城市命名的大学中去。

逐渐落后的国家

"逐渐落后"和"蹒跚倒退"再次成为国家命运分野的两个主因。

第一个因素涵盖诸多差异,特别那些受技术、贸易和投资影响而产生的差异。理论上,分享新观念并没什么成本,但实际上,应用新观念的成本却可能很大。其中一些成本是直接的,比如购买或准许使用新技术,但那些高昂的成本往往是隐性的——比如教育公民如何使用技术。全球范围内,各国政府平均在每个人身上的公共教育支出超过 4 600美元;而撒哈拉以南非洲地区政府的相应支出仅为 185 美元——事实上这一数字比 1990 年还上升了 15%。[214]这种不足使得像反吸烟科学宣传,到储蓄账户、半导体,再到男女平等的信念等所有事情的展开都更为困难。具备良好教育体系的国家基本独立从事研究和发展产业,并且,它们比那些不具备良好教育体系的国家更有预算建立能够更快应用新技术和新观念的支撑性基础设施。*

数字鸿沟是个适合眼下讨论的例子，它带来了巨大的社会后果。互联网和移动技术帮助人们跨越了信息、教育和交流的障碍，电信基础设施取得的进步比如今其他任何技术都多。

但它并非人人可用。按照电信基础设施的水平，包括电话和移动电话普及率，家用电脑和互联网接入，有线和无线宽带订购等，国际电信联盟(ITU)对超过 150 个国家进行了跟踪排名。位列前 20 名的国家——都位于欧洲和北美国家以及东南亚高收入地区——拥有丰富的互联网带宽，很高的宽带普及率以及比其人口更多的无线宽带订购量。在数字鸿沟的另一面，垫底的 20 个国家——全都位于非洲——他们的网络普及仍然有限(多数为拨号上网)，用户也更少，无线宽带普及率较低，与国际数据中继之间也缺乏连接。大致上，国际电信联盟确定了 39 个“与外界连接最少的国家”，24 亿人口满足这一描述。[215](创新的解决方案，比如 Facebook 公司的太阳能动力无人机项目和 Google 的高空气球项目，可能迅速帮助非洲弥补这些差距。)

一些国家为何在贸易和投资领域处于劣势地位这一点颇具争议，但它们却遵循着如上所述的逻辑。尽管，经典的经济理论教导说，所有附带效益都来自更为开放的贸易(每一方都能专注其最擅长者，并与其余各方展开贸易)，但现实远比这复杂。[216]资本、人口、观念和货物流动的监管障碍清除之后，一个国家与别国相比的劣势则变得更加显眼。贸易的好处不仅像山顶之融雪那般的“涓涓细流”，传递着人人应得的部分。同时，它们会倾泻到——那些在各种差异中仍保持着傲人优势的国家和城市。

这些差异有些源于自然条件。比如，新加坡拥有得天独厚的中心

* 教育本身并不能决定新观念和新技术的应用速度。教育体系如何解释世界和塑造社会态度也很重要。沙特阿拉伯有很高的教育水平，但依旧禁止女人开车。德国乃世界受教育程度最高的国家，但它依旧禁止转基因作物和新型核能，与此同时，美国和中国都在应用这些技术。

位置和深水港,这使得它成为亚洲理想的贸易枢纽。其他差异则属人为。另外一个岛国牙买加,拥有比新加坡更多的自然优势:更加丰富、有利可图的自然资源,临近大型开放市场,以及更好的海滩。1960 年,这两个小岛的人均 GDP 还相差无几。但那之后,新加坡的人均 GDP 一跃位于美国之上,而牙买加的实际 GDP 则 50 年来无甚变化。牙买加现在的婴儿死亡率也比新加坡高出 8 倍。这个岛屿有着世界上最高的凶杀率和强奸率,而新加坡的相应数据为世界最低。二者的一个区别:新加坡采取政策措施吸引投资和优秀人才,以建设世界级的教育、交通、能源和信息技术基础设施。而牙买加没有。

区位、资源、劳动力供给水平和技术水平、基础设施、公共政策选择、法律和金融机构的质量、种族或性别偏见等——所有这些都远比关税表更难改变得多。这就是为何尽管全球贸易壁垒在过去 20 年中已急剧减少,但现在的情况依然是,仅仅 10 个国家的贸易量就能占据全球贸易总值的 60%;60 个国家则能占据 92%。一些非洲国家事实上已经回到了更原始的经济阶段(少造东西多挖矿),因为它们的货币和产业都已搬迁到其他(更商业化的)非洲和亚洲国家。[217]国际货币基金组织(IMF)曾对穷国进行财政援助,其条件是这些国家要向外国投资和竞争企业开放本国产业。近些年,被援助国逐渐勉强承认这样做很愚蠢,除非国内必要的制度和政策已经到位,以便能在其他方面也进行竞争。*

逐渐落后的国民

文艺复兴时期的经济转型——农村得到发展,封建农业逐渐转向

* 海关税率表仍然对很多发展中国家不利。收入较低的国家在引入外国投资和企业竞争的贸易协议中仍处于严重不利地位,这些贸易协议并未开放穷国的产业进入对方国家——特别是低收入国家的核心产业,农业。穷国的农民必须为自己的农产品克服的贸易壁垒是发达国家同行的两倍之多。

雇用劳动关系，国际谷物和货物贸易也扩大了竞争——让强者更强，弱者也能奋力跟上。如今的时代对个人的作用也是如此。贸易和投资壁垒的瓦解，使劳动密集型产业搬迁至工价较低的地方成为可能。技术升级，特别是计算和机器人的进展让人们有可能用机器取代更多工人。（巧合的是，“机器人”来自 14、15 世纪东欧斯拉夫语的“工作”一词，它最初指农民一周的部分时间——通常 2 到 4 天——也就是他义务为地主工作的那几天。[218]）这些趋势为业主和投资者增加了收益，也为那些具备管理和技术能力以掌控这些新机制的人提高了工资。但他们压低了那些因离岸潮或新式机器已大量失业的工薪阶层的收入。总之，经济开放增加了技能的额外收入，并放大了受教育程度较低和较高者之间的薪酬差距。[219]

蹒跚退步

好的治理能帮助落后者迅速赶上（正如中国、加纳、新加坡和许多别的国家已经证明的那样）。但顷刻间，意想不到的退步——社会、经济、环境、生物冲击和各种冲突震荡——都能使甚至最恰当的发展计划所苦心经营而来的收获付诸东流。这些震荡已越发频繁。盘点 1980 年以来世界十大自然灾害，其中 8 个发生在 2002 年以后。[220]正如 500 年前一样，这些震荡对穷人的冲击最大。穷人和穷国最容易受到传统灾难以及战争的影响（世界十大战争区域和世界 2 000 万总难民人口的 86%分布在发展中国家），[221]其中正在浮现的风险将在第七章讨论。穷国缺乏足够的资金以采取预防措施——比如研发新技术，储备食物和燃料，修建海堤或对防灾预警官员的公开培训——这些都能降低损害程度。他们在灾难的善后过程中还缺乏资金重建道路、学校和医院。并且，他们还缺乏资金投入到失业保险、医疗保险、退休金和私人储蓄中以帮助人们建立应变的能力。在发达国家中，艾滋病毒/艾滋病处于慢性、可控的状态。而在大多数撒哈拉以南非洲区域，它就是一种经济和社会灾难。这些冲击可以让那些本已饥寒交迫的人们陷入失学、失业和赤贫状态,进而堕入犯罪、虐待、种族暴力、自杀和饥荒的深渊。

其他的倒退可归结于不好或失败的治理。索马里从 1991 年到 2012 年的血腥内战不仅导致其民众与新文艺复兴时期足足 20 年的发展失之交臂,还导致这一地区成为世界上最糟糕的出生地之一。现如今,当地 1/10 的儿童在其出生第一年便夭折,正规教育已基本消失,下一代女性的文盲率为 75%,人均收入(每年 284 美元)则勉强达到那些本身已是世界最贫穷地区(比如撒哈拉以南非洲)平均收入的 1/5。[222] 内战爆发之前的 2011 年,叙利亚在中东地区便以其世界最好的医疗保健系统为傲。到 2014 年,战争摧毁了该国 60%的医院,国内半数医生已杳无音信,中断的疫苗接种计划已导致小儿麻痹症和麻疹的重现。[223]

最后,有些过错则由不良商家导致。欧洲在文艺复兴时期对美洲的掠夺小规模地在那些不被公众关注的类似区域重演。近几十年中,外国企业在世界最严重的一些丑闻里负有一定责任,包括 1984 年博帕尔联合碳化物公司的灾难,它导致印尼和其他一长串发展中国家热带雨林的破坏,工人利益受到压制及独裁者得到支持等。像透明国际(Transparency International)、绿色和平组织(Greenpeace)、采掘业透明度倡议计划(The Extractive Industries Transparency Initiative)以及其他的公民社会组织正帮助我们提高对上述方面的认识,迫使这些企业承担责任,但他们作弊的机会依然很多。

瞥见伟大

人类福祉的极化效应为我们的社会体制带来了极大的压力。文艺复兴是风雨交加的时刻。将我们吹往远方的疾风同样也带来了惊涛骇浪。持续增长的排斥和怠慢情绪导致人们在正需要齐心协力的时候选择了退出甚至历史倒退。这些问题是第八章的主题。不过,上层社会和底层社会之间的财富分流并不会改变这个广泛存在的事实：与我们这个新文艺复兴时期开始前相比，世界已成为一个极其健康、富裕和更加文明的地方。这对那些出身贫苦的人们而言尤为正确，他们现在有了更好的机会去摆脱贫困，并过上比历史上任何其他时期都更为长寿、健康的生活。

基于两个理由，正面的成就占据着主导。首先是**规模**。铁的事实是，失败国家和倒退错误的最坏情况都相对较小，而过去几十年的最大成就则十分巨大。世界最贫穷的 6 个国家的人口总和都差点才能与中国或印度一个平均规模省份的人口相比。

有人声称，这一事实表明人类最近取得的成就徒有其表。若将中国从发展的等式中剔除，这幅广阔的图景则从发展翻转为停滞。的确，极端贫困人口的数量自 1990 年以来已减少一半，而中国以外的世界极端贫困人口数量只是略有下降（见图 4.6）。

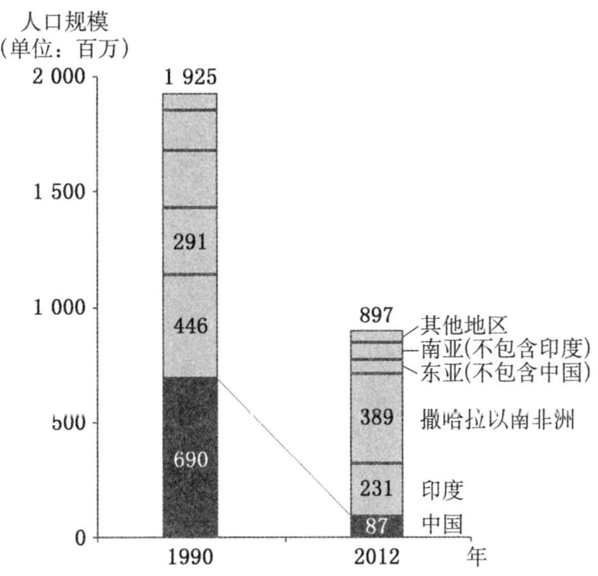

图 4.6　极端贫困人口的减少主要发生在中国

数据来源：世界银行 PovcalNet(2015)，“使用 2011 年购买力平价(PPP)和 1.9 美元每天的贫困线得出的极端贫困人口分布区域”，iresearch.worldbank.org/PovcalNet/index.htm? 1。

这种说法有误。我们应该同样珍视从贫困的束缚中取得的新突破，无论它发生在什么地方。此外，尽管中国已经一马当先，但印度和现在的非洲也将在未来的几十年里循其轨迹再创辉煌。在经济方面，21世纪的印度看起来比中国更为乐观。前者的人口规模略小，但更年轻。到2025年，印度的劳动人口将增加1.7亿，而中国却正在收缩(即便其最近将“独生子女”政策修改为“二孩”政策)。[224]印度的健康、财富和教育也应会有重大进展。

非洲的未来不是很确定，但也可能同样光明。对世界其余部分的经济而言，非洲大陆才刚刚崭露头角。其范围内的一些(肯定不是所有)国家有着丰富的资源(世界黄金储量的40%和白金储量的90%)，好的政府则可将其用于公共基础设施和技术方面的投资。好政府的含义：公民很清楚自己的权利所在，并以不断上升的频率对权力问责。[225]非洲还享有逐渐显现的人口红利。其劳动适龄人口将从现在的5亿激增至2040年的11亿多。[226]假使当地政府能学会如何培育社区而非贫民窟，如果各国政府能够更好地整合其小之又小的经济并建立更好的制度，非洲这些国家则可能在本世纪中叶之前消除极端贫困。

这个文艺复兴时期在健康、财富和教育方面的成就大于其风险的理由之二则是这些成就的广度。过去20年，各国在经济方面的分野最为明显。尽管国内生产总值是衡量人类进步的起点，但仅限于此则显得偏颇。试想一下：中国的国内生产总值在过去30多年的增长速度都比突尼斯快了整整5个百分点，但在同一时期内，突尼斯的女性预期寿命增长了14岁(从63岁增至77岁)，而中国的女性预期寿命则仅增长了7岁(从69岁增至76岁)。[227]以健康领域最基本的衡量标准看，突尼斯已迎头赶上并超越了中国。改善健康和教育方面如此之多低成本理念的普及意味着，更大范围的人类进步现如今更有赖于各国如何更好地发挥这些理念的作用而非如何快速地增加收入。如果我们不只是关注收入，而是将预期寿命、受教育年限和收入进行综合考量——这是由已故巴基斯坦经济学家马赫布卜·哈克提出的综合统计方法，被称为人类发展指数(HDI)——那么,很明显,所有国家的现有数据按这种方式衡量都比 1990 年时更好,而穷国和富国则明显有合流之势。* 以目前的发展速度,到 2050 年,全世界将有超过 3/4 的人口在发展指数上的得分赶上现在的英国。[228] 而最大的进展则由我们尚未充分讨论的国家取得,比如卢旺达,其 2008 年以来的人类发展指数增速——已提升 17 个位次——超过了其他任何国家。[229]

我们现在愈发看清了人类的潜力,因为突然间我们与它是如此地接近。在上个文艺复兴时期,我们自身伟大的刹那闪现激发了那个时代的著名结果:天才辈出。

---

* 例外的少数国家——比如津巴布韦、伊拉克、叙利亚和索马里——则由于内战或艾滋病而陷入倒退境地。

第二部分
天才辈出

目前的时代何以产生天才，
它又如何扩大了集体成就的规模

第五章
哥白尼革命

为何大转变正在发生

范式转换

1504年,尼古拉·哥白尼——他白天是个教会管理员,晚上则是狂热的天文学研究者——自称观察到一些特别的现象:木星和土星20年一遇的大会合(Great Conjunction)。[230]对哥白尼而言,观星是奉献(devotion)的一种形式:还有什么比研究天体更好的敬神方式吗?因此,在之前的7年时间里,他一直住在意大利研究医学和教会法,并把握住了每一次满足自身激情的机会:他选修了几何学,协助天文学教授进行夜间观测;并且,只要一有别的天文学家的理论和星图出版,无论古代(比如托勒密)还是现代(比如波伊巴赫、雷格蒙塔努斯等)作品,他都会找来阅读。然后,他回到自己的祖国波兰一年之后,便携其星盘和可靠的天文年历(1492年版的《阿方索星表》)去绘制土木二星的对冲图景。

哥白尼观测到的现象从两方面引起了他的担忧。首先,他手头的天文年历最终被证明不是那么值得信赖。《阿方索星表》编辑于 13 世纪：它计算了太阳、月亮和 1252 年以来所知的各行星位置，这些都是中世纪天文学的主题。但这些位置并不准确。正如预测的那样，1504 年的大会合还是发生了，但观测时间段却相差了一到两个星期，并且，两星在天空中的会合点也与书上存在一到两度的误差。

他的第二个忧虑来自哲学方面。该星表基于托勒密的天体模型制作，哥白尼认为它过于混乱和不雅因而不能反映上帝的意图。托勒密坚信地球是宇宙的固定中心——这是个明显的事实，每天都被日升日落所证明。但诸行星却是十分恼人的流浪者。从地球上看，它们的舞步十分凌乱，先是往这个方向疾驰，然后再以奇怪的节奏忽隐忽现。为了解释这一切，托勒密曾设想了一个由周期、本轮和等分点精心组合的阵列——这是一套有关太阳、月亮和行星运动神奇而复杂的规则，仅仅因为有效而流传了 1 400 年。它能可靠地预测所有天体在任意时候的具体位置——误差在一到两周和一到两度之内。

这些忧虑让哥白尼在接下来的十年时间里殚精竭虑，而在 1510 年左右，他突然顿悟(Aha! moment)了。[231] 哥白尼的想法简洁得如此纯粹，感觉像是神来之笔，自那时起的 30 多年之后，他才将整个想法公之于众——当时，一个学生在看过哥白尼 1514 年在小范围学术圈流传的手稿，如醍醐灌顶，被其深深吸引，在他的不断催促下哥白尼才决定公开。他将太阳而非地球设定为宇宙中心；将白天和黑夜设定为地球绕地轴自转的结果，而不是太阳运行的结果；而地球则是围绕太阳运行的众多行星之一。

这些主张很荒唐。要是地球果真绕地轴自西向东自转而产生白天黑夜，那它的速度一定很快。地球上的事物——塔楼、树木、人——又是如何保持直立的呢？空气的冲力又为何没有吹跑鸟类和云朵？哥白尼对此一无所知。此外，倘若地球绕着太阳转，那么，星星为何会固定出现？正如我们交替眨眼，眼中的物体会从一侧转换到另一侧一样(又称视差效应)。所以，要是我们的确在太阳的两端来回转动的话，星域也每年都会变化。哥白尼深信自己的理论是对的，但也只能推测星象的确会转换，其距离一定很远——比托勒密不敢想象的距离还要远上千倍——以至于我们的肉眼和仪器都无法察觉其中的差异。19 世纪早期的望远镜会证明地轴的正确性，但 16 世纪的同行们却对这无法检测的想法嗤之以鼻。第谷·布拉赫用了一生的时间编撰了有史以来最详细的天体记录，以尽力证明哥白尼错了。讽刺的是，他的数据帮助证明了哥白尼模型相对托勒密模型的优越性，并加速了前者得到认可。

哥白尼挑战了所有天文学所依据的深层假设——并推翻了它们。20 世纪的哲学家托马斯·库恩创造了"范式转换"(paradigm shift)这一短语来刻画这种特定类型的成就。因为我们的工作假设深深地植入了我们的思考之中，这样的转换就变得极为困难了。(哥白尼 1543 年的著作《天体运行论》被教会查禁的时间超过 200 年。)这些范式也极度重要，因为每个范式都有局限，人们最终必须面对这些局限。否则，发展会陷入停滞。哥白尼的日心说有其自身的缺陷——太阳和地球一样都不是宇宙中心——但它将天文学带出了托勒密时代，并为那些深入的探索开辟了诸多道路。我们如何证明行星围绕太阳而非地球转动？1610 年，这个问题指引伽利略·伽利莱(1564—1642)将当时的荷兰发明(望远镜)对准天空，并收集了金星和木星诸卫星相位方面的新证据。如何最好地描述行星轨道？约翰尼斯·开普勒(1571—1630)发现行星轨道为椭圆形。他得出了行星运动的三大定律，还制作了精度在 1/5 度以内的新天文年历。* 还有，倘若地球真的在太空里旋转，为何没人察觉到？艾萨克·牛顿爵士(1642—1727)回答说是因为惯性——这个答案成为其运动三定律的第一定律。哥白尼著作的影响远远超出了文艺复兴这一历史时期和天文学领域。他为现代物理学整体奠定了新的基础。

---

* 余下的不精确性由开普勒所不知道的力量引发——行星之间(由牛顿指出)以及广义相对论(爱因斯坦所指出)导致的引力拖拽。

天才变得寻常

我们给做出这些罕见成就的人冠以“天才”的标签,而在文艺复兴时期,他们变得十分普遍。哲学、科学、技术以及艺术等领域都对它们之前的主导原则做出了根本性突破。这些整个社会范围内的范式转换放在一起,则构成了历史学家们现在所确认的中世纪向早期现代世界的过渡。正如第四章开头所指出的那样,它们共同的核心便是,从赞颂上帝赐予人类在存在之链上的位置,到奋力超越这个位置的哲学运动。这种对生命意义的激进反思伴随着真理之路从启示到观察的逐渐转换。这种新思维改变了我们的地球图景(见第二章),并且哥白尼彻底改变了我们的天体图景。

在医学领域,这种新的思维方式开始将我们的人体模型从精神层面转换到了解剖学层面。人体解剖在医学院校变得司空见惯,而绘有我们骨骼、肌肉、静脉和动脉、器官、神经系统和大脑的精确图表则被广泛印刷。迈克尔·塞尔维特(1511—1554)发现,心脏并非灵魂的居所,而是一个血泵。化学则开始从炼丹术转向了实验研究。根据古老办法尝试点石成金的质变实践也让位于对实际化学反应的数据搜集,以发展出更好的办法来提炼醇类、酸类等物质,以及观察这些药剂对病人有什么疗效的活动。

新的探索领域也诞生了。如今,马基雅维利因其著名论著《君主论》似乎鼓吹了暴力和作为好的领导品质的欺诈,而被看做“权谋政治家”(Machiavellian)。但 500 年前真正震撼人心的是,除了撰写对统治阶层德性的一般性谄媚谎言以外,他还发表了对这些人实际行为的观察。政治学者自那以后便一直从事后一项活动。

观察世界的这些新方法共同带来了新的工具和技术。航海船只造得更大更坚固了,还配备了更为通用的船帆和船舵——并且变得适合远洋航行了。罗盘等导航设备变得更加准确,这让船员可能驶往他们之前不敢想象的方向。农业开始采用新的惯例(比如家畜的圈养和作物轮种),这提高了接下来三个世纪的农场产出。采矿业耗尽了欧洲的浅矿体,接着探测新的深度也开始面临(并克服了)这样做的技术挑战:排水、通风、垂直运输矿石,以及防止洪水和爆炸等。冶金工程师建造了第一座高炉(它能产出更多更好的铁石),并发展出了新的合金。水力工程师重现了古罗马供水系统的魅力,并通过改进用于矿山、工厂和码头的大坝、水泵和管道而将该系统进行了推进。建筑师则设计了新的起重机,并让它们能够提起自古罗马以来都未曾见过的大型穹顶。早期的小提琴、吉他和其他乐器也出现了,它们引领着音乐家们创作新的音乐形式。

今天,最令我们记忆犹新的转变发生在视觉艺术领域。中世纪艺术可能是简单的优雅且充满神秘的——同时还扁平和形式化。其主要目的是宗教性的——讲述神的故事。抄袭是普遍做法;创新则可能是无礼的。慢慢地,这些规范逐渐被如下观念所取代:艺术家的工作是捕捉其所见世界之片段,这种观念所产生的作品越来越逼真、新颖和世俗化了(见图 5.1)。

这种转变开始于布鲁内莱斯基这样的艺术家,他率先使用线性透视法(通过在平整的画布上将远处物体画得更小的方式表现深度),还包括扬·凡·艾克(约 1390—1441),他不去画那些理想化的裸体,而是画站在他面前的裸体,并捕捉每个个体的特有细节。这一潮流发展到文艺复兴时期的高度时,达·芬奇和米开朗琪罗已掌握了全新的艺术理念(见图 5.2)。现在,他们的作品因为美丽而受到赞誉,但那个时候,这些作品却是由于原创性而备受拥戴。从来没有谁画的肖像画如达·芬奇的《蒙娜丽莎》那般栩栩如生。其秘诀来自他多年对人眼实际如何观看的研究,具体表现在,为蒙娜丽莎的嘴角和身体轮廓留出朦胧感,让观众的想象而非画家的画笔去填满细节。同样,米开朗琪罗对人体解剖的细致研究则为我们带来了有些扭曲但很优雅的大理石雕塑,其中的每块肌肉和肌腱都在恰当的位置进行了抛光处理。

图 5.1　文艺复兴时期视觉艺术的转变

左图:圣母与孩童(约 14 世纪)。《永远护佑我们的圣母》,出处不明,很可能来自克里特岛(创作于 1400 年左右),意大利罗马利果里圣阿方索教堂提供。

右图:圣母与孩童(15 世纪)。《圣经中的圣母》(1480 年),桑德罗·波提切利所作,意大利米兰波尔迪佩佐利博物馆提供。

图 5.2　达芬奇和米开朗琪罗将真实世界的观察和个人天才完美结合

左图:《蒙娜丽莎》(1503—1517 年),达·芬奇,法国巴黎卢浮宫提供。

右图:《垂死的奴隶》(局部,1513—1516 年),米开朗琪罗,法国巴黎卢浮宫提供。

这些变革都不是立竿见影的。哥白尼固执地认为行星的轨道肯定为圆形,因为上帝以圆形的方式思考;[232]文艺复兴时期的医学纪事很可能让现代读者望而却步;而达·芬奇和其他所有人一样迷恋炼金术。科学革命才刚刚开始,而且会持续数个世纪,但这些新范式已经验证和累积了足够多的早期成就。1450年,西欧世界在诸多进步指标上远远落后于中国和阿拉伯世界,比如科学、勘探、航海、钢铁制造、武器装备、农业、纺织和计时等方面。但正如哈佛历史学家尼尔·弗格森在其2011年的著作《文明:西方和非西方》(*Civilization: The West and the Rest*)中所展现的,欧洲在1550年之时已经在上述所有方面超越了中国和阿拉伯世界,并且,它还在组织建设和能源资源方面都远超之前的任何文明。[233]

毋庸置疑,这一时期是人类史上的天才最为伟大、最迅猛辈出的时代。

新的转换

持续至今。

我们自己时代的哥白尼革命已经开始。本书第一部分所描述的事件——从封闭到开放的政治和经济体制,以及从模拟到数字媒体的转变——影响范围最为广泛,但在更为狭窄的领域,同样的现象也正在发生。外交领域,国家对其内部事务的绝对主权——至少从1555年*起,这一原则便是国际关系的根基——正被以下两种情况所挑战:首先是人道主义者们对其他国家公民的“保护责任”(R2P条款),即国际刑事法院对“反人类罪”的司法权;其次,各国逐渐认识到,没有哪个国家能在隔绝于国际社会的情况下取得国内繁荣。在商业领域,“公司”

* 1555年,《奥格斯堡和约》在神圣罗马帝国范围内建立了教随国定原则(Whose realm, his religion),它赋予帝国内的君主们决定自己国教(天主教或者路德新教)的权力。

这一概念正在被重新塑造。旧的观念——即企业家们组建公司比他们从市场中获取其需要的每一种商品和服务更为经济——正在被促使交易成本下降以及让重新整合服务项目成为可能的数字平台所挑战。这种新思维将公司的主要价值视为其承载的价值观念和活动的独特集合。同样的,工作的性质也从全职就业逐步转向临时合同。自 1995 年起,经济合作与发展组织(OECD)所创造的半数以上工作机会均为兼职、个体经营或自由职业性质。[234]像 Upwork、Task Rabbit 和 Thumbtack 等数字化自由工作平台(Digital freelance platforms)正从明尼阿波利斯市蓬勃发展至孟买等地。[235]而在艺术领域,艺术家和观众之间的基本区分已被打破,大众对创作活动的参与已是司空见惯。

但最明显的证据来自科学领域。我们 500 年后才对上个文艺复兴时期的伟大有了清晰的后见之明,因为我们可以将欧洲的变化与那些在不同条件下未曾改变的其他地区进行比较。当然,今天我们不能如此奢望。我们无法马上走进自己 500 年后的未来,也无法轻易地将各地进行比较:因为塑造我们这个时代的关联性和发展性力量具有全球性。比如,我们很难判断社交媒体仅仅是人们之间保持联系的更便捷方式,或者它意味着社会从物理形态向虚拟形态的根本性转变。

而科学领域,特别是自然科学领域的重要进展则更为清晰。正如哥白尼所发现的,人们很难改写科学背后的基本原理。科学理论和实践都有着几十年甚至数世纪的有力数据支撑,它们的改变意味着要用客观上更有效的数据迎面对抗之前的全部数据。另一方面,假设这种论证成立,那么,科学领域正比其他领域取得更快、更根本性的范式变革。(没人愿意沿着一个被证明为错误的路径上从事进一步的研究。)这意味着我们甚至能在短期内能看到大的变革,并坚信新范式能持续有效。

自然科学是人类智力劳动的庞大而复杂的生态系统,它由诸多领域和子领域组成,但用最简单的话说,它包含两个基本分支:生命科学

(即对生物的研究)和物理科学(即对非生物的研究)。第一个分支从物理学(研究物质是什么)开始,一直延伸到化学(物质的各种表现)和生物学(物质的生命组合)。它结束于医学——即我们如何将生命科学用于延长生命。第二个分支研究材料(物质的非生命组合),其基础同样位于物理学和化学领域并结束于工程学领域——即我们如何将自己对物质的理解用于创造有用的东西。

这两个分支领域正在发生着真正重大的变化——并且,若我们肯花时间去了解,我们便会知道,这些变化如艺术中的任何进展一样迷人。总之,它们是迄今为止我们的生活正在迎来变革的最佳证据。一个分支领域决定了我们每个人的生命质量和长短。另一个分支领域则创造所有那些充实我们生活的东西。

生命科学:从药物治疗到遗传转化

在5 000年医学史的大部分时间里,我们一直将人体视为确定之物。用詹姆斯·沃森的话说,我们一直是"自己未曾撰写之戏剧里的小人物",他与弗朗西斯·克里克共同于1953年发现了脱氧核糖核酸(DNA)。医学在生命戏剧里的角色一直是治疗:解释人体如何工作以及它为何有时候出毛病,以便我们能更好地预防疾病或者在预防无效的情况下恢复身体。医学解释经历了过去几千年的演化——从诉诸神灵到诉诸"体液",再到诉诸细菌和厄运——但医学的角色一直保持不变:即,与这些敌人作斗争。

治疗可粗略地概括为药物加手术再加教育,直到如今它都很好地在为我们服务。医学发展出了让我们免受历史上一些致命疾病伤害的疫苗,比如天花疫苗(18世纪90年代)和小儿麻痹症疫苗(20世纪50年代)等。研究人员分离出了胰腺分泌的控制血糖水平的天然蛋白——胰岛素(1921年),它被全面用于2 500万自身胰腺无法分泌胰岛素的糖尿病患者。他们还发现了青霉素(1928年),从它衍生出来的一整类抗生素和抗菌剂都在保护我们免受感染之害。随着人们对人体化学过程理解的增加,科学家们已发展出能够按照我们的目的对这种过程进行调节的新药物。比如,他们发明了避孕药丸以调节生育,以及像百忧解这样的抗抑郁药以调节我们的心理状态,还发明了他汀类药物如立普妥以降低我们的胆固醇,还有帮助延长勃起时间的伟哥。

医学的手术成就清单同样令人印象深刻。比如,器官移植。器官移植当属医学的最高成就之一,因为它要求对某个器官机制的深入了解以及对人体化学工厂的精通——否则,人体就会拒绝移植的细胞。20 世纪 50 年代,外科医生实现了肾脏移植。20 世纪 60 年代,胰腺、肝脏和心脏的移植也都顺利实现。10 年之后,外科医生实现了肺部移植。快速发展至今,医学已能用他人捐献的相应身体部位替换掉你的卵巢、阴茎、腿部、胳膊、双手以及(从 2010 年起)你的整个面部。首例人头移植定于 2017 年实施。至此,人体的全部都已听从我们的指挥,我们甚至能将其关闭并重新开启。20 世纪 70 年代,一个冰冷、无生命、无呼吸的身体很快会被宣布死亡。而现在,外科医生能让我们在这种状态中多停留半小时,然后,我们会像仅仅是一场熟睡之后那样醒来(最初的半小时之后,大脑损伤的可能逐渐增加)。[236]

尽管不太引人注目,但预防教育也取得了同样深入的成功。仅是教育我们所有人戒烟这一项,就已胜过所有药物和手术对肺癌的治疗总和。[237]从东京餐馆到里约热内卢的贫民窟,让几乎每个人都洗手也同样是我们阻止感染蔓延的最伟大胜利。

局限性

尽管有不少成功实例,治疗模式同样有着自身的局限。其中最主要的便是老龄化。即便保养得最好的身体也会衰老、退化和死亡。第二个局限性便是遗传。尽管拼尽全力,我们的本性也可能违背意志,进而损害身体的功能或者让我们更加脆弱。第三个局限是慢性疾病,在很大程度上治疗对它们无效,因为其根源常常在于前两种局限的某种组合。就拿癌症来说,我们知道,如果自己有家族癌症史,则更容易患上癌症。这便是遗传。但它也与年龄有关。我们与生俱来的 DNA 和临终时的 DNA 并不完全一样。在我们一生之中,随着身体里的细胞不断地分裂、死亡和自我更新,它们也会累积细微的突变。我们的年纪越大,细胞累积的突变越多。若不利的突变得到累积,细胞就可能会开始失控地繁殖——这就是所谓的癌症。其他慢性病——糖尿病、阿尔茨海默氏症、多发性硬化症等,也同样让医学研究一筹莫展。

为了摆脱这些局限,我们需要超越现有的治疗模式,而这正是医疗科学开始着手的方向。与那些在自然赋予的限度内尽力提升我们生活质量的做法不同,科学家们现在对我们本性的理解已足够深入(至少他们这么认为),因而可以建立一个更为远大的目标:改造我们的身体,使这些局限能发挥作用的地方越来越少。

生命之书

基因研究可以追溯到 19 世纪 60 年代,奥古斯丁修道会会士格雷戈尔·约翰·孟德尔(1822—1884)曾耐心培育出大约 3 万株豌豆,并从其苦行僧般的观察过程中得出结论,“子代”植株的特征必然归因于遗传自亲代植株双方的显性和隐性特征的某种组合。1900 年左右,科学家们已经计算得出,那些承继性或“遗传性”特征是由细胞核内的染色体所携带。到 20 世纪 50 年代,科学家们已经锁定了染色体内存放遗传密码的最终宝库:即,被称为 DNA 的两股或者“双螺旋”(double helix)形态的聪明分子。

DNA 是大自然存储和拷贝遗传信息的语言,它带有数字特征。但它并非由众多 0 和 1 组成,而是每条 DNA 都由 A、C、T 和 G 构成的长序列组成——它们分别代表腺嘌呤、胞嘧啶、鸟嘌呤和胸腺嘧啶等存在于所有细胞中的四种简单分子。这四个分子有一个特别属性:A 只能与 T 结合,C 只能与 G 结合。如果一条 DNA 上的一个点位读作 C-G-A,另一条 DNA 上的同样点位则必定读作 G-C-T。

这一事实担保了地球上所有生命的遗传数据。大自然在细胞每一次分裂的时候都会利用这个简单的化学过程(A=T,C=G)来精确拷贝遗传信息。

但是,DNA 在生物繁衍后代的时候就不仅仅是储存遗传信息的宝库了。另一种称为 RNA 的分子会不断进出这个宝库,它们会随机写下小段的 DNA 编码(基因),然后将这些编码带出到一个细胞工厂车间——核糖体中。核糖体会根据相同的数字解码器将手上的基因片段组合为对应的氨基酸片段。一旦组合完成,这些二维(2D)的片段将自我折叠成复杂的三维(3D)形状。我们称这些不同的 3D 形状为“蛋白质”。合成肌肉和骨骼的蛋白质仅为其中少数、类似的子集。蛋白质参与一切生物活动:从将食物转化为能量,到化学物质的产生和去除,再到防止感染和运输氧气等各个方面。研究人员认为,人体总共包含约 10 万种不同的蛋白质;总体上,它们大约占据了我们身体脱水之后重量的 75%。DNA 是每个蛋白质编码的语言。

DNA 能在很大程度上回答,“是什么让你我成了现在这样”的问题,它还能从分子层面解答“人体如何工作”这种问题。因此,自从这种遗传编码被发现以来,我们便很努力地尝试去理解它。不幸的是,它十分冗长,而且是由我们无法阅读的语言写成的。将这种 A、C、G、T 组成的字符串以 12 号字体不间断从上到下地填满普通的办公用纸,就会是这样:

gtgaacaagaaatgatgctttgtctggtatgcatggtaaataatgccccttgctctctgctt
catgatcacatgtgatacttctaacatagatagcacatgtaaatccagtggccttgactgcaactc
aagagagcattttggccaagtacaaacccactagtcatgaaaaaaaaaaaaaaaccaaatcaaa
gtaaattgatggtattgacatttgtctatgaaaaacaa

人类基因组可以填满100万张这样的办公用纸(大约抵10个足球场大小的面积)。并且,其中并没有能帮助我们理解它的任何空格或标点。

由于我们无法直接读取,科学家理解DNA的唯一手段便是比对。他们将某个囊性纤维化症患者的DNA和某个未患此病的人的DNA进行比对,并确定二者的主要差异。然后,他们再检查其他此病患者的DNA以确定患者们共同具备这些差异的哪些部分。1989年,囊性纤维化症成为以这种方式确定其DNA根源的第一种遗传性疾病。(以上DNA片段仅仅是拼写这种病症根源的超过23万个字母中的230个。)对比法被证明是将DNA翻译为有意义文本的有力工具,但这一过程比较漫长。到1990年为止,全球总共解码的DNA片段加起来还远不及我们DNA编码总量的1%。[238]许多生物学家相信,将我们所有的基因完全解码的工作量远远超出了人类的能力范围。

天才

然而,再也没有人会持那样的看法了。如今,这一领域及其前景看起来已完全不同。

1990年,全世界的遗传学家分散在不到100个实验室中,其中多数位于大学校园内。在大多数情况下,研究人员们独立开展研究并在本国进行协作。现在,他们占据着上千个公共和私立实验室以及检测机构的研究岗位,而他们的研究彼此关联的数量和复杂性,跨越了经济部门和国界,已将这一领域整个编织成一项真正的跨国科学事业。启动于20世纪90年代早期的人类基因组计划,是一项由美国主导的研究,旨在绘制整个人类基因组图谱。随后,旨在绘制人类所有的蛋白质图谱的人类蛋白质组计划于2010年启动,这是一项由分布于19个国家的25个研究团体共同组成的全球性事业。

这一科学共同体因为有了更好的新仪器以及新技术开展工作,进而变得愈发庞大和紧密。对比法的主要瓶颈之一是 DNA 测序。囊性纤维化症基因(位于我们第七条染色体上)定位的艰巨任务一旦完成,真正困难的工作才开始:即,写出这个位置 A、C、G 和 T 的实际字符串。这是一项技术上需要试管、离心机和电子显微镜等仪器的长时间、劳动密集型的实验。如果一个专业研究者无暇他顾而仅做这一件事,一年也只能测定约 10 万个字母的顺序。按照这个速度,3 万到 5 万人需要一年才能将整个人类基因组测序完毕。所以,没人会这么做,因为人们不会有足够的时间和金钱做到这一点,科学家不会对**任何**基因进行测序,除非他们对某个特定基因片段可能很重要的原因有着良好的认识。基因测序必须经过严格的假定驱动,否则,它可能变成一个吞噬研究人员职业生涯却毫无回报的黑洞。

但从 20 世纪 80 年代开始,致力于打破这一瓶颈的革新者们为我们提供了一系列科技创新。基因测序仪的出现让实验室技术人员的解码工作得以自动进行。人们还发明了 DNA 拷贝机,它能获取人们感兴趣的单个 DNA 片段并在一夜之间制作上百万份拷贝,这让在设计上更快的新一代定序仪,能够以暴力算法的方式,被应用到如今取之不竭的原始素材中。数学家则发展出了新的统计模型来苦苦思索如何将任意数量的基因片段拼接成它们原来的正确顺序,应运而生的"鸟枪法测序"(shotgun sequencing,它一般会将整个基因组爆破为上万个十分短小的片段)则利用了这种新的"先测序,后拼接"的技术。最后,计算机科学家提供了更大更好的硬件和软件以压缩、对比和储存这些新技术不断产生的海量数据。

愈发聪明的大脑和迅速提升的计算能力不断改变着遗传学研究模型的方向。旧的模型说:我们无法煮沸大海,所以,我们来好好猜猜哪杯海水重要,然后将它煮沸好了。新的模型说:我们能将大海煮沸,让我们这么做,看看有什么发现。最终,人们并没有耗费 3 万年来测定整个人类基因组,而仅用了 15 年时间。并且,测序时间和成本还在下降,其速度甚至比摩尔定律还快(见图 5.3)。人们花费了 15 年时间和 30

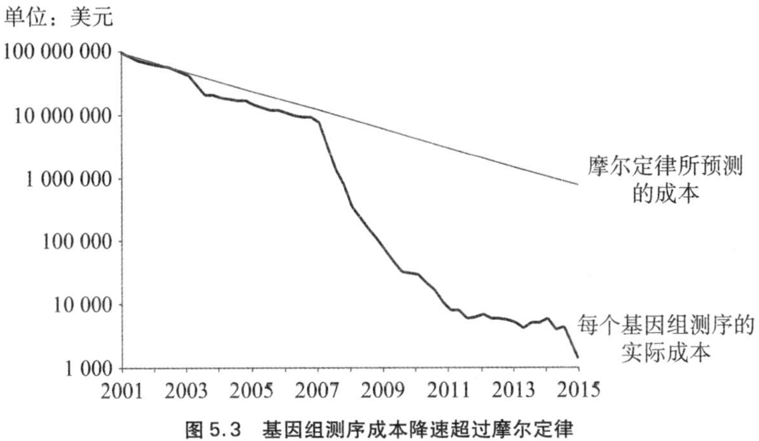

图 5.3 基因组测序成本降速超过摩尔定律

数据来源:克里斯·维斯特斯特朗(Kris Wetterstrand,2015 年),"DNA 测序成本:来自 NHGRI 基因组测序计划(GSP)的数据"(*DNA Sequencing Costs: Data from the NHGRI Genome Sequencing Program*),国家人类基因组研究所(NHGRI),www.genome.gov/sequencingcosts。

亿美元完成了第一次基因组测序;2015 年,另外一次基因组测序仅耗时 6 小时和 1 000 美元。[239]

到 2013 年,遗传学家已经写出了全部相当于 10 个足球场大小的人类设计图。虽然这是通常意义上的里程碑事件,但其科学意义是有限的,因为遗传学家们并没有其他可与之比对的人类基因组。现在,他们有了。到 2015 年,科学家已对超过 25 万个完整的以及上百万个不完整的基因组进行了测序。[240]有了这些数据,外加能够海量处理的计算能力,研究人员已经确定了大约 2 万个蛋白质编码基因,并且,他们已经清楚大部分这类基因编码何种蛋白质。[241]

乌有之书

由于生命科学家的工作涉及整个基因组,他们开始发现了很多甚至自己都不知道的事情。DNA 在生物学中的角色比他们仅十年前所设想的都远为复杂。科学家已经了解到,我们全部 DNA 中仅有 1—2%的基因对蛋白质进行了编码。研究人员最初认为其他 98%的 DNA

只是垃圾——即自然选择尚未淘汰掉的演化残余。现在，他们不再那么肯定了。人们已经知道，至少部分“垃圾”存放着不一样的指令：不去制造蛋白质，而去更好地调节已被编码的蛋白质。让人类变得比果蝇远为复杂的原因仅仅部分在于我们的DNA编码了更多蛋白质，最主要还是在于我们的身体以复杂得多的方式控制着这些蛋白质。研究还发现，一些遗传性状完全没有编入我们的DNA中。这个非常新的研究领域被称为“表观遗传学”(Epigenetics)，科学家们在2008年的时候仅能对其定义达成一致意见。

最为重要的是，科学理论现在要求我们放弃DNA是某种人类设计图的想法。相反，它是个仓库——填满了大自然自生命起源以来所累积的有用想法。的确，DNA产生蛋白质，反过来蛋白质又产生细胞，细胞反过来又生成组织，组织又组成器官，器官构成生物体。但是DNA并不决定生物体，它不过类似于堆满了用于制造汽车之部件的仓库。这辆车由仓库中从货架上配送零件到组装线上的机器、组装线上将这些部件焊接起来的工作人员和机器人、决定这辆车性能的设计师和工程师，以及决定生产一辆汽车而非卡车的高管们共同打造。该系统中每一层级之间可以相互沟通，每一层级也都能产生可以塑造其他任何层级的一系列全新事件。生命亦是如此。大约2000年起，系统生物学便开始用这种新认识去颠覆还原论者有关DNA的决定论想法了。[242]

经过改造的自然

没有回头路。近期的生物学突破已经改善了人与自然的关系。他们所拥有的最直接的力量就是自我认识。我们自己的优势、劣势和倾向——无论平静还是病态——始终是既定的身体基础。我们的未来也是如此。很快，医学便能用软件模拟我们的老化过程。而且，除了简单预计我们未来25年的样子，我们的虚拟替身还将服务于无风险的实验室,以测试我们的身体对新药、手术和生活方式选择等项目的特殊反应。药物的发现也将大步向前,现在的方法会因为快速而廉价的大规模临床试验模拟而过时。

随着自我认识水平的提高,我们将迎来个性化医疗。由于我们近期的人口增长和较低的儿童死亡率,现在,人类这个物种有着比以往任何时候都丰富得多的遗传多样性。最近,自然选择已经来不及、也没有机会从人类的基因树上拆剪掉新的突变。这对人类的健康很重要,因为事实证明,人类基因组中的最古老区域——那些在亿万年演化过程中经过实战检验的 DNA 编码片段,几乎我们每个人都携带着它们——也同样最为坚固。我们身体盔甲中的大多数遗传弱点均由所谓的“稀有变异”——即那些仅发生在不到 1%的人身上的更加晚近的基因编码片段造成。换句话说,人类都相同,又有所不同。大规模生产的药物掩盖了后面一点;个性化医疗会将其囊括进来。2015 年,美国食品及药品管理局(FDA)批准了首个 3D 打印药物,这种药可定制,以匹配每个病人理想的剂量要求和吸收能力。家长已经可以购买基因测试,以便从数百种已知的突变和失常中筛选健康小孩。每个医生的治疗室中都配有基因测序仪的时代正向我们招手。

我们也将破解 DNA。我们会打开自然的仓库以修复故障,或者从理论上说,增加新特征。自然一直在这样做——只是通过病毒而已。病毒只是 DNA 片段加上某种保护层组成,它能进入细胞核并将自身写入宿主 DNA 来改变细胞的功能。“基因治疗”则是科学界为这种新型治疗手段贴的标签,到目前为止,研究人员在这方面一直相当成功。他们已将病毒设计成具备重新编辑我们自己的细胞、以产生导致囊性纤维化症的缺失蛋白的能力,经过设计的病毒还能克服遗传性血液紊乱,并使我们的血细胞能够产生足够数量的血红蛋白,以及指令我们自身的抗体搜寻并摧毁癌细胞或艾滋病毒,此处仅列举了少数最近的实验进展。2013 年年末,世界首例经过批准的基因治疗药物“Glybera”被推向市场。这种药物是一种病毒,注射进胰腺炎病人的血液中之后,能感染并重新编辑病人的细胞进而使其正确地产生分解脂肪酸所必需的某种缺失蛋白。基因治疗仍面临诸多限制，主要在于它无法改写我们整个身体的DNA，而只能改写被感染过的细胞DNA，但它证明了DNA调试的可行性。

基因疗法是人类新的遗传权力的温和应用。我们已能驾驭比这陌生得多的事情了。科学家已经在培养皿中杂交出自然状态下从未交配过的物种，并诞下了活的、健康的皮弗洛牛(beefalo，水牛-奶牛的结合)、山绵羊(geep，山羊-绵羊的结合)、狮虎兽(ligers，狮子-老虎的结合)以及若斯(zorses，斑马-马的结合)，等等。他们还将水母身上可产生荧光的基因植入猫的体内，使后者能在暗处熠熠生辉。科学家们还将苦艾草中的基因植入某种酵母中，以让后者无法正常分泌酒精，而分泌某种稀有的抗疟疾药物。我们尚不清楚哪段DNA编码的完整内容能在物种间通用，但全世界实验室中的科学家们都在做实验以寻找答案。最终，与我们共同栖居于这颗星球上的每种植物、动物或者细菌，都可能为现成的基因编码添砖加瓦，基因编程员能将这些基因编码结合，以产生满足人类需要及其幻想的嵌合体生物。

这一领域的下个里程碑被称为"合成生物学"，它旨在从零开始设计某种全新的生物。为何要将我们自己限制在自然的基因代码库中？在网上搜索"定制DNA合成"(custom DNA synthesis)，你将会发现数十个可以合成几乎任何DNA序列的私人实验室，而你的出价可能低于每个字母0.2美元。* 他们会在2到4周内将试管寄回给你。有了这种能力，我们终有一天能够加速演化：我们可以从马的DNA为起点，用电脑模拟它上千年的演化，然后将结果合成到已受孕的母马身上。如此诞下的小马驹会在演化上领先其母亲上千年吗？或者，也许我们会创造出某种吸收大气中二氧化碳并分泌石油的细菌。这些想法已部分成为可能：科学家能够对某种细菌进行完整基因组测序，然后，用电脑

---

* 风险序列已被列入黑名单。

对该细菌进行调试进而合成某种物理版本，再将这个版本植入另外一个细菌空出的拟核中，最后静观这个细胞变成某种人工生物。[243]但他们仍在使用现存生命形式的 DNA 作为起点。研究人员尚未充分理解，所有这些不同层面生物系统是如何相互关联进而从下到上设计它们自身生物体的。

当然，最深刻的则是改变人体组织的力量。科学家已开始在严格控制的情况下以适当的方式这么做了。这些严格控制不过是自我约束；因为它们只是些政治和伦理限制。更具突破野心的技术也已出现。比如，2015 年 4 月，中国科学家编辑了 86 处人体胚胎基因，以修改引起致命血液紊乱的基因。[244]倘若我们选择拓展这种研究路径，可能有一天我们会生出进化程度比我们高的后人类（post-human）：它们能健康且积极地大幅超越我们现在视为正常的寿命，且拥有远超我们自身的身体和认知能力。随着我们对自身遗传和化学能力的信心越来越强，我们是否还会继续否定自身的这些能力？我们在什么情况下会最终决定使用这些能力？朱利安·萨乌莱斯古这位牛津大学马丁学院的哲学家建议说，这种情况可能取决于我们自己。他提问道，为了我们的生存着想，难道我们不应该尝试在基因层面重新编辑人类的习性，从而让我们自己多一些和平少一些自私？[245]难道历史没有——很多次——证明，我们很不适应彼此共存？

也许这是对的，又或许错了，人类基因变强大将比战争更为深刻地分裂我们。谁来定夺？私人，科学家，还是政府？万一有些政府允许人类基因变强大而其他政府不允许呢？

在这个文艺复兴的头几十年里，生命科学突然间头也不回地将大自然创造和修改生命的权力交到了人类手上。这种力量现在还很原始，但其增长的速度远远超过我们用以处理它的智慧和机构能力的增速。它令人振奋——也充满危险。它所呈现的是我们作为一个物种有史以来所面临的最为重大的选择。

物理科学：从变小到增大

同样的东西变小了

要是阿尔布雷特·丢勒(Albrecht Dürer, 1471—1528)走入英特尔的半导体工厂，他会发现眼前正发生的一切非常眼熟。作为德国首屈一指的艺术家和知识分子，丢勒是铁板蚀刻的最早采用者。他会将铁板涂上清漆，然后用锋利的铁笔以刮擦的方式在上面作图。之后，他会将其置于酸性液体中浸泡，酸液会腐蚀铁板上被他刮掉清漆的部分，如此，他就将自己的画作转移到了铁板上。简而言之，这便是我们今天在微型片上放置晶体管的方式。只是，我们已将铁板替换为硅板，而艺术家的铁笔则换成了紫外线，但概念是一样的。

主要的不同体现在规模上。丢勒要刻画间隔不到一毫米的细纹，而我们在硅板上所做记号的宽度则是它的百万分之一(见图 5.4)。我们这样做是因为工程学的一个基本规则是，如果我们能将同样的东西

铁板蚀刻，《附有大炮的景致》，阿尔布雷特·丢勒，大英博物馆提供。

经过蚀刻的硅片,图片来源:埃里克·戈尔斯基(Eric Gorski,2010 年)。

图 5.4　同样的想法,尺寸却相差百万倍

以更小的尺度完成,则最好不过。更小意味着更便宜,因为所需的原材料更少。更小也意味着更节能,因为所需克服的惯性和摩擦也更少。并且,更小还意味着更快,因为运动的部分经过的距离也更短。这都是简单的物理学。

摩尔定律及电脑成本相应地大幅下降就是缩小事物尺度所获好处的最佳物理学证明。计算机的计算通过开关的集合完成,每个开关都处于开或关,即 1 或 0 的状态。同样的空间集成的开关越多,计算机每秒所做运算越多。真空管为第一代开关,每个都有拇指大小;1946 年,2/3 网球场大小的房间装进了 2 万个这样的真空管。20 世纪 50 年代,工程师们用单个为指甲盖大小的晶体管代替了真空管,并将 1 万个晶体管装进了冰箱大小的橱柜里。20 世纪 60 年代,他们设想出了将晶体管蚀刻在硅板上的办法。到 1970 年,人的指甲盖大小的范围里可容纳 2 000 个晶体管;到 1980 年代中期,这一数字为 2 000 万。今天的晶体管又进一步缩小到了 1/50,其宽度仅为 10—30 纳米(一米的 10 亿分之一)。你可以很容易将 10 亿个晶体管安装在一个指甲盖上,也能在这句话结尾处的句号上安装 500 万个晶体管,就是这个实心圆点,[246]它们每一个都是一个有效的开关。让电子们通过,它的状态就是 1;将电子关闭,它就变成了 0。

1965 年时,摩尔希望他的经验法则能够在未来的十年里仍然有效,但这个法则的有效性又持续了半个世纪。50 年来,每当我们想让自己的电子设备更给力的时候,工程师们便会拾起 16 世纪的蚀刻艺术,找到进一步缩小手法的办法。但我们的计算机仍在一个对我们有用的时效内奋力解决大范围的复杂问题。一些问题很古老(比如,未来 2 周的天气如何?),一些则很新奇(比如,我刚刚合成的蛋白质会折叠成一个有用的分子吗?)。尺寸的缩小无法满足我们对无限计算速度的需求。最小的原子为 0.05 纳米大小;这是我们的建构单元所能达到的最小限度。但是,当我们尚位于远不到这一限制的 10 纳米尺度时,熟悉的物理学就已土崩瓦解,一套不同的规则——量子力学——开始起作用。

物理极限

从尺度上讲,一米和一毫米之间的差别就像地球和弹珠的区别。量子力学是物理学的一个分支,它试图解释构成物质和能量的每一个微小单位——原子、光子、电子等——的行为。有关量子特性的最早理论工作至少可追溯到 1877 年,20 世纪物理学中众多杰出的人物——波尔、普朗克、海森堡、薛定谔等人——所作出的基础性发现,驱使科学家们以新的量子力学方式思考世界。但是,直到最近我们才取得这样的能力:(1)切实地观测到这些物理学家们所预测的量子特性;(2)在原子尺度操纵物质。前者已经取得了空前的成功。在 30 年左右的时间里,量子力学已成为科学史上验证最为成功的理论:它所预测的便是我们所发现的,我们已能洞悉现实世界的最深层。

第二种能力则略显粗糙。量子力学领域的基本问题是,所有物质都带有波粒二象性。在宏观层面，我们还可以忽略后者，但越往微观的层面深入，困难也越大。想象一片略微泛起涟漪的海洋。倘若你在一艘游轮上，你大可忽略它们；但若你在一艘皮艇上，这些涟漪可能将你颠覆。

可能给芯片制造商造成翻船危险的涟漪便是微小粒子的概率特性，流过晶体管的电子就是这样。在经典物理学中，某物要么存在，要么不存在。但在电子、夸克和胶子等的亚原子层面，自然的面貌完全不同。电子并不占据一个单独的位置。相反，它同时占据所有可能的位置——我们观察它时，它便在某个地方停留。我们发现它时的位置无法用牛顿的因果律解释，但可以从概率论得到解释。大多数时候，它在牛顿所期待的地方，但有时候则不在。

这种奇怪的不确定性完全违背我们的经验和直觉。爱因斯坦这位量子力学的怀疑论者曾经著名地宣称“上帝不掷骰子”。（对此，量子力学的坚信者波尔则反唇相讥道，“爱因斯坦，别再告诉上帝该做什么了”。）然而，万物在亚原子层面都如此表现。通常，我们不会注意到任何奇怪的东西，因为，在任何确定的时刻，仅有很小一部分（比如说）组成了这本书的亚原子粒子在做着一些不可思议的事情（比如，从你手中穿过等）。但有时候，我们能在宏观尺度上观测到这种离奇之事。最佳的实例就是太阳。根据我们熟知的物理学，它不应该处于燃烧状态。其核心约 1 500 万摄氏度的温度还远达不到启动核聚变反应的程度；而太阳内部氢原子所具备的能量也不足以克服将它们彼此分开的斥力。但是，量子力学却说：氢原子在这个温度融合是极不可能的事情。的确如此，它们无法克服将其分开的斥力障碍，但总有那么极为罕见的氢原子会以融合的状态突然出现。太阳包含了那么多氢原子，甚至极不可能的事情也会很频繁地发生——频繁到足以维持点亮我们天空的核聚变反应。因此，即便太阳不应该燃烧，但它又的确在燃烧。

基于同样的原因，靠电子运转的可靠开关最小的极限大小为 7 纳米左右。若开关小于这个尺寸，我们将无法确定在我们命令它打开的时候，它是否开着，或者一些不遵循经典物理学的顽皮电子会逃逸到邻近的晶体管中去。尽管这些情况不太可能，但一个芯片上有如此多的晶体管，甚至不可能之事的发生频率也足以达到影响芯片功能的程度。

以当前的发展速度，科学家可能在未来十年里达到可靠硅开关的极限尺寸，尽管他们也可能用其他让电子表现得更好的材料换掉硅板，而再将这一年限延长十年（目前最好的替代材料是石墨烯）。这些专家为下一代消费者配备了技术和搜索引擎，但甚至最快的新型芯片也无法快到能解决很多重要问题的程度，即解决问题的时限不在对我们有用的时效范围内。这是由于这些元器件的建造依赖于逐个测量每个变量的可能值，而随着我们对世界认识的深入，更多的数值和变量也被引入。将它们全部测量完毕可能需要很长时间。比方说，你手上有来自100个国家的100个硬币，你想知道它们每种组合的“首”和“尾”是什么样。其可能的组合共有 2^{100} 种——这真是个天文数字。甚至，现有最快的计算机再提速一千倍，仍需要几十亿年才能运行完所有可能组合。

计算天才

硅体晶管缩放的尽头离我们已经不远了——但它也只能带领我们走这么远。它即将抵达极限也意味着我们必须发明储存和处理信息的新方式。

除了缩小在微观尺度上起作用的熟悉部件，我们是否能将定义纳米尺度的离奇现象进行放大？我们目前的计算机有着内在的局限性，因为它们奠基于某种简化的思想之上——一个粒子要么存在要么不存在。事实上，这两种状态可以同时存在，从理论上讲，这种状态使得粒子比其按照现在的用法所能够携带的信息量要丰富很多。相反，假使我们能在一定程度上将电子的能力发展至同时呈现这两种不同的状态——也称叠加态——那么，它便能一次同时进行两次运算。2个电子一次能进行4次运算。3个则为8次;4个则为16次;以此类推。计算机的处理性能则呈指数级增长。仅仅100个电子一起工作便能瞬间测试2^{100}种组合,也就是说,这比任何计算机都要快几十亿年。并且,如果我们能以某种方式将信息储存在电子的不同状态中,那么,仅仅300个电子一起工作所处理的信息量就比以前用老办法储存的所有信息还多——即便我们将整个宇宙中的每个原子都按照0和1的模式重新排列也不行。[247]

理论上是这样。在过去20年里,我们已经开始付诸实践了。量子计算最初被用于解决素数问题。即,给定一个很大的数字(比如,250位数),哪个素数能被它整除?你的笔记本可能运行几十年都找不到答案——这便是为何大多数数据加密都基于这样的素数测试。2001年,研究人员制造了一台成功将15因式分解为3×5的量子计算机。2012年,研究人员用它将143因式分解为11×13,而在2014年,他们将因式分解的数字记录提到了56 135(233×241)。[248]这听起来很寻常,除非你理解了"量子计算机"真正意味着什么:它就是原子或者电子(即"量子比特")的某种集合,我们将数学意义映射在这些粒子的量子状态中,进而它们同时神奇地具备所有量子状态后,便可测试我们数学问题的所有解法。接着,我们会查看这些粒子,这会导致它们塌缩成其最偏好的状态,我们再将这种状态映射回数学语言,有时候就正好得到了正确答案。

科学家已经证明了量子概念;未来的任务便是对其进行扩展。2011年,加拿大D-Wave Systems公司将其第一款商用量子计算机推向市场,即可运行128个量子比特的D-Wave One。2012年年底,研究人员证明了用硅原子制作量子比特的可行性——这是重要的一步,因为我们对大尺度计算机制作所知的一切都建立在硅基之上。2013年,谷歌宣布其与美国国家航空航天局(NASA)合作建立的量子人工智能实验室正式启动。该实验室购入了一台D-Wave Two,它能运行512个量子比特,且在解决某类特定问题的速度上比目前最快的经典计算机快 3 000 倍。2014 年,国际商业机器公司(IBM)宣布了一项新的历时 5 年、投入 30 亿美元的研发计划,以推动芯片制造进入石墨烯和量子处理时代。英特尔公司也于 2015 年秋宣布自己将进军量子计算领域。各家关注的问题各异,但一个可能的猜测是,到 2020 年,量子计算机将在某些特定问题的处理上可与常规的超级电脑一较高下甚至取而代之。

与此同时,物理学家也开始在真实世界应用量子计算机了。20 世纪 90 年代,他们便发现了"量子隐形传态"效应——粗略地说,即如何将一小段数据从一个地点传递至另外一个地点而不用穿过二者间隔的空间。从那时起,物理学家们一直在稳步提高量子跃迁的可靠性和距离,以期有一天能够建立量子因特网。(到 2015 年,量子跃迁的距离记录为 150 千米——这是有理论意义的里程碑,因为这也是地面和轨道卫星之间的最小距离。)21 世纪初,量子加密已成为现实:现在,人们有可能产生一串真正随机且在物理上无法预知的密码,若将其传输至大约 300 千米远的接收者,后者也能确定该密码在途中是否曾被截获。[249]这种加密系统的商业版本已被用于确保银行转账和国家选举结果传输的安全性。政府机构也涉足其中。2014 年,流出的美国政府文件表明,美国国家安全局正加速建造用于密码制作和破解的量子设备。同年,英国相应的职能部门政府通讯总部(GCHQ)取消了一项其原创的加密项目,因为它被证明易受量子攻击。[250]

在接下来的几十年内,量子计算机可能有助于我们回答那些超出了我们现有理解水平的大问题:比如,生物系统各不同层级到底如何彼此互相影响的、意识是如何产生的,以及宇宙的最终命运将会如何等等。它也能改变我们的日常生活。量子传感器会有足够的处理能力来瞬时监控我们血液中的所有化学物质——表现上与每次血液检测一样,且能即时获得结果。身体状态的实时更新会改变我们的习惯以及对"健康"和"疾病"的基本观念,甚至改变我们的医疗保健系统。

流行的技术改变之后,我们的直觉也会随之改变。我们会很快适应事物应该如何表现的新观念。你有没有在屏幕上滑动过手指才发现它不是触摸屏的经历？在这个沮丧的时刻，你已瞥见了量子技术可能影响我们的思维这种改变。貌似奇怪的设备可能已开始出现在了我们的日常生活中——新的感知、通信、计算和信息处理工具可能在表现上与我们熟知的设备很不相同。它们可能是坚不可摧的黑匣子（black boxes），但能如幽灵般瞬间感知距离和复杂性，并无视这些因素。随着这些设备的激增，量子行为将开始显得不那么奇怪而是更加自然。我们的直觉也与宇宙深处的实际运行机制更紧密地结合起来。这将帮助我们以更快的速度揭开宇宙的更多奥秘。

制造天才

人类近期对纳米领域的进军暴露了我们计算信息方式的限度——也预示了一条在未来某天通往自然最深处秘密的新道路。但它也揭示出我们在制造事物方式上的限度——同时赋予我们操纵物质的新权力。

20 世纪 80 年代早期，苏黎世的科学家发明了一种基于量子理论的新设备——扫描式隧道显微镜（STM），并首次用它对单个原子进行成像。到 20 世纪 80 年代中期，他们甚至设法将一些原子挑选出来并逐个移动。兴奋的未来学家开始设想各种可能性：想象一个纳米尺度的机器人从下往上，一个一个原子地在最小的尺度上绝对精确地建造机器和材料。一些人则幻想我们可以用空气生产燃料，从污泥里提取纯净水，用沙子和二氧化碳组装宇宙飞船等。而“稀缺性”则会从我们的词典中消失。[251]

很不幸，正如少量的量子涟漪无法让我们永远地缩小硅体晶管，其他纳米尺度的现象也没法让我们将机器的尺寸缩小。而两个无处不在的问题则是随机运动和粘黏性。随机运动是标准的物理学现象，它会导致一滴食用色素在一整杯清水中弥散开去。这杯水可能看起来波澜不惊,但在纳米尺度上它却是水分子相互碰撞的涌动海洋。粘黏性则是量子现象,它是导致保鲜膜粘在沙拉碗上,或两个光滑的玻璃表面粘在一起的原因。这种物理学很深奥,但大致上,大多数东西的表面相互接触时,它们都会紧紧地黏在一起。在宏观层面,我们并不会怎么注意到这种现象,很大程度是因为大多数看似光滑的表面并未充分接触,即真正的接触点并不多。但在纳米尺度上,粘黏性的主宰就像重力之于宏观事物一样无处不在。随机运动和粘黏性这两种现象共同决定了在纳米尺度上建造任何东西都像是在飓风肆虐的船上组装塔楼,快速接触的黏合剂会覆盖每个工人、起重机、螺栓、大梁和雨滴。

新的发现之旅

工程师们熟知的力量——张力、压力等——并不在纳米层面起作用。并且,他们所用的建设材料也并不都具备同样的特性。碳是黑色的,但若你用它制作一个原子厚度的薄片,它会比玻璃还透明。原子领域是我们身边巨大的未知世界,所以,材料科学于 20 世纪 80 年代便开始(配备了扫描式隧道显微镜和其他新技术)探索那个世界都有些什么,什么规律在起作用,以及是否有任何特异的局域特性能为我们所用,等等。

进展很大:我们已经发现了新的宝藏和相关证据。1990 年,共计有 230 篇与纳米科学有关的学术文章发表在《自然》杂志及其子刊上。到 2015 年,这一领域的文章数量已超过了 11 000 篇。(研究演化的文章数历时 71 载才越过 11 000 篇文章的关卡。[252])在千年之交,纳米技术的首批商业应用开始出现,到 2015 年,成千上万种此类产品已经撑起一个价值 1 万亿美元的市场。[253]

纳米银粒子能杀灭细菌。其中原委我们尚不清楚,但是人们已在袜子、泰迪熊、绷带、牙科植入物及公共地铁上使用这种东西来预防疾病和加速伤口愈合了。2015 年,科学家发明了"可饮用的书"(涂有纳米银粒子的纸张)作为将污水过滤为饮用水的便携廉价的解决方案。[254]我们已经明白,壁虎正是利用量子粘黏性才能悬挂在墙壁和天花板上:它们的脚上有着数十亿根能和任何表面形成许多真实触点的纳米尺寸的毛发。企业家们借鉴半导体产业的处理工艺而制成了一种合成版本的"壁虎胶带"(gecko tape),经过调整,它就能在防御(全地形机器人)、制造业(替代多种螺钉、铆钉和胶水等)甚至竞技(针对美式橄榄球运动员的防漏球手套)领域找到用武之地。其他发现将会有更广泛的影响。科学家正致力于以下领域的研究,比如,利用阳光和二氧化碳产生燃料的人造光合作用,更快的DNA测序(这种想法是,让单个DNA分子穿过一个微孔,它能够探测到顺次通过的A、C、G、T等不同碱基的电位差)以及用纳米纤维制成的超薄且牢不可破的避孕套,等等。

来自纳米世界的最万能材料之一是石墨烯,人们于2004年首次将其制造出来。石墨烯只是一片纯碳,仅为一个原子的厚度。我们都很熟悉碳元素的其他形式:比如自然界中最坚硬的物质钻石,以及铅笔中用于写字的软石墨。石墨烯兼有二者的优点。它是透明的,却又如钻石般坚硬,能纺成柔性纤维(强大到足以抵达外层空间),也能被切割为我们想要的任何二维图形(比如曲面显示屏或太阳能电池)。其导热性比铜高10倍,导电性比硅好100倍(这让芯片制造商很兴奋)。尽管仍旧很昂贵,但它正迅速成为宏观层面的现实。在发现它的头一年,科学家正努力生产比头发丝宽些的石墨烯薄片。大约10年之后,他们已能打印长达100米的无缝石墨烯薄片了。

统一的突破

科学家尚无法做到一次一个原子地制作有用的东西,也无法发明能为我们这么做的机器人。迄今为止的大多数纳米尺寸的工程学都涉及散状材料:用紫外激光在某个表面凿出特征(比如壁虎胶带),将特别准备好的蒸汽吹过铜薄片而沉淀出超薄膜(比如石墨烯),在试管中混合化学物质进而一次产生一满杯想要的分子(比如纳米银粒子),等等。3D打印则能大大节省时间成本和传统大规模制造过程中的废料,它到目前为止只能在微米尺度起作用——这对打印航空工业的精密部件而言已经足够,但它还不够小,因而尚未触及比这一尺度的千分之一还小的物质所表现出来的神奇特性。同样,我们建造机器人的能力——制造和组装发动机、齿轮、武器和其他机械部件等——仍停留在微米级别。科学家已设想出某种理论,它能让纳米机器人在随机运动的飓风中导航或者不被粘住,但测试这种原型机器人可能在几十年以后了——也可能压根没有那一天。

要制造真正的纳米机器人很可能要求某种完全不同的设计方法。与制作计算机一样,我们并非想将宏观机制缩小至纳米尺度,而是需要探索那个尺度下的现实的独特性质,并按照适合那个环境的方式制造机器。

一个可行的办法是模仿生物学。目前为止,来自纳米领域的最广泛洞察便是,我们越往微观层面深入,“物理”科学和“生命”科学之间的区别就越模糊。传统上,工程学并不模仿自然。飞机并不拍打它们的翅膀,但工程学和自然这两个领域的交汇点正是最卓有成效的科学逐步形成的地方。工程学为纳米世界的研究提供工具和平台;自然界则为纳米世界中的工程问题提供了无尽且优雅的解决方案。

原来,大自然才是终极纳米工程师。长度仅为200微米的细菌在很多方面都像是我们想要建造的纳米机器人。[255]它们拥有靠糖维持运转的微型发电厂。还有被称为核糖体的分子组装器,大小为20纳米。它们可按照DNA逻辑板被编辑。它们还能自我修复、自我复制,且能在随机、粘黏的纳米世界以某种聪明的扭动方式导航。

对人类工程师而言,细菌与我们设想中的纳米机器人之间的差异程度才更具启发性。细菌并非通用机。它们高度专业化:每种细菌都会利用纳米物质的某种特性做好某些特别的事情。凭借已经存在于纳米世界中的微小力量,它们便可以自我组装。其中的诀窍便是蛋白质的折叠。蛋白质一开始是单个长度为1纳米的氨基酸单位，然后，细胞的核糖体将其缝合为一条长链。事实证明，每种氨基酸（生命体会用到23种，并常常重复它们）都有着独特的电荷。蛋白质长链打印出来后，它上面的每个氨基酸都会根据自身的电荷吸引或排斥其他每个氨基酸，这个二维的链条便按照这些力量之间的复杂平衡关系扭曲成三维结构。这种折叠的缠绕有着恰到好处的外形和表面以形成某种结构，或者能与其他蛋白质有效地相互作用。

我们能按照同样的方式组装自己的纳米机器人吗？知道了想实现的终极形状或功能，我们是否就能制备出同样的缠绕，并由此逆向抵达折叠成缠绕的氨基酸链？* 迄今为止的实验室研究指向肯定的答案。2010年，科学家诱导DNA将自身折叠成某种篮球状，然后将一个药物分子放入其中，并用盖子将其封住。[256]唯有癌细胞有着正确的密匙。要是这个篮球遇到癌细胞，它会弹开盖子并当场释放药物。这样的“DNA纳米机器人”可能有一天会取代目前的化疗和其他的癌症治疗手段，后者在杀死有害细胞的同时会大量杀死健康细胞。

医学正在获得大自然的伟力来设计生命；工程学则从中获得了设计物质的能力。这并非寻常的进步，而是我们触碰到当前范式的外部限制并采用新的范式后发生的革命。

若历史有任何借鉴意义，则这些突破将引领人类进入迅速取得各种成就的新纪元。我们已能在新兴技术的来临中看到部分突破。另外一些设想的成分更多些。我们会破解大脑如何工作，并创造出像我们再生其他器官一样再生大脑的医学吗？人工智能会复制还是超越人类的认知能力？没人知道，但这些突破看起来也并未太超出我们的能力范围。

我们无法设想500年后的时代，但我们能肯定，当21世纪的历史

---

* 蛋白质的折叠（Protein-folding）是一个对计算机能力的需要呈指数级增长的领域。给定23种氨基酸，100个单位长度的链条则有23^{100}种组合方式。倘若我们逐个依次检测其中每个分子，则它们的总重量将超过整个宇宙。

被写就时，其中一个主旋律将是我们如何发展了自己新的自然能力——以及我们在运用它们时的智慧或愚蠢。

天才辈出的模式

天才的辈出不仅仅只是某种“自然发生”的现象。它作为让创造力闪耀之特定社会和智力条件的结果而产生。为何文艺复兴时期的天才会如此壮观地闪耀？为何类似的现象此时又再度发生？

部分原因在于罕见个体——即天才本身——降生在了特定的时代。个性乃每个天才的关键组成。正如当今世界上这个领域首屈一指的思想家布莱恩·亚瑟注意到的，新原则推翻旧原则后，顿悟（*Aha*! moment）便总会从个体的潜意识中冒出。[257]通常，某人关注领域里的奇怪或独特现象正意味着对他们有利的突破机会。哥白尼专注于寻找天体中比托勒密体系更纯粹的和谐。达·芬奇致力于光学和工程学研究。米开朗琪罗则醉心于大理石，他相信每块大理石内都有一幅困于其中的图画，正祈求被释放。当这些专注产生了某种顿悟，接下来发生的任何事情都将体现作者的独特性。

但伟大而专注之头脑的出现本身并不足以造成天才在整个社会的爆发。倘若真是如此，则西欧文明绝无可能于1450年到1550年间赶上并超越中国。这之前，中国已抢占了技术上的先机，吸引的聪明头脑更是两倍于西欧，若我们假设天才人数在世界任何地方都构成了一个恒定比例的话。

欧洲在文艺复兴时期的飞跃表明，别的因素起了重要作用：集体天才（collective genius）。每个人都拥有某种能力的独特组成；社会培育这些人并让他们相互关联之后，集体天才便产生了。不同的头脑致力于同样的问题能激发出一些原创性观点，同时也能对个人突破的推动有所贡献，或者将这些突破向前推进。个体天才数量可能在各地的人口中占据着恒常的比重，但集体天才则因社会的学习和关联水平不同而差异巨大。

“整个世界充满了专家、有学识的教师、大型图书馆；我认为，无论是柏拉图、西塞罗，还是帕比尼安的时代，都不曾有过人们现在常见的这些学习条件”，法国作家拉伯雷（1493—1553）在1530年左右如此写道。[258]上个文艺复兴时期曾取得过最大突破的那些人的传记证明，他们的非凡成就全都深深地归功于他们所出生的那个相互交织、快速发展的时代，以及在如此条件下兴盛起来的集体天才。

达·芬奇是托斯卡纳的历史记载中最负盛名的博学之人，但他绝非独一个。早期的人文主义者彼特拉克（1304—1374）也是托斯卡纳人，且比达·芬奇早出生很长时间，托斯卡纳的工程师们意识到，他们与彼特拉克研究古希腊和古罗马的学生们对话会让自己获益良多。古典世界的庙宇、穹顶和道路在1500年后仍在发挥作用。其中有何秘密？将过去的解决方案与当前的技术难题相互关联，以及将这些联系绘制出来的创造能力，在达·芬奇出生时的家乡已受到高度重视且散布很快。达·芬奇让这些艺术达到了一个新的高峰，部分原因在于他运气好，生活在过去知识的供给和当前问题相互结合的高速增长时期。

谷登堡的故乡美因茨兼具两种风格迥异的技术：酿酒和铸币。[259]前者产生了多种风格的葡萄榨汁机和制造这些机器的不同工艺；后者贡献的金属加工技术不仅能制作模具，而且还被用于不断尝试以找到铸造单个字母的最佳合金，即易熔化，在模具里也容易浇铸，而且还能承受反复重击的金属。这些要紧的技艺都很专业且并未流行起来，而一旦谷登堡成功地将二者结合，印刷机的流传由我们在本书第一部分（尽管他已尽了最大努力保守技术上的秘密）描绘的更具普遍性的力量所保证。

而哥白尼则在波兰安静的伐米亚地区从事其开创性的工作，他称这个地方为地球上十分遥远的角落。[260]但他在18—30岁这段人生的关键时期都满怀希望地在欧洲的不同中心地区求学。1491 年,他进入克拉科夫的雅盖隆大学,与来自欧洲大陆其他地方的青年才俊共同在这个学校研习了三年的逻辑学、诗学、修辞学和哲学。他在那里阅读了刚刚因为印刷术而变得唾手可得的古今主要科学著作: 比如古代欧几里得的几何学和近期雷格蒙塔努斯的三角学;古典的托勒密天文学和晚近波伊尔巴赫的天文表;以及拉丁文译本的阿拉伯主要科学著作。[261](最后这些可能举足轻重。以太阳为中心的宇宙图景最初由古希腊的阿里斯塔克斯于公元前 3 世纪提出。欧洲早已将他遗忘,但阿拉伯学者却没有;哥白尼有可能从这些作品中借来了灵感。[262])1496 年,他迁往意大利,并在接下来的 7 年时间里和欧洲大陆的顶尖学者建立了往来。哥白尼正是由于这段时间的交流才改变了人们对天体的看法。其 1543 年的著作《天体运行论》遭禁。他的学术后继者伽利略则因持有异端观点而备受宗教裁判所的骚扰。但哥白尼早在 1510 年之时便将其初步想法散布于逐渐紧密联系的学术友人圈中了,他已释放了一个无法遏制的想法。

快速流动的观念、头脑和激励

我们整本书都在讨论何时何地的环境条件能让天才兴盛的问题,而非其他问题;对此进行充分的讨论已超出了本书的范围。但以上的故事特别强调了三个条件,正是它们让 15、16 世纪的欧洲为天才的集体兴盛(现在的学者告诉我们,这一点仍起着决定性作用)准备好了时机。

首要的条件是思想流动的速度、种类和丰富程度的暴涨。这一点很明显且至关重要: 思想流动得越快,就越可能更快地出现新的、丰富的观念组合。多样性也很重要,正如谷登堡所发现的(当代研究也证明了这一点),看似不相关领域的相互碰撞,往往也会出现大的进展。[263]思想的流动越丰富,其复杂程度越高。“不是数学家,请不要阅读我的基本著作”,达·芬奇这样写道,因为他相信唯有博学之人方能充分理解他正在思考的观念。[264]

本书第一部分展现了导致这种飞跃的各种力量。文明之间新的交流,扩大的贸易和金融联系,社会流动性、城市化以及移民浪潮共同为不同人群及其生活方式创造了更多的交汇点。从那时到现在,突破我们当前思维局限的最佳方式之一便是和那些思考方式不同的人交流。

这种增强的观念之流最直接的催化剂便是新的出版媒介。现在,我们会将印刷机归为“通用技术”一类。[265]比如,小提琴的出现改变了音乐形式,但它的影响也局限于音乐领域,而印刷术则极大地影响了人类活动的各个方面。它增加了知识的总量,还扩展了各领域从业者之间的联系。中世纪学者友人之间的相互通信和小范围辩论逐渐演变为广泛印发小册子进行批评的活动。更多参与其中的人带来了关于每个重要问题的更丰富的知识、经验和观念。

印刷术还帮助另外一种通用技术流传开去:即数学。1494 年,卢卡·帕乔利(Luca Pacioli)在威尼斯出版了他的《算术、几何、比与比例概要》,这开启了欧洲大范围应用算术的序幕。印刷术发明之前的多数情况下,唯有博学的精英才了解印度-阿拉伯数字。大部分数学仍旧是罗马数字加算盘,对后一种硬件设备的需求意味着大多数人无法完成自己的算术题。算术的普及让数学成了每个人拿根炭棍就可以完成的事情,这相应地增加了能理解、表达和想出复杂数学观念的人数。[266]

助力集体天才兴盛的第二个条件,则是受过良好教育且十分聪明的头脑,也日益参与到了思想的流动中来。默默无闻之人的大量努力简直超过了之前哥白尼的成就:教师和师傅们向学生和学徒们传授着不成文的默会知识;发现了死胡同的失败努力提醒他人不必重蹈覆辙;设备和工具的技术性调整让人们能够更深入地探索事物的奥秘;与他人在观点上无尽的交锋,无论是舌战还是笔会,都会增强人们对某种手艺的理解,甚至还会将人们的思想吸引到新的方向。理解一门手艺且与其限度进行缠斗的人越多,则越可能有人超越这些限度。

有助于集体天才在文艺复兴时期的欧洲比在其他地方更加繁盛的第三个条件，则是私人和社会对冒险行为的慷慨激励和回报。古代中国是一个庞大的官僚社会，超出国家认可的和有把握的冒险以外的思想在那里几乎毫无市场——像郑和1405—1433年探索印度洋和东非的海上远征——则可能因帝国的一纸禁令而被迫中断。相反，欧洲由众多弱小的国家构成。他们之间的竞争和战争(以及奥斯曼人的入侵)都促使他们投资那些可能带来军事、经济或者文化优势的大发现。对新式武器、新式战舰和公共防御的高度需求，导致钱袋向任何可以设计它们的人敞开(达·芬奇就在其盛年时期花了大量时间来设计精巧的武器)。[267]富裕的城市会资助新式学校、大学和教授职务以解决商业上重要的问题(比如在海上计算经度等)。与此同时，富裕的家庭则大量投资新的艺术、雕塑和建筑形式：这有助于新兴的富裕商人阶层获得庄重的伪饰，这也是少数社会能够接受的卖弄形式之一。[268]

在这个新兴思想市场的供给侧，那些提供好想法的个人则无法从中获益。人们如此迅速而广泛地仿制谷登堡的神奇机器，以至于他并未从中获利，但他之后的一代发明家则风光无限。1474年，威尼斯市实施了世界上第一部正式的专利法。正如这部法律的序言部分所指出的，如果“这些条款是为伟大天才人物的工作及其发明的装置而制定……则更多的人会为他们的天才提出申请……并为我们的共和国建造用处巨大的设备”。[269]到16世纪中期，这些条款在整个欧洲都已司空见惯。

时机再次成熟

我们现在已具备如上所述的种种条件，而且它们来势更为猛烈，范围也更广。

第一部分清楚地提供了核心证据。如今的发展力量已将全世界健康、聪明人口的地位提升至有史以来的最高水平。各种关联性力量——政治、贸易、金融、人口迁徙等——已将人类社会紧紧交织在了一起。这些力量也影响了思想的传播。在这个交织的社会中,思想流动的规模、多样性以及丰富程度都呈爆炸式增长。

新的通用技术

新的通用技术再次让大众传播变得廉价而丰富。计算能力的提升让思想的传播变得丰富多样,同时也提升了我们彼此交流的复杂性。多亏了摩尔定律所确定的计算能力的复合增长,如今,我们的口袋都能装下的智能手机比超级电脑 Cray - 2 都要快——后者是 1990 年以前世界最强大的计算机,它重达 5 500 磅,售价为 3 500 万美元。[270]

摩尔定律将互联网带到了我们所有人的指尖,但它也将我们带领到了宇宙的边缘。过去 20 年里,随着我们计算能力的增强,我们已将人们的交流进一步延伸至数学、天文学、生物学、工程学、地质学、气候、战争、经济学等领域十分复杂的系统中了。我们对这些领域的深入了解还催生了一批全新的产业,甚至,我们如今在工作中思考的观念已经超出了我们 20 年前的理解能力。水力压裂行业(fracking industry)会使用现在的超级计算机来为我们在地面上打出一连串孔,然后注入高压液体以释放岩层内部气体这一过程进行模拟。医学科学则正用这些计算机模拟大脑活动,这样我们就能够理解大脑如何工作以及药物或手术会给它带来什么影响等问题。公共卫生官员则会用它模拟流行性疾病的传播,进而对高风险区域的分布、需要先行关闭的运输系统节点、病毒在被我们发现之前能传播多远,以及疫苗的大规模生产和分配等相关信息有所了解。工程师则会模拟两倍于有史以来的最大压力进行新船测试,并用其测试两倍于有史以来最高的摩天大楼(定于 2018 年竣工的沙特阿拉伯王国塔将高达 1 000 米)。而电影制作人也能令人信服地让闪亮的行星、黑洞、外星机器人和特异的超级英雄活灵活现了。

新的连接点

如今更为自由和丰富的思想流动也明显体现在不同人群、不同产品和生活方式不断增加的交往之中。

学术界尤其明显。全球范围内，每年约有300万学生到海外进行短期或中期学习。在经济合作与发展组织内部，2/3的外国学生来自发展中国家，而亚洲学生的数量增长最快。30年前，中国几乎未向海外输送过任何留学生。如今，它派出的学生人数多于任何其他国家。

要是有机会，众多一流的外国学生会在他们毕业之后选择留下，并为其所在国的经济做贡献。2011年的一项调查显示，专利产出量位列全美前十的大学中，国外出生的发明家人数占据了其中所有领域总人数的3/4。[271]其他毕业生则靠研究才能在全球市场中竞争。牛津大学40%的教员都是国外人——他们来自近100个国家——这一比例还在上升。

这些学术移民传播和连接了世界上的脑力活动。1995年，跨境研究合作仅占当年论文发表量的不到1/10，现在则几乎占到了1/3。[272]学术史上分量最重的合作论文——即2015年5月基于日内瓦大型强子对撞机的物理学研究论文——有共计5 154位来自世界各地的合著者。[273]癌症治疗现已成为世界各地高水平实验室所组成的虚拟团队的全天候研究工作了。在部分研究者一整天的结束之际，他们会将自己最新的研究成果传递至下一个时区；次日早晨，他们将从外国同行停下的地方继续工作。上一届15项诺贝尔科学项奖中，除了2项，其余全部都归于国际研究团队。[274]

更自由的思想流动也清楚展现在知识含量高的货物，比如医药、化工、机械、计算机以及其他电子产品中。过去20年中，高科技产品的贸易按名义价值计算(in nominal terms)则翻了两番，从1995年的1.4万亿美元增长至如今的5万亿美元。而贸易范围也得到了扩展。1995

年，所有交易的高科技产品中，发达国家卖出了其中3/4，买入了2/3。现在，发展中国家已取得了这项贸易中买卖两方面的近半壁江山。制造这些产品的必备知识已传遍了世界各地。[275]

最后，快速而丰富的思想流动还清晰地体现在社交媒体上。Twitter粉丝总量的1/4都来自与原始推文（Tweets）作者不同的国家。而Facebook的对话则将世界的每个角落连接起来（见图5.5）。其结果是，流行文化的传播比以往任何时候都更快更深入。2003年，作为第一批互联网模因（memes）之一的《星战小子》风靡全球。据估计，该片3年内的观看次数约为9亿次。[276] 2015年，YouTube上一个名为*PewDiePie*的频道每3个月的累积观看次数就达9亿次。[277]瑞典人菲利克斯·谢尔贝格运营的这个频道——主要传播其玩游戏时的古怪动作视频——于2015年年底成为首个超越100亿次观看大关的频道。同年早些时候，伊斯兰极端分子为报复讽刺杂志《查理周刊》对穆罕默德的漫画讽刺，在该杂志位于巴黎的办公室开枪射杀，造成12人死亡。一天之内，推特上表示重申言论自由的“＃我是查理”（＃Je Suis Charlie）标签在世界上未封禁Twitter的国家中被转推了340万次。[278]

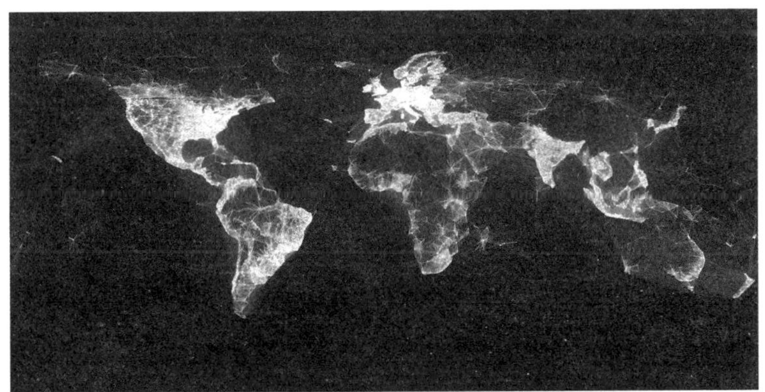

图5.5　脸书的国际友谊将世界上的不同对话关联了起来

资料来源：Facebook

这个世界突然出现了越来越多更加包容、受过更好教育的头脑，他们相互之间愈发生动的思想交流在规模和多样性上都前所未有——而且，这些想法能以瞬时、近乎零成本的方式在全球传播。这些条件描述了一个为个人和集体带来创造性突破的理想世界。这便是大转变正在此刻发生的原因，同时，它也是这一次新文艺复兴应该远超上一次的原因。倘若我们建立了正确的激励机制（我们将在第九章提出一个重要警告），目前的繁盛只会蒸蒸日上。

第六章

教堂、信徒和疑虑

为何那些曾经超越我们能力的壮举现在已屡见不鲜，为何我们所有人都应该拥抱此刻的繁荣（即便这繁荣的后果并不总是如我们所愿）

集体努力

个人式的天才占据着古今历史著作的标题；我们赞美并推崇那些突破长期局限的人们。但他们都只是冰山一角——即表面之下大规模深刻事物的可见部分。在哥白尼和达·芬奇、史蒂夫·乔布斯和史蒂芬·霍金等人的天才背后，则是一个更加宏大的故事：才干和能力在世界人口中的广泛增长。

本书上一章展现了集体天才在我们目前的繁盛局面中所起的作用。我们每个人的智慧都独一无二，如果条件允许我们培养、关联和集中众多头脑——就像现在，以大规模扫盲和数字连接的方式——我们则可以一起共同取得突破以弥补和促进个人的成就。

集体努力是文艺复兴时期共同创造的第二种形式，尽管它在同样的条件下兴盛，但它能以不同的方式回馈社会。无论是个人还是集体天才，他们都为社会注入了*原创性*。正如上一章所证明的，天才能将我们从流行思维的牢笼中解放出来，并帮助我们以新的方式看待世界。通过将那些鲜活的独特性注入当下，天才便能推动社会向前发展。

集体努力的贡献主要在于其*规模*。它创造的奇迹和解决的问题是无论天赋多高的个人都无法独自办到的。如果人们要创造奇迹、解决问题，就必须靠集体共同完成。米开朗琪罗为圣彼得大教堂（St Peter's Basilica）设计了大穹顶；是众人的集体努力将它建成的。

而我们，正在建造很多这样的穹顶。

更上一层楼

圣彼得大教堂位于罗马。圣玛丽大教堂位于塞维利亚。圣母大教堂位于安特卫普。1550 年，它们以这个顺序位列所有基督教世界最大教堂的前三甲（圣彼得大教堂和圣玛丽大教堂现仍排地区第一和第三）。在之前的世纪里，这三座教堂都已开始动工或已竣工。

欧洲大多数大教堂都建于中世纪，但规模最大者则在更近的时期才耸立云间。佛罗伦萨的辉煌建筑以花式圣玛丽大教堂（又称多姆大教堂）为开端。而该教堂于 1296 年便早已破土动工，但最后由布鲁内莱斯基设计的穹顶于 1436 年才完工，由此，该大教堂被归入新的集体成就之列。基于古罗马的万神殿，布鲁内莱斯基将这个巨大穹顶设计为那些在佛罗伦萨市中心看到它的人也为之惊呼的规模，由此，古典世界的价值观和审美观便在这里复活。这也是个技术上的胜利。判断某个社会中工程师们的超凡技术的方法之一，便是没有内部支撑的建筑物的顶盖跨度距离。古罗马已将这个进度条提到很高的位置：万神殿的穹顶跨度为 43 米。1300 年来，布鲁内莱斯基设计的穹顶（44 米）首度超越这一大关。

大教堂是人们共同能够做成什么事情这一集体能力的标杆。历史铭记了布鲁内莱斯基的名字,但他并非以一己之力将穹顶建成,是整个集体的努力才铸成此事。大量的财富和数代能工巧匠的辛劳才完成这般宏伟的石质建筑。这并非巧合:罗马皇帝康斯坦丁一世于公元360年下令建造的旧圣彼得大教堂,在数百年里近乎废弃,而到文艺复兴时期才推倒重建(规模上大了好几倍)。而塞维利亚和安特卫普能在同一世纪将其余两个最大的教堂建成也并非巧合。前者乃西班牙一小镇,直到哥伦布"大发现"时期才转而成为新世界货物的国际贸易枢纽;后者则是荷兰一个港口城市,它于16世纪逐步成长为全欧洲首屈一指的金融和商业中心。各种发展和关联性力量——财富、健康和教育的突飞猛进,政治和经济的一体化,城市化,等等——让人们的生活风光无限。"让我们建造一座无比美丽和雄伟的教堂吧,直到看见它的人都以为我们疯了",一位塞维利亚居民如是说,这句话传颂于当地口授传统中。[279]他们也的确这样做了。他们于16世纪20年代完成了自己的疯狂壮举,建成的教堂超过伊斯坦布尔的圣索菲亚大教堂成为世界最大的教堂——后者保有这一称号近千年之久,而塞维利亚的圣玛丽大教堂才保持了不到一百年。

文艺复兴时期的集体力量还提升了新的知识大教堂——图书馆。这不仅体现在图书馆的规模变得更大,尽管这也是题中之义。1450年的时候,一座馆藏丰富的图书馆约藏有100部手稿;到1550年,单个学者自己藏书超过百册的情况也变得稀松平常。[280]而同期欧洲大陆最大图书馆的藏书量也从2 000~3 000册激增至15 000~20 000册。[281]图书数量的增长得益于谷登堡的发明:10万到15万种图书的1亿到1.5亿册副本在印刷术被发明出来的头个世纪里售罄,其中许多图书都在宫廷、修道院和大学图书馆的书架上安了家。[282]

但是,比这些图书馆的规模和藏书量更重要的,则是书籍内容的范围以及其中承载的集体成就。中世纪的饥荒、瘟疫和战争打断了西方文明分散在欧洲所有法院和修道院中的书写传统。其中大部分都已遗失;多数残存的手稿又被遗忘在尘封的书架之上。接着,我们迎来了印刷术，在其出现的头一百年里，印刷机渴望着那些散落各地的残稿中能发现些新材料——特别是古希腊和古罗马经典，此种需求永无止境。

印刷机成了学术盗墓者。围绕这一行当而建立的手稿发掘者网络，延伸到了那个时代所允许的最远范围——在当时欧洲主要人口中心之间联系日益增强的前提下，这一范围从大西洋沿岸一直延伸到了黑海地区。当时欧洲最多产的出版商和斜体发明者奥尔德斯·马努提乌斯(Aldus Manutius，约1452—1515)从意大利、法国、德国、英国、波兰以及匈牙利等国境内搜集了很多珍贵手稿，他还派出搜查队远赴苏格兰北部和罗马尼亚东部等地区搜寻手稿。[283]他的阿尔定出版社在其有生之年共计出版了120种图书(总计至少10万册副本)，其中包括超过90位经典作家原初的古希腊语版本作品——比如亚里士多德、柏拉图以及希罗多德等人的著作。[284]奥尔德斯版图书在整个欧洲很快售罄，这些图书也随着船长们到达船迹所至的任何地方，它们构成了世界各地古希腊经典研究的基础(包括本书作者所在的牛津大学，这里仍保存着其中很多图书无价的首发版)。[285]他所创立的图书馆不像过去那些伟大的图书馆一样受地点或时间限制，对这种图书馆而言，世界之外，别无边界。至少伊拉斯谟(Erasmus，约1466—1536)这样认为，他曾在奥尔德斯的编辑团队里待过一阵，并且，他自己的广泛社交网很可能对一些手稿的发现有过帮助。[286]

每个出版社都有自己独特的业务，它们竞相成为第一个将柏拉图或者托勒密的下一部伟大作品推向市场的机构，但每本新书都是大量集体劳作的结晶。每本书背后都有一支聘请自欧洲各地的学者团队，他们辛勤工作，将幸存手稿的残页顺次拼接成“适合印刷”的权威文本。[287]有时候，类似奥尔德斯1496年对《忒俄克里托斯》的编辑任务被证明已超出了单个印刷商的资源限度。但“聊胜于无”，奥尔德斯在为该书所作序言中如此解释道(少量的协作智慧在当今的新兴公司里仍旧很流行)；他提供了自己团队的努力成果作为同行得以改进的基础(事实上的确如此)。[288]

共同竞争，并在彼此成功的基础上共同繁荣，欧洲不断增加的出版社重新整合了西方文明仅存的大部分知识基础。人们还将其复制和传播至有此需求的任何地方，因此，曾经稀有且残破的手稿全本到 1550 年时已能被任何潜在的读者读到——包括新大陆的读者，当地首个出版社于 1539 年在墨西哥城成立。[289] 可以说，这种集体伟业乃上个文艺复兴时期最重要的知识成就。

当代的大教堂，近代的图书馆

500 年后，少数人组成的较小规模团队在起重机等重型机械的帮助下，便能建造数倍于圣彼得大教堂规模的建筑，时间上还省了几十年。但在很多领域，物体的规模仍旧挫败着我们，或已将我们打败。现在，我们集体能力的提升正让我们的疯狂想象变得触手可及。

我们大多数人已经敏锐地意识到了这些新力量：仅仅十年前还不可能办到的事情，现在正接二连三地发生着。像维基百科和开源软件[比如 Linux，Apache(阿帕奇)等]这样的当代大教堂已经由成千上万的个人通过一次次点击鼠标的方式建成了。这些分散在世界各地的人们被相同的兴趣召唤到一起，他们的集体工作已在他们各自的领域派上了最广泛的用途。维基百科已使大部分打印版百科全书歇业；阿帕奇则提供了整个互联网 60%的服务。[290] 像上个文艺复兴时期的图书馆一样，Facebook 和 YouTube 以多种方式汇聚了大量人群，并以此为人类编年。协作已成为一个时髦的词，也成为我们生活的部分日常：它可作为衡量我们工作表现的一个指标，我们经费申请的标准之一，企业战略和政府规划的一个优先事项，还构成了一整个新的软件产业。

随着移动数据联系的普及，协作现已成为我们每时每刻的组成部分。在上个文艺复兴时期，人们去往市镇广场相互会面；在这个新的文艺复兴时期，市镇广场则常伴我们左右，按照我们的身份、选择和行为：它们以实时、基于位置的数据形式存在。我们可以随时用它实现不断扩大的日常需求,例如购物、吃饭、运动、旅行和相互会面。我们还能用它匹配情感伴侣或性伴侣(比如网站 Match. com 以及 Tinder 应用等),以及将企业家和投资者(例如 kickstarter. com、indiegogo. com 等网站),司机和乘客(例如 Uber、Lyft 等应用),空余的房间和旅行者(例如 Airbnb),公共管理者与街区热点事件(例如 SeeClickFix. com),需要帮助之人与乐善好施者(例如 causes. com, fundly. com),问题和解决问题的专家(例如 hackathons、InnoCentive. com),受害者与援助者、管理者等事项和人物分别配对,兹举几例。

甚至 10 年前,这些技术或论坛还都没有一个是可能的。现在,它们构成了我们谈论、学习、创造、分享、做事和互助的组成部分,而我们也能更快、更有效率、更大规模和(有时候)私下地做所有这些事情。

但我们的新集体努力中,最雄心勃勃者还不太为人所知。它们的目的并非在日常生活中帮助我们,而是要击败束缚人类文明和科学发展的那些长期而大规模的限制——甚至我们不断增长的计算能力都未曾将这些限制克服。

首先便是语言,它将人类文化和知识隔离成互不相通的孤岛。即便作为目前世界通用语言的英语也仅被世界上约 25%的人口所掌握,各地的掌握程度还很不同。[291] 你需要掌握超过 14 种语言,才能与世界上 1/2 的土著居民清楚地交流,而当你掌握了 40 种语言的时候,这一比例升至 3/4。[292] 互联网作为人类交流的主要汇聚点和知识的主要储备库,也同样被语言之墙区隔开来;我们所见之物取决于我们所使用的语言。讲英语的人能发掘世上最丰富的宝藏。世界上将近一半的推文和大多数在线学术研究内容仅有英文版。[293] 包含 500 万篇文章的英文版维基百科比其第二大语种版本(约有 190 万篇文章的德文版)文章数多出 2.5 倍,而且比前 50 名语种文章数中值的 15 倍还多。[294] 另一方面,英文用户几乎完全无视在非英文网页之外大量涌现的现象,比如中国的社交媒体(中国人主要的信息平台——微博和微信,从用户基数和聊天总量看,已远超 Twitter),[295] 或者诺莱坞(Nollywood,即尼日利亚的好莱坞，其制作的移动端视频已帮助它跃升为世界第二大电影制作中心，仅次于印度的宝莱坞）。所有这些的结果便是，尽管自2005年以来跨境数据流增长了约20倍，但仅有一半的国际数据流出了其诞生国。[296]这方面的情况远不如跨境货物流动（从其生产国流出的比例为68%），尽管它们是现实存在的东西，但更少受到语言和文化差异的阻碍。[297]

某种完全多语种的网站对我们的文明来说是无价的礼物。很不幸，它目前已经超越了我们的能力。哪怕仅仅将一小部分英文版维基百科翻译为一种别的主要语言，也会耗费至少1亿美元和1万人年（person-years）。[298]即便有人愿意为此买单，也可能没有足够数量的译者来做出这种努力，自然，这也取决于目标语种。计算机的翻译引擎能让这个任务在一定程度上实现自动化；它们往往能给我们提供某句外国话的主旨概要。但每个引擎，从20世纪90年代的远景公司（*AltaVista*）的巴别鱼（*Babelfish*）到如今谷歌翻译的用户都证明，译文的意义大多清楚，但风格、语气仍被遗漏。这是因为，它们并不像人工翻译那样以确认整个源语言句子的句意为起点，然后再用目标语言的语词可信地将其表达出来，计算机是以确认单个单词为起点，或者至多为短语，将类似的外语词汇连接起来，而并不理解这整个句子。若要这些翻译引擎着实擅长此道，还需要些年头。

然而，某种多语种的网站看似已经可行。之前人们未考虑到的因素是，学习另外一种语言的冲动有多普遍——根据最近的预测，有此意愿的人多达12亿。[299]而事实证明，翻译少量网页对于很多语言学习者而言是有用的练习，他们对此很享受，愿意免费这么做。这种结果对于我们总体的翻译资源而言是个巨大飞跃。它已经在娱乐和其他流行网络内容方面渐成气候。比如在中国，好莱坞大片和HBO热映的电视剧在美国播出之后的一天内便能在网上找到对应的完整中文字幕版本（这些字幕由狂热的粉丝以练习英语的方式添加）。在线教育门户网站可汗学院上约6 000个教育视频大部分都被志愿者们加上了一种或多达65种语言的副标题。另外一个在线门户网站TED则吸引了超过2.2万名志愿者将8万多个“TED演讲”译成了100多种语言。我们估计,2015年全球志愿译者库人数总计约有200万到400万,他们一年为人类提供了2 500万到5 000万小时的免费翻译服务,内容遍布环境、教育、新闻和灾难援助等领域(比如,为急救人员实时翻译受害者的推文等)。

聪明的商业模式正在设法搞清楚如何进一步增强我们的集体翻译能力,进而将其用于被志愿者们忽略的其他公共内容上(或者以付费的方式用于私人内容方面)。卡内基梅隆大学的计算机科学教授路易斯·冯·安博士(Dr Luis von Ahn)创立的多邻国平台(Duolingo)就是一例。它是一个兼具网页和应用两种形式的学习平台,为语言初学者们提供来自网页的真实句子——比如,来自维基百科的文章或者美国有线电视新闻网络上的新闻故事等——并鼓励他们对其进行翻译。几位学生以同样的方式翻译同一个句子时,该系统便将这种翻译视为可靠的,然后将其反馈或回销给原始文本所有者。这个学习工具对用户免费,且寓教于乐,效率很高,所以语言学习者竞相涌入。2012年多邻国刚刚建立的时候仅有30万用户。3年以后,则有多达2 500万用户(1 250万活跃用户)在上面学习13种不同语言,8种别的语言用户正处于发展阶段。[300]如果足够多的多邻国用户从二外初学者水平提升到了高级的精通阶段,他们将在短期内彻底推翻横亘在很多网页边上一度无法逾越的语言围墙。若高阶用户达到100万,多邻国将能在100个小时内翻译完所有英文维基百科的内容。

我们正在共同打破的第二个规模限制便是科学数据的分析。天文物理学家克里斯·林托特(Chris Lintott)说:“在很多科学领域,我们并非受限于能取得哪些数据内容,而是受手头数据该如何处理这一问题的掣肘。”[301]数据很多,我们却没有足够的能力进行筛选。这是因为我们计算机驱动的设备在搜集研究人员所需数据方面(在林托特的例子中则是遥远星系的图像)表现越来越好,但它们在识别我们所寻找的模式或将有意义信号从无意义杂音中区分出来等方面的能力仍十分差劲。结果便是，大量不断增长的积压数据留待人们有朝一日的研究。欧洲核子研究中心位于瑞士的大型强子对撞机每秒就会产生约 10 亿字节(GB)关于基本粒子如何运动的新数据。[302] 世界上的 DNA 测序仪加起来每秒可产生 1—2 GB 与我们的基因如何工作有关的数据。[303] 而在 NASA，数据洪水则从天而降：其不同的任务能每秒带来 150 GB 关于新的宇宙观察数据。[304]（为方便比较，2015 年 Facebook 上超过 15 亿的用户每秒钟总共会上传 5 GB 的数据，你能跟上整个世界的新闻步伐吗？NASA 的问题在于其数据流量是前者的 30 倍。）同样的数据洪水也困扰着气候学家、地质学家、社会学家、经济学家以及大多数其他数据驱动的研究人员。科学研究已经搜集了许多大问题的答案，只是我们尚不知道它们而已。

不过，我们将很快知晓答案。我们集体天才的其他本领已让科学家领受到了，尽管计算机可能难以识别模式以及过滤噪音，人脑却很容易做到。将那些没穿白大褂的人排除在科学工作之外这种做法是错误的。现在，人们通过重新设计搜索算法让计算机专注于它们擅长的领域，并邀请志愿的大众将它们的智力贡献在最需要的地方，“公民科学”已开始突破困扰很多学科的数据分析瓶颈。

2007 年，克里斯·林托特和凯文·施温斯基(Kevin Schawinski)共同创立了星系动物园(Galaxy Zoo)，以此邀请业余观星爱好者帮助他们编目和分类自 2000 年以来拍摄到的约 90 万个星系。这项任务需要认真的研究生全天候工作 3 到 5 年才能完成；倘若他想要复核自己的工作，耗时将翻番。相反，10 万志愿者不到半年便可完成，外加每个星系平均被重新检查 30 次左右。到 2014 年年中，几十万星系动物园的志愿者已经碾压了 7 个巨大的数据集，星系编目也比之前任何版本都要大 10 倍，同时还产生了 44 篇有价值的科学论文。[305] 在这一过程中，他们察觉到了十分罕见的天文现象，人们曾推测这种现象多年但从未观测到，还有其他的发现，比如完全意料之外的哈尼天体等。[306] 它是由荷兰教师哈尼·冯·阿克尔(Hanny van Arkel)发现的一个天体,并以她的名字命名——这种荣誉甚至是专业天文学家都很少能得到。

星系动物园于2015年扩展为宇宙动物园(zooniverse.org),它是世界上最大的公民科学门户网站,拥有约110万注册志愿者。他们共同处理数十个活跃项目里的超大数据集,涵盖天文学、生物学、生态学、气候科学再到人文学科等领域。[307]其中一个名为“四号行星”(Planet Four)项目招募了火星爱好者帮助绘制这颗红色星球的表面地图。在另外一个名为“发现大猩猩”(Chimp & See)项目中,动物爱好者负责在豹子、大象和大猩猩等动物行进、狂奔或者大摇大摆地从成百上千个分布于非洲森林中的摄像机旁路过时,帮助科学家观察它们。而名为“旧时天气”(OldWeather)的项目则要求公众帮助誊写早至19世纪中期时的航海日志(旧时的航海日志构成了已有长期气候数据完整集合的大部分数据,但就像奥尔德斯时期的古希腊文本一样,它们散落于世界各地的海事博物馆和档案馆里,尘封已久)。“古典生活”(Ancient Lives)项目则汇集了考古爱好者帮助翻译具有两千年历史的成千上万份埃及莎草纸(papyri,且无象形文字的知识要求)。“希格斯猎人”(Higgs Hunters)项目则邀请所有人,帮助从大型强子对撞机产生的数据中筛选希格斯玻色子(Higgs boson)和其他外来粒子存在的更多证据。

宇宙动物园只是众多公民科学平台之一。其他还包括汤姆诺德(tomnod.com),上面的志愿者会查看卫星图像来帮助阻止非法捕鱼或搜寻失踪的飞机,眼线(eyewire.org)则是一款帮助绘制人脑图像的游戏。在世界各地,数以百万计的更多志愿者正在加入到数以千计这类雄心勃勃的项目中,否则它们就只是空中楼阁。[308]公民科学已成为让各领域研究成果倍增的力量。一个高效实验室终其所有年限的科研产出量,现在仅靠少数管理者数年时间的协调便能完成。

但公民科学并非灵丹妙药,它仍需要大量专家努力将数据转化为公众可用的形式,并且还要悉心管理好每个项目以便其结果能够经受严苛的同行评议。有时候,这一点无法完成。提供给公众参与者的很多数据集尽管充满了图片、声音和不寻常的文本，但它们也比从世界级粒子加速器中喷涌而出的无穷数值流更容易对付。并且，随着我们研究设备产出数据的持续膨胀，即便现有的研究团队扩大成千上万倍，也还需要加速工作才能跟上步伐。定于 2020 年启用的名为“平方公里阵列”的巨型射电望远镜每天就能产生5 000个 facebook 规模的新数据。[309]宇宙动物园团队正在研究如何提升工作质量——比如，从庞大志愿者群体中挑选更可靠者，以降低复检其工作的频率——来帮助应对这些挑战。

公民科学平台需要变得更加聪明，他们会做到的。这一平台此刻正在做的最佳工作便是将公民科学家和那些能从这些人身上学习技能的机器配对，进而，当人类发现了新的星系或将一头普通豹子和一头猎豹区分开来之后，机器能学会我们的办法并改进它们自身的算法。它能解放人力资源来专注最为复杂的情况。同时，现有的平台已经将一些大问题的答案传递给了科学家，这比他们预期的发现时间早了整整几十年，这有助于我们解决那些从未想过有一天能解决的问题。

大众的疑虑

又当如何？

天才的辈出让欧洲在很多发展指标上迅速超越了世界其他地区，但这也仅是后见之明。在一个充满了近忧的时代——土耳其人在东部的渗透、欧洲各诸侯之间的连年征战、社会快速变化给经济、社会和宗教造成的动荡，等等——民众几乎不会注意到艺术、科学和技术方面的飞跃。要是这些因素并未让他们生活得更好，为何要关心它们？

以是观之，哥伦布发现新大陆这一事件，在获得其实至名归的赞誉之前的很多年里都会被认为不值一提：一条通往传说中富饶亚洲的快捷海路。[310]因为新发现的土地上并没有如香料般重要的商品,乍一看简直无利可图,当地居民也缺乏欧洲人所认可的那种宗教或精致生活。从当时流行的一些观点看,这场向西的大航海简直一无所获。

同样,哥白尼的科学工作似乎与生活的优先事项完全不沾边。即便少数受过教育的人理解了这位波兰学者所做的工作,地球围绕太阳转这个主张的革命性重要程度也还不明显。哥白尼并非证明了自己为“异端”,而是证明了更符合事实的某种理论。其价值晦暗不明,并无法帮助占星术士们更好地占卜星象。这种晦涩的几何符号语言能以神谕所不能的方式帮助大众理解物理现实,而社会还需要一两百年的时间才能适应这种思想。哥白尼《天体运行论》的出版商在该书多个版本的序言里不安地承认道,“这些假设不必为真,甚至不可能为真……它们的提出并非要让任何人相信它们为真,而仅仅在于为计算提供某种可靠的基础……任何人都不要指望从天文学中获得任何确定的知识,天文学做不到这一点,这也是为了避免任何人将他们从中认作真理的观点用作他途,以至于他了解了这门研究领域之后比一开始进入的时候还愚蠢。”[311]

甚至谷登堡那明显超越了手写方式的印刷机在刚出现的时候也遭遇过很多不屑。若只需制作某本书的几个副本,则抄写员更快、便宜得多,还没什么风险。而谷登堡用于制作和配置成千上万个金属字母的前期投入则十分巨大。业务的大规模运作才称得上经济,但书籍乃奢侈品:它只对少数人有用,甚至更少的人才会拥有它。这区区几百号人就能让一本书的订单生效?(《圣经》此刻并未浮现在谷登堡的脑海中:它是需要专家进行阅读指导的专业文本,不是吗?)

疑窦复萌,又能如何?

我们今天的各种成就周围也萦绕着类似的疑虑。学术界和工业界出现了越来越多严肃质疑的声音,此时此刻,对我们十分重要的突破和发明不仅没有蓬勃发展,反而正变得越来越少,规模也越来越小。

统计上的停滞

经济学统计是对现实过于沉闷且简化的概括。这种做法并未衡量诸多对我们至关重要的事项——比如米开朗琪罗《创造亚当》的美丽程度,或者我们现在建立和维持全球友好关系的难易程度。但它也的确衡量了其他一些至关重要的事项:我们的收入,以及我们对收入增长速度的预期等。统计数字背后的愚钝问题与曾经向哥伦布致以"失败"问候而变得出名的问题如出一辙:如果层出不穷的天才并不能为我们带来可以衡量的收益,那么,真有那么多天才吗?

最可诅咒的数字便是每小时工作的产出量,或经济学所讲的"劳动生产率"。一小时工作的产出"价值"几何?我们的不同收入与我们为这个问题给出的答案直接挂钩。经济学家认为这是追踪社会技术进步的好办法。("技术"不仅包括机器。它还包括法律、规定和商业模式等。)不同工作的统计数字—— 一小时工作的价值——差异极大,这主要取决于你是双手捧着镰刀进行谷物收割,还是结合了卫星定位导航而为之。

眼下,这类数字令人担忧。2012 年,美国发展经济学大师罗伯特·戈登仔细阅读了美国一个世纪以来的生产率数据之后总结道,所有我们最近的技术进展按实质计算(in real terms)都显得无足轻重。其研究时段的前 80 年,即 1891 年—1972 年,美国劳动生产率年增长率为 2.3%。这在宏观经济层面是极快的增长(以这个速度,劳动生产率会随着每一代新人口的出现而倍增),而这种增速和持续时长,也让几代人见证了他们的生活被技术彻底改善的过程。最终,美国完成了这一转变:全民都用上了汽车、电力以及清洁的自来水。1972 年以后,美国劳动生产率则大幅下降——仅为每年 1.4%——而经济学家们则等着下一个大事件的来临为生产率带来新的提升。[312]

幸运的是，这事的确发生了。计算机和信息技术的到来再次改变了全世界的工作效率；到 1996 年，生产率的增速轻易地提升至每年 2.5%。但不幸的是，好景不长。技术的应用速度很快。到 2005 年，美国已经配备了工业机器人、条形码、扫描仪和自动柜员机，个人电脑和电子商务也多少被应用于整个经济领域，但生产率的增速却再次回落至 1.3% 的水平。从那时起便陷入停滞状态。这对每个人都是个沮丧的消息：全美平均工资在 1932 年到 1972 年这 40 年里增长了 350%，但之后的整 40 年才增长了 22%。换句话说：电脑对个人收入的影响还不及抽水马桶，尽管前者被吹得天花乱坠。[313]

低于预期

把数据抛一边，我们目前的停滞也很明显。想一想加里·卡斯帕罗夫(Garry Kasparov)和马克斯·莱文奇恩(Max Levchin)下面的这个论证。一个 1875 年出生的美国人如果想从 A 地去往 B 地，他有三种选择：步行、骑马或乘船。他要自行应付日常用水和废物处理，还要焚烧木材、煤炭或石油来采光或取暖，而大多数劳动都依靠人力或畜力。假设他并未过早离世（由于卫生条件差，当时的预期寿命仅为 40 岁），而是活得足够长而见证了这样一个世界：人们能够开车，能够在天空翱翔，拧开水龙头便能取水（冲走污垢也很容易），按动开关就能控制光线，从洗衣服到计算工资等一切事务都交给机器完成。终其一生，他将见证这些东西的发明：电力及所有相关产品、汽车和公路系统、自来水和室内管道以及供暖、收音机和电话、飞机，以及真空管、青霉素、雷达、火箭和原子武器等。而任何出生于 1950 年的人在其 30 岁之前就会迎来太空时代、晶体管和电脑的曙光。

上述所有发明共同定义了现代性(modernity)。它们还为人们带来了技术将提供一个梦幻般未来的期待。

现在，让我们快进到今天：之前的预期早已落空（见图 6.1）。除了

图 6.1 迄今为止，许多关于未来的期望都已落空

图片来源：比尔·沃特森(Bill Watterston, 1989 年)，《凯文的幻虎世界》(*Calvin and Hobbes*)，转载已获 Universal Uclick 授权，版权所有。

增加几个小工具和大量磨砂铝(brushed aluminium)制品以及数字显示屏以外，如今的厨房在很大程度上仍旧与我们祖父母辈时一致。现在的汽车在高速公路上的确稍比以前跑得快些——但在城市则由于交通拥堵而慢得多。协和式飞机(Concorde)现已退役，但我们从纽约飞往伦敦仍和以前一样需要 6 小时。(我们甚至再没登上月球。)尽管过去 40 年我们往医学研究领域砸进了成千上万亿美元的资金，有钱人也仅比他们的祖父母辈多活了 8%左右的时间(5 年)，我们还忍受着同样的慢性疾病：癌症、心脏疾病、中风、阿尔茨海默氏症和器官衰竭等。

正如贝宝平台的联合创始人彼得·泰尔所说："我们想要能飞的汽车——但只得到 140 个字符(意指推特等有 140 字限制的社交媒介——译者注)。"[314]

梦想逐渐幻灭

以上所有都在播种着更深的疑虑：人类的辉煌岁月可能已经一去不复返了。人类靠着自身的努力难道只换回这些一次性变革么？以及，我们已经历过绝大多数转变了吗？过去，我们无法使用电力，现在可以；以前，我们无法维持清洁的生活条件，现在可以；我们过去还不能从地点A去到地点B，现在可以；过去，我们无法随时随地与任何人谈话，现在可以。无论还有什么值得努力——无人驾驶汽车，甚或量子隐形传态——都能放大古今差异。

也许，任何真正根本性的转变还有待实现，倘若真有的话，其困难程度也会比过去大得多。我们已经将唾手可得的果实一网打尽。回首往事，头一回实现人类预期寿命翻倍显得很容易：大致上，我们将牲畜(马、牛、猪、鸡等)从家园里分离了出去，也将饮用水和污水隔开，并在霉菌里偶然发现(进而大规模生产)了能杀死细菌的物质(青霉素)。再次让我们的寿命翻番将会很难。这要求我们对老化机制的理解深入到基因层面(这是它编码的地方)和分子层面(这里是编码执行的地方)，然后想出阻止它的办法。

直到最近，大型制药公司的业务主管们看见收益递减的证据时，无一例外，他们(闷闷不乐地)都会审查公司的研发支出。从占销售额的百分比来看，医药行业比任何其他产业都会更多地投入研发资金——将近18%——除航空航天部门以外。[315]随着医药部门对下一次大突破的渴求，这样的支出在过去80年里持续飙升。1990年，全球医药产业的研发投入约为250亿美元。到2000年，这项开支倍增至500亿美元，到2010年，则再次猛增，达到1 300亿美元。[316]尽管取得了一些显著的成绩，比如降低胆固醇的他汀类药物(statins)，抗抑郁药以及一些艾滋病药物，但是，科研产出并没有跟上投入的步伐。每年，大众所能获取的真正的新药数量仍然原地踏步。

其结果便是科研产出如图6.2所示的那般沉闷地下降——每一美

元的科研支出换回的新药数量毫无疑问呈下降趋势。没有什么米开朗琪罗时刻。唯有一条寸步难行的坎坷路——每走一步都愈显艰难。

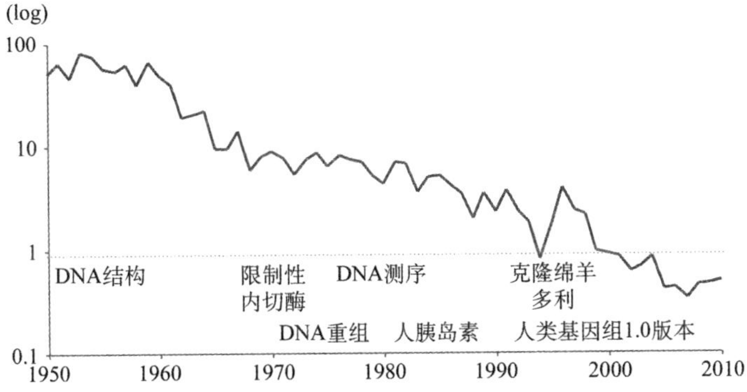

图 6.2　药物研发产出率直到最近都一直处于长期的下降趋势

资料来源：巴特·詹森，西蒙·古道尔等人（Bart Janssens, Simon Goodall, et al.，2011 年），《生命科学研发：改变印度的创新模式》（*Life Science R&D: Changing the Innovation Equation in India*），波士顿：波士顿咨询集团。

事实上的困难程度已经让一些企业开始放弃。2011 年，诺华制药关闭了其位于瑞士巴塞尔的神经科学部门，放弃对脑功能障碍治疗药物的研发工作。如此一来，它便加入了葛兰素史克、阿斯利康、辉瑞、默克和赛诺菲等公司的行列，所有这些公司纷纷打消或克制了寻找治疗脑部疾病新药的想法，因为多年的投入并未产生能推向市场的新药。[317]

保持信心的四重理由

我们已清晰呈现了将要书写 21 世纪大部分历史的个人和集体天才。当我们考虑到那些组成我们现状的关联和发展力量时，天才的辈出似乎不言自明。然而，天才正在喷涌而出这一观点现在正激起了许多令人尊敬之人深深的疑虑——包括一些大踏步走在人类最前列的人们。那么，谁是对的？

好消息是：我们是对的。并非经济学家的数据有误，也并非怀疑论者们弄错了事实，而是由于经济学数据和公众的期望还远不足以衡量天才对我们的生活所产生的影响。

天才拒绝减少这种经济学术语

天才——包含杰出的个人和卓越的集体成就两类——为我们这个世界做出的贡献远非经济学所能计算。

怀疑论者们紧抱统计学增长数据不放，以至于大量调查证据显示，发达国家超过 2/3 的成年人相信下一代人会过得比自己更糟糕。[318] 尽管这是对成年人一般想法的不错洞察，但更重要的问题在于：下一代人是怎么想的？他们会愿意倒退三五十年生活在父母曾经生活的世界，并享受和当年一样的就业保障和收入增长的顶峰状态吗？或者他们宁愿向前迈进一个高度不确定的未来？

尽管最近黑胶唱片又再度回潮，但我们预计下一代人绝大多数会选择后者。原因何在？因为，尽管我们重视收入保障和财富积累，但我们也很看重健康。我们珍视自由、自主、参与、联系和影响力。我们珍惜自己离生命和宇宙最深处的奥秘如此之近，以及近在咫尺的体育和娱乐偶像。我们很难量化这些事项，但它们着实至关重要。下一代人会放弃所有这些方面的丰厚收益而去换取父母辈的工作机会吗？

要是不会，则经济学家遗漏了一些东西。

并非所有要紧的事情都能被衡量。经济学家们低估了正在崛起的天才们，因为他们只关注那些可以量化的东西：即经济活动。对经济学家而言，突破性想法仅在其被用来产生新的经济活动时才显得重要，在这种情况下，它们就是对我们生活产生影响并能被经济术语衡量和分析的“创新”。

但是根据我们的定义，天才乃深刻得多的存在。的确，天才能带来创新（比如，谷登堡的印刷机或者谷歌的搜索引擎推动所有行业之时），但其更广泛的作用是推动变革。本书最后一章会强调这种角色对应用科学的作用，但倘若没有天才，人类奋斗而来的社会各领域进展——财富的创造、健康、艺术、对知识或正义的追求等——最终会随着我们对当前思维方式和行为手段之可能性的穷尽而逐渐停滞。而天才的任务则是将我们从这些日益令人窒息的牢笼中解放出来。

如果我们真的冲破藩篱，新的经济活动仅仅是可能的结果之一。其他后果也很重要。例如，天文学可能在不久的将来作出人类史上最为重要而又最不具备开发价值的发现：其他星球上的生命。20 年前，盛行的假设认为类地行星是稀罕物。现在有了更好的望远镜，更强大的电脑和成千上万的业余天文爱好者在互联网上为我们提供帮助，我们知道自己曾经错得多离谱了。目前，最具争议性的猜测是，单单银河系就包含了至少上百亿颗有着合适尺寸、温度和轨道并能支持生命存在的行星，仅仅再加上水就行了。NASA 于 2015 年年末已经发现火星上有水存在。至少，外星生命以微生物的形式存在于某个地方的概率，从无法确定提升为几乎可以肯定了。很快，我们就会让火星车(rovers)挖掘火星上的干涸小溪，而望远镜则能够探测遥远世界的深层样貌，以告知我们确切答案。同时，智能外星生命的搜索正在获得全新动力。2015 年 7 月，俄罗斯物理学家和企业家尤里・米尔纳(Yuri Milner)宣布了突破聆听计划(Breakthrough Listen)——拟于 10 年内投入 1 亿美元，用于支持世界上数以千计的最佳射电望远镜每年花费几十小时，扫描宇宙空间寻找外星人。正如物理学家史蒂芬・霍金在发布会上谈到的，“在浩瀚的宇宙中，必定存在着其他生命体。科学中已没有什么比这更大的问题了。找到答案只是时间问题。”[319] 这个答案将彻底改变我们看待恒星和我们自身的方式，但它无法提高哪怕一丁点生产率。

天才拒绝简单衡量标准的实际影响

当然，经济条件也很重要。外太空生命的发现并不能为那些食不果腹之人带来丝毫安慰，更何况一个望远镜。一些统计资料描绘了一幅严峻的画面,的确如此。计算人们的收入十分简单易行,现在,这些指标显示,成功者和失败者之间的贫富差距在过去 25 年里迅速扩大。这是一个真正的问题,它需要一个切实的解决方案。(经济不公正导致大众的挫败,在很大程度上损害了上一次文艺复兴,它也可能给这一次文艺复兴造成同样的后果。具体见第八章。)

但是,寻求超越社会总体物质福祉的个人收入就不那么容易了。一个生于 1970 年的人在其一生之中已见证了世界总人口的翻倍和人均福利增加了约 40%的过程。[320]我们的世界人口是原来的两倍,也全都过得更好了,世界上任何文明都是如此,这是个巨大的胜利。为何我们的统计资料无法让我们感受到这一点?

答案在于,我们所重视的国内生产总值和生产率等概念从来不是集体福祉的代名词,而且,倘若我们以此观之,它们还有着严重缺陷。这些概念不仅无法把握层出不穷的天才为我们带来的无形收益,甚至还无法囊括很多有形收益。

短期与长期

1997 年的一次英特尔股东大会上,公司首席执行官安迪·葛洛夫(Andy Grove)对公司最近大笔投入互联网企业的行为进行了辩护,一位与会者对此提出质疑。他们能从投资中期待什么回报?葛洛夫回应道:“我们就好像新大陆的哥伦布。他的投资有何回报?”[321]

天才的技艺及其对社会和经济产生完全的影响可能会有很长的迟滞期——特别对那些新型通用技术而言更是如此。发达国家因公共卫生、电气化和化石燃料的使用而带来的经济增长历经 75 年才完全体现在生产率统计数据中;而在发展中国家,这些因素正在推动经济增长。相比较而言,计算机的大规模应用还不到 40 年时间;互联网则为 20 年。而基因测序的大规模应用才刚刚开始。量子和纳米技术则几乎尚未走出实验室。量化最新工具为人类带来的物质利益还为时尚早。我们只知道它们将产生广泛而深刻的影响。

我们所需等待的时间部分由于领域而有所不同。比如，物理学中做出大发现到该项发现获得诺奖的平均间隔时间为 25 年。人们只是需要这么长时间来观察某个新发现开创了什么新的研究路径。在其他领域，这甚至都算快的。数论——本质上是对数字性质的研究——有着可以追溯到古希腊古印度的悠久历史。古希腊数学文献随着古典知识的普遍复兴进程而被翻译成拉丁文后，数论便在文艺复兴时期获得了重生。但它仍旧是一门晦涩的学科。这项研究诞生两千年之后，20 世纪的数论专家伦纳德·迪克森(Leonard Dickson, 1874—1954)评论道："感谢上帝，数论因为没有任何应用而显得清白。"[322]我们现在已不能再这样说了。人们最终证明数论的应用就是计算。没有它，我们便无法理解——更别提解决——自己在尝试制造每秒运行上千万亿次计算的机器时所产生的基本问题。

滞后也取决于突破的种类。某种突破是增强还是毁灭了已有的事物？如果我们找到了治愈艾滋病的方法，我们便能立即知道如何应用它，也能在当年便开始计算这种方法的影响。作为现有医药体制内的某种发现、进展和组成部分，某种艾滋病疫苗将成为久已有之的药箱里的新药物。这与基因治疗形成了鲜明对比。基因治疗将使我们往药箱中增添大量新药物，但它也会因为我们某天可能会将医药箱整个抛弃而取笑我们。当我们已能从细胞层面甚至分子层面，改变身体的习性，为何还要在自己的血液里植入带有强烈副作用的化学药物？这种新的医学模式将带来巨大的经济影响：它能在劳动力库存中增加预期寿命得到提高的一整代人。比起为每位艾滋病患者提供疫苗而言，我们需要比这长得多的时间来实现上述收益。

商品：能被计算与无法被计算的

人们很难衡量眼下各种突破的长期影响，但即使我们将关注点收缩至此时此刻的短期收益，也远远不足以解释天才。这是因为像GDP这样的经济统计数据是用来计算那些以某种价格在某个市场进行交易的东西，而许多当下的收益在任何市场中都没有报价。它们是免费的。

经济学家将这些无法统计的收益称为“正向溢出”(positive spillovers)。它们的价值只是从一个领域流入了下一个领域，而并非被包装好拿到市场中售卖。美因茨小镇上的金属加工匠为谷登堡提供了他所需要的技艺，以帮助为他的新发明发展出新的合金，但印刷机的成功并没有为他们的“研发”带来任何净回报。目前，专利和授权费用则是我们将这些之前免费的收益进行量化的一种方式。我们用法律限制人们获取某个创意，它迫使对该创意感兴趣的潜在用户承认其价值(以美元计算)。

但专利仅能应付某些情况，溢出效益普遍存在。我们最熟悉的计算差距里最明显者便是数字产品。假使100万份《不列颠百科全书》的拷贝，一份卖1 000美元，这些销售将直接增加10亿美元的GDP。而倘若100万用户都能使用维基百科，且维基百科一直免费，则GDP增量为零。如果用户基数从100万增至10亿，GDP增量仍旧为零。[323]总的来说，在时间和金钱等有形资产的节省方面，我们要好很多，但GDP不受影响(或者降低了，如果买百科全书的人减少的话)。我们对谷歌搜索的重视(研究显示，我们在每个问题上节省了15分钟，或者每年500美元)，[324]或者我们从朋友以及网上陌生人那里享受到的免费娱乐或教育等，都同样导致GDP被遗忘。这还不包括人们在宇宙动物园的网站上志愿耗时数百万小时为星系和鲸鱼名称编目——或者任何其他形式的无偿工作。总之，宏观经济统计错过了我们经济领域里一些最重要的事项。随着3D打印的发展，许多我们如今购买的实体货物将转变为我们创造、分享、下载并在家里打印的数字商品，而我们能计算的回报和那些无法计算的回报之间已经存在的巨大鸿沟还将继续扩大。

天才拒绝期待

第三点在于确认，我们的期待并非衡量天才本领的可靠标准。我们并不擅于揣测如今的各项突破会将我们带往何处：

> 我预计互联网……将很快成为耀眼的超新星，并且将于1996年走向灾难性覆灭……互联网天真的固定费率商业模式将无法汇聚新的能力以满足其持续增长的需要，要是真有这种能力的话。但绝不会有，所以它没啥大不了。
>
> 罗伯特·梅特卡夫（Robert Metcalfe）
>
> 以太网技术的联合发明者以及3Com公司的创立者，1995年[325]

我们猜测未来将有何突破的能力甚至更加糟糕。“飞车在哪里？”则是描绘我们如何陷于目前的思维局限的最佳叠句。20世纪50年代和60年代的时候，突然间大家都开上了汽车，也都乘上了飞机。我们想象中最具颠覆性的“下一件大事”便是让我们的汽车也飞起来。根据定义，天才会打破所有这些从过去作出的简单线性推断。而我们现在完全没有飞车——并且大多数人已经完全忘却了这一想法——这并非天才的失败，而是证明了天才将我们的注意力和资源转移到完全意想不到的方向。我们的车不会飞，但我们的想法会飞——其速度远超20世纪60年代的想象力，以至于那时候的公制甚至都缺乏描述它的语言。[像“千万亿”（peta, 10^{15}）和“千兆兆”（exa, 10^{18}）等前缀直到1975年才被采用。]

当然，多数情况下，当人们问起“我的飞车在哪里？”的时候，他们只是随口说说，而非当真。而真正的问题是，“为何天才还没为我们解决完所有的问题？”这句话隐含了我们的期待所造成的第二个错误。天才并非万能。我们渴望持续的技术进步（更小、更快、更便宜和更灵敏）。

我们期望不间断的进步与增长。我们在“天才”和“新技术”之间画上等号，希望前者发明后者，以便我们能累积年复一年的进展，来碾过现实可能抛给我们的任何限制。

但这并非天才发挥作用的方式。天才绝不可能消除我们的问题；他只会用新问题替换老问题。这是因为我们向它提出的每项技术解决方案都会带来新的需求、限制以及意想不到的后果。以能量为例。用化石燃料驱动的机器已为我们做了很多工作，发展我们的城市，并用飞机连接它们等，但也将我们暴露在先前未曾预料到的碳排放后果中。可再生能源解决了碳排放问题，但它也带来了早被化石燃料很好地解决了的两个其他问题：如何储存能量（以电池的方式，这又大量产生了一系列其他问题）以及如何浓缩能量以使它能够完成爆发性工作（比如推进汽车或喷气式飞机等）。核裂变已为我们提供了近乎无限的电力，但它也带来了大规模杀伤性武器和将来4万代人所面临的核废料处置难题。如果有一天我们发现了核聚变（和太阳一样，通过将氢原子融合在一起而制造能量），新的问题是如何确保它不落于坏人之手。当输入的原材料（铀和钚）十分稀有，也很难提纯的时候，上述问题显得就会十分困难。但对于聚变而言，任何学校的顽童都能通过将一个9伏特的电池置入一杯盐水中而制备纯氢。

这种不便的取舍在任何领域任何时代都真实存在。[326]马基雅维利曾有过这样的观察："对人类所有事务领域有着深入反省的人都会看到，一种不便永远都无法消除，直到另一种不便出现之时。"[327]文艺复兴时期的工程师建造了适合远洋航行的船只，这让大发现成为可能，但也将欧洲的致病菌传播到了美洲。如今的工程师建造了长达500米的集装箱船。这样的船舶压低了全球贸易的成本，但它们的压舱水则散布了入侵物种进而破坏了整个生态系统。大约500年前，战场医务人员通过为枪伤施用抗菌剂，缝合因截肢而被切断的血管等方式让受伤战士得以继续活着。但医生们对这种因生命延长而带来的痛苦和残疾几乎束手无策。现代医学正飞速延长我们身体的寿命，但对精神能力的退化（主要是阿尔茨海默症）也几乎无计可施，而越来越多活得足够长的人都受其折磨。水力压裂（Fracking）产生的压力为本地供水提供压力。先进的电子行业为稀土金属创造了全球依赖症。DNA合成仪器提高了基因经过设计产生生物病原体幽灵的概率。

天才永远无法解决我们所有的问题。

最大的成就尚未到来

但是,天才也绝不会停止改造人性以回应我们所面临的问题。

我们可以确信,怀疑论者的最悲观预测将被证明是错的:即以社会和经济影响而言,天才们以后的任何壮举都将无法媲美我们已为自己造成的宏大、一次性的现代化进程,比如电气化、公共卫生和公共交通等。

他们论断错误的原因有二。首先,正如上面所解释的,在技术进展的每个层面我们总会遇到同样的高阶问题。[328]这些问题将推动我们做出改变以应对它们,我们的技术变得越强大,这些改变也越有效。

就目前的发展水平而言,我们面临的最大问题之一,则是如何将富裕国家的现代化进程扩展至世界其他地方,并将它继续往前推进。中国在过去 40 年里维持了高速发展态势,这是因为它赶上了发达国家开创的技术变革潮流。下一个 50 年,我们希望非洲和亚洲的落后地区、印度、拉丁美洲以及中东也能做到这一点。倘若我们跳出发达国家的泡沫,从全球的角度想一想,这伟业本身就足以让 21 世纪成为人类史上的最好时代。

很遗憾,我们目前还无法做到这一点。消耗化石燃料的基础设施为发达国家提供动力的发展模式在 21 世纪没法向全球范围推广,即便要维持其现有规模也不可行。(更多内容,详见第七章。)如果发达国家永远保持其已经取得的成就,并且发展中国家也试图迎头赶上的话,那么我们首先需要实现天才们有史以来最伟大壮举之一,即不再使用煤炭、石油和天然气等化石燃料。正当其时,能源研究者们正在谋划大范围的可能解决方案,从最近对发动机效率的提升和对可再生能源进行改造,到纳米电池、有机太阳能电池和摄入二氧化碳排除液体燃料的微生物等。

其次，怀疑论者令人沮丧的断言，错误地将收益递减规律应用在了人类的创造力上。他们说，天才就像从缸中取球的人，每个天才都会带来一个新的想法或技术。一开始，缸是满的，但我们每次返身回去之时，都必须比前一次探得更深。终有一天，缸会变空。而我们也将耗尽前进的潜力。[329]

这是一个令人叹服的隐喻，只是方向反了。天才更像是炼金术士实验室中的化合物。每种化合物都是现存的思想或技术，一开始我们仅有为数不多的几种原料——可能是一些盐、糖和普通液体。但接下来，我们尝试将它们混合，其中有些彼此反应而形成了新的化合物。很久以前，我们一度空荡荡的工作台上散落着酸类、醇类和各种粉末。如今，每当我们进入实验室制备一些新东西的时候，摆在眼前的总是比前一次范围更广的化合物。我们绝不要担心耗尽了用以试验的化合物。相反，我们应该担心的则是新的化合物及其可能组合的迅猛增加，以至于我们可能无法辨别深藏于它们之中真正有用的反应。这种隐喻更接近于我们目前的经验。科学领域的探索步伐正处于普遍上升而非下降态势——这是因为，学科内部和跨学科的智识关联越发紧密，以及我们的计算机和设备的更新换代，更由于我们帮助研究者们跨越一座座可能之巅的、新的集体能力。

对药物研发行业来说，这一点毫无疑问，该行业近期在药物研发上取得的突破加深了早前的预测，即缸会很快变空。[330]而基因测序深化了医学对疾病发生机制的理解，终于，这一进展开始结出果实。全世界2013 年发布的药物总数(41 种)创下了新纪录——而这一纪录又在2014 年(61 种)被迅速打破。[331]

近期具有轰动性的药物发现包括：针对心脏衰竭的新药，这种疾病在目前日益老龄化的世界里是致人死亡的首要原因；免疫疗法，它通过提高人体自身的免疫能力而帮助战胜癌症，进而替代(或与之结合)化疗；用于治疗丙型肝炎的口服药，它比以前的注射类药物更加安全，见效更快，疗效也提高了一倍；以及得到改进的艾滋病疗法，它能让病人更长时间地保持健康，也将他们每天的药物“鸡尾酒”简化为每天一片药的程度。[332]甚至阿尔茨海默病现在看起来也能治疗了，而之前，医药行业对这一疾病早已心生绝望。而能够延缓记忆流失疾病的首个药物可能在最近几年内出现。[333]经过 30 多年的艰难研发之后，葛兰素史克终于在 2015 年宣布，其用于防治疟疾的儿童疫苗已通过了最后阶段的测试。一旦获批，它每年能帮助拯救 50 万儿童的生命。[334]

每一种新药的发现都为炼金术士的工作台增添了又一种化合物。而药物研究者们仍有上千万亿的更多可能留待测试。地球上估计有 900 万个物种，而已编目的仅为其中 10%。[335]平均而言，你吸入鼻孔中的外部 DNA(脱氧核糖核酸)中约有 30%仍处于未知状态。但是，这一切都将改变。在我们自己的一生之中，科学家们很可能将各种机器人军团部署在海洋、整个地球以及我们的身体内，借此发现各种生命，并在计算机和大众的帮助下为它们进行基因测序，以期最终理解我们所发现的自然奇迹。与此同时，理论上可改造的人造药物分子总数将十分巨大——多达 10^{60} 种，或者说，可达整个宇宙行星总数的三倍之多。[336]今天的计算机在帮助药物研发者搜寻有用化合物的时候，能够一次性打碎上千种这类人造分子。未来的计算机药物模拟试验则在计算机生成的病人身上进行药物测试，而一次打碎药物分子的数量将达上百万，这将准确地预测某种药物的实际效果。

天才的成就是否能转化为某个特殊行业的利润将是一个开放的问题(其答案在很大程度上取决于成就本身以外的因素，比如公众对新药物的预期价位等)。而天才的成就能否转化为当今主流统计学所衡量的经济增长就更难讲了。更加能肯定的则是，无论我们自认为在智识和技术上已经走了多远，前方的发现和变革将比过去多很多。我们正站在一个陡峭学习曲线的底部附近。

担心的理由

天才打破了那些约束我们的限制。

也许,我们并非要打破所有的锁链。有些阻碍我们,有些则保证我们的安全。很不幸,天才并不总将它们区别对待。如果怀疑论者说对了一次的话,那便是指出了,除了收益,天才还增加了诸多可能取消收益的风险。

枪支唾手可得

硝石粉末的爆炸太猛烈了,铁球在空中以惊人的速度飞过,还伴有可怕的雷声……这种火炮(已经)让以前所有的攻击型武器成了笑柄。

弗朗切斯科·圭恰迪尼

(Francesco Guicciardin, 1483—1540)[337]

在人与人暴力相向的血腥领域,火药打破了人类在力量、技术和速度方面上千年的限制,并为我们的冲突增加了化学反应。

中国人于公元 9 世纪发明了火药,它被传入欧洲也预示着大炮的出现,而土耳其人 1453 年围攻君士坦丁堡时所用的大炮最让人印象深刻。人们称之为“恶魔般的非人武器”,在接下来的 50 年里,火炮的威力逐渐缩小并成为个人手持装备,比如火绳枪(一种早期步枪)。[338] 1503 年的切里尼奥拉战役中,配有 1 000 支火绳枪的约 6 300 名西班牙军队打败了 9 000 人组成的法国军队,这是历史上第一场由小型火药武器决定胜负的战争。[339]法军伤亡人数为西班牙军队的 4 倍,火绳枪射死的人中还包括法国将军内穆尔公爵(Duke of Nemours)。公爵约 20 年的剑术训练所获得的力量和技巧及其昂贵的盔甲都未能在火绳枪手们射出的枪林弹雨中保护他免受伤害，而火绳枪手们短期内就能熟练运用火枪，即便处于虚弱、疲劳甚至生病的状态，他们同样能造成灾难性打击。

500年以来，全世界的共同体都必须设法应对便携式火炮落入不法分子之手的危险。同时，正如我们上个文艺复兴时期的前辈们一样，我们也正在将曾经仅为少数人拥有的强大武器传递到多数人手里。

结果，恐怖主义成了我们所面临的新的最大威胁。就其所有的破坏性力量而言，一支枪也是有限的。一个枪手也只能携带这么多弹药，每颗子弹也只能打这么远，枪手消失，威胁也就结束了。病毒则没有这些限制。即使是核武器，它的爆炸半径也有限，而生物核武器——比如天花——则会一直扩散直到潜在的寄主对其产生免疫或死亡之时。

唯有国家和资金充足的次国家群体才有金钱和人力持枪导致大规模的破坏。迄今为止，只有获得批准的国家才能发展和部署核武器。但合成天花病毒(或者埃博拉病毒和肺鼠疫病毒等)所需的DNA设备则能在任何发达国家获得，其价格与30年前的高端办公复印机相同——这完全在任何资金充足的非国家组织的预算范围之内。这只是复杂配方的原料之一，并且，科学共同体对于一些人制造一场真正的生物恐慌——特别是秘密地——的可行性也各执一词。风险并非为零，而且处于上升而非下降态势。历史上头一遭，我们将很快进入单人持有的武力就能杀伤千万人的时代。*

冷战的历史表明，国家在拥有了这样的力量后，会冷静而严肃地对待之。然而，即便如此，国家也对世界末日置若罔闻。枪支的故事告诫我们，个人则不可靠得多。对那些自封的救世主和人类祸害们，我们首要的防范力量便是尽力保守自然最致命漏洞之源代码的秘密。我们会成功吗？2002年，科学家用一组曾被《自然》杂志于1981年发表过的

---

* 为了应对这种威胁，美国疾病控制与预防中心已经储备了足量的天花疫苗以便在疫疾爆发的时候为其全体公民接种。

脊髓灰质炎病毒基因从头合成了脊髓灰质炎病毒。[340] 2005 年，科学家复活了曾导致 1918 年西班牙大流感的流感病毒，那次流感是有记录以来最严重的一次流行病。[341] 人们制造一种更为致命的人工病毒又需要多长时间呢？在 2012 年的时候，正是这些恐慌引发了一场持续半年的全球科学论战，争论的主题是，到底《科学》杂志是否应该发表一篇详细描绘了能引起致命的 H5N1 型禽流感病毒在人与人之间轻易传播的基因突变文章？最后，《科学》杂志的编辑们还是发表了该文章。他们回应道，科学所作出的发现可用于正道也能用于邪道。由于新知识潜在的破坏性后果并不会锁定在人们脑海里，人们发现它们之后，最好让世界知晓。这样，我们就能做好它们被滥用时的准备。

甚至在新的 DNA 实验室技术尚未达到这种威胁程度的时候，我们便已经有了几次虎口脱险的经历。日本邪教组织奥姆真理教（Aum Shinrikyo）早在 1995 年就在东京地铁里制造了一次沙林毒气袭击，他们还拥有炭疽病毒；该教成员在被捕之前早已多次试图从东京的一些屋顶上释放炭疽喷剂。幸运的是，他们所使用的炭疽菌株太弱，喷剂浓度也太稀，而无法制造一场流行病。[342] 2001 年 9 月 18 日，含有炭疽孢子的信件被寄给了美国几家媒体公司和两位美国参议员，这一事件导致 5 人丧生，另有 60—80 人受伤。联邦调查局的最终结论是，政府生物防御实验室中一位心怀不满的科学家制作并传播了炭疽孢子。假如这位科学家选择生产和传播的孢子数量更大的话，相应的死亡人数将会非常非常高。2014 年，从一位与伊斯兰国有关联的化学工程师处截获的文件显示，该组织已初步尝试将黑死病病毒武器化。[343] *

集体之恶

我们新的集体力量也带来了危险——尽管不那么具有灾难性，但

* 与此同时，为防止此类事故再度发生，美国邮政服务已经涵盖了所有的特区联邦邮件，此举每年消耗纳税人 1 000—1 200 万美元的成本。

更加可能和普遍。第二章谈到，将我们关联起来的基础设施、网络和投资等因素也让以下事情变得更加容易：犯罪和暴力的协作；仇恨的传播；潜在黑客，欺诈者和扔弹者的培养；从药物到假身份证再到儿童奴隶等所有非法交易。而如何获取塞姆汀（一种塑料炸药）的电子书，制作手机炸弹的视频教程，调制冰毒的方法，令人困扰的病毒以及3D打印的塑料武器等已都能在“暗网”这个交易市场中获取。

更大的隐患则是，为什么那些曾经被边缘化或者遭人唾弃的有害想法，现在就能够紧密结合成一个相互支撑的共同体，而这个共同体还强大到足以损害我们的主要公共的善（自由、安全和宽容等等）的地步了，并且，它们每次都以死灰复燃的方式对抗我们对其斩草除根的尝试。非国家的极端主义组织则是当前集体天才变坏的主要例子。美国2001年的9·11恐怖袭击，2004年3月的马德里火车爆炸以及伦敦2005年7月7日的恐怖袭击都生动地证明了，一个足够强大且得到适度资助的极端主义团体——声称对上述所有三次袭击负责的基地组织——就能摧毁公共安全进而导致大规模死伤，并给具有象征意义的重要战略场所造成破坏。阿富汗境内针对基地组织营地和指挥官的战争、2011年美军对其首领奥萨马·本·拉登突袭并击毙的行动等都削弱了基地组织的资源和整体实力，但这也激发了基地组织遍布西南亚、中东和北非等地的附属团体的对抗情绪。另一个例子则是我们社会中的极端主义。无论是在伊拉克或者叙利亚掌权的伊斯兰极端分子，还是在美国谋划针对穆斯林的暴力活动的基督教极端分子，这些活动之所以可能，其部分原因则在于那些同样帮助了叙利亚难民和欧洲有意愿接收他们的家庭相互配对的基础设施和技术。更多内容，请参见第八章。

棘手的问题

个人和集体智慧的其他一些后果并不是很明显，但它们的确会给我们向往生活的世界埋下难以应付的隐患。

没有工作机会的世界

从谷登堡发明印刷机一直到今天，推动生产率增长的主要因素之一都是用少数机器代替很多工人的工作。随着机器大举进军农业和制造业，失去工作的工人便进入了服务业——这是我们现如今大多数人从事的行业。服务业已被证明很难机械化。客户希望得到新鲜、多样、有创意、自然而然和友好的服务，而这些价值都很难通过自动操作传递。我们能将发动机的组装过程自动化；但目前为止，好的理发过程被证明更难实现自动化，一本好书的产生亦是如此。

而事情正在起变化，这多亏了人工智能和机器人技术的最新进展。2004 年，自动驾驶汽车似乎还不太可能："面对迎面而来的车辆，执行左转弯涉及如此之多的因素，以至于人们很难想象会发现一套能够复制司机行为的规则。"两位著名经济学家如是说。[344] 6 年以后，谷歌公司宣布自己做到了这一点。人们一度认为其他认知任务过于复杂而无法自动化，但现在机器人做到了，从同情精神疾病患者，到写作程式化的新闻故事，进行外科手术，从事金融贸易，教育机器人如何自己玩《太空侵略者》(*Space Invaders*)以及赢得《危险边缘》(*Jeopardy*)的问答游戏等(IBM 公司的沃森系统在 2011 年便做到了这些，现在它的工作之一便是诊断癌症病患以及为治疗计划提供建议)。

全美将近半数的工作岗位在未来 20 年里都面临着自动化的风险。[345] 生产率将扶摇直上。自动化进程是否也会创造大量无处可去的长期失业人群，或者将会有适合他们的新就业岗位出现？21 世纪的头十年里出现的迹象为第一种情况：2010 年，美国劳动力在新产业中谋得一职的比例为 0.5%，而这些新产业在 2000 年时还尚不存在。[346] 那么，自动化又带来多少利润？它们是否会向失业工人开放，以帮助其调整状态，或者贫富差距会扩大到社会崩溃的地步？在 21 世纪的第二个十年里，这会成为一个真正的问题，一个切实的风险，正如我们第八章将要讨论的那样。

强大的国家

在文艺复兴时期，火药赋予个人以力量，但它也有利于国家的强大。前火药时期，“国家”(states)曾是个松散的概念：世袭的王子围绕着小小的宫廷，贵族盟友护卫其间。然后，军事预算逐步增加：首先，要建造更加安全的堡垒以抵御炮火，接着，建造更大的能够摧毁堡垒的大炮，然后，便是建设更强大的军队以攻击和保卫这些新堡垒。同样的逻辑，很多商船则变成了漂浮的堡垒。随着制造战争的经济支出超过了小玩家的能力，“国家”便开始垄断武力的使用，并建立了有史以来最为庞大的官僚机构——收税员、会计和规划师——以跟上“现代军队”不断上升的成本和复杂性。[347]

今天亦是如此，技术让个人和国家都更加强大。通信技术让我们每个人都能广播自己的消息，也为国家提供了监视那些从过去到最近都被假定为我们私人生活领域的新资源。在大众没有同意，甚至也没有提前知晓的情况下，国家已经在公共安全和私人隐私之间做出了重要权衡。就美国而言，国家安全局已经搜集了至少十年间每个美国人所拨的每一通电话的元数据（打给谁、什么内容以及什么时候等信息）。[348]集中与国外往来的邮件、聊天和短消息数据库则大得多，其他20多个美政府机构也有能力对这些数据库进行筛选。[349]这个国家还有什么别的东西处于监视之中？我们尚不得而知。

这个权衡是否值当？我们还有得选吗？我们层出不穷的天才迫使我们去面对这些问题。

文艺复兴时期并不总能保证什么；它仅提供可能性，全靠我们自己去实现这些可能。怀疑论者在另外一点上也正确：我们还有很多事情可以做得更好，进而激发我们共同体中的各种创造行为和协作行为。“拖延，”马基雅维利教育其同辈人说，“常常剥夺了我们的机会”。[350]第四部分会提供一个轰轰烈烈的行动计划。

在此期间,其他力量仍在起作用。第三部分揭示了,上一个文艺复兴时期,层出不穷的天才与突发的灾难和人们不知如何化解的新冲突相互共存。人们坚定地从这些丑恶里建设美好,并取得了 500 年后我们仍在赞美的突破,这是他们留给后代的重要遗产。

我们匆忙地一头扎进了类似的风暴之中。我们的遗产又将是什么呢?

第三部分
繁荣背后的危机

我们目前的时代何以导致了
充满风险和紧张的社会

第七章
瘟疫在蔓延，威尼斯在下沉

我们所处的时代如何放大了系统性危险，并导致人们更难察觉到危险的来临

相互联结的负面效应

1494 年，卢多维科·斯福尔扎（Ludovico Sforza）作为其年幼侄子的摄政王，在王权背后控制米兰公国长达 13 年之后，竟直接上位将公爵衣钵据为己有。那不勒斯国王阿方索二世（Alfonso Ⅱ，他自己也曾主张过对米兰公国的权力）质疑此举，并扬言要推翻这个篡位者。但斯福尔扎也并非没有盟友。法国的强大国王查理八世也曾主张过那不勒斯的王权，并且，斯福尔扎让查理确信，现在就是行动的时刻。

查理八世召集了一支 2.5—3 万人的军队——包括来自欧洲各地的 8 000 名雇佣兵——以发动他的意大利战争。[351] 他的军队畅通无阻地通过了米兰，并在南下进犯意大利半岛其余地区的过程中一路烧杀抢掠，最终，他们于 1495 年 2 月攻陷了那不勒斯。

但查理八世打错了算盘。其残暴的行径和压倒性的力量尽管带来

了迅速的胜利，并完成了任何比这弱小的力量都无法完成的事情：它将意大利的邦国及其恐惧外国敌人的同盟联合了起来。教皇召集了神圣同盟(Holy League)，试图将法国从意大利驱逐出去，威尼斯公国、西班牙公国、英国、神圣罗马帝国(大致就是如今的德国)甚至米兰公国都纷纷缔结盟约。(斯福尔扎已经开始担心查理八世可能会背叛他，并将他自己的公国也吞并掉。)

1495年7月6日，神圣同盟所召集的军队与查理八世的军队在福尔诺沃战役中相遇在一个长期下雨的地方，以此——暂时地决定意大利的命运。神圣联盟的一方有着数量优势，查理则占据地形优势。在不到2小时的战斗中，法军损失了1 000人；盟军损失人数为法军的两倍。双方都声称自己取得了胜利；并且也都没有迫使对方继续战斗。查理撤回了法国，他的军队则作鸟兽散。[352]

但他留下了些东西。

意大利战场上的医生们首先注意到了这种疾病。它不同于医生们所见过或记录过的任何痛苦，即便追溯到罗马皇帝马可·奥勒留(Marcus Aurelius)之时，在其医生盖伦的医学文献也找不到蛛丝马迹。

当时的人都知道鼠疫——它的症状可怕，发作也快。患者口吐鲜血，3日之内便会暴毙。但战场上的疾病则有些新奇，也更残酷。它让患者以可怕的方式衰弱下去，并让他们饱受数月甚至数年的食肉性恶心症状摧残。当时的医学编年史描述受害者的身体被“橡子般大小流着深绿色脓液的疖子”所包裹。[353]这些疖子常常一开始长在性器官上。那些挨过了此病第一阶段的人进而发展出“面包大小可滚动的肿瘤，并随之逐渐在溃烂的皮肤上形成溃疡”。[354]

由于双方军队“诺亚方舟的本性”，该疾病蔓延速度也很快。[355]双方在福尔诺沃战场上的军队都各自归国，雇佣军也各自散去。到当年夏末，这种神秘的疾病已让意大利、法国、德国和瑞士的所有城镇陷入恐慌。次年，它又席卷了荷兰和希腊；之后一年则蔓延到了英国和苏格兰。在其首次出现之后的4年之内，这种疾病已在整个欧洲流行开去。这之后的5年里，除了一些与世隔绝的例外地区，这种病已传遍了整个世界。[356]

从一开始，这种病在欧洲和黑死病相比并不那么致命。对于世界其他地方，它也肯定不如欧洲水手带去的其他疾病更具毁灭性，比如造成大部分美洲土著死亡的天花等。随着人们对这种新疾病的适应，其最令人厌恶的症状逐渐消退，进而发展成了某种持续而慢性的性传播疾病，如今我们称之为"梅毒"。

因复杂而无法逃避，因复杂而丧失安全

第二部分显示了人类的相互关联和发展帮助了天才的兴盛，无论以个人形式还是以集体形式。现在，我们转向这些力量的第二个影响：繁荣背后的**风险**。

我们都需要对特定种类的风险提高警惕。它并非我们在日常生活中所面临的直接危险——被车撞倒或被劫之类。我们也都清楚地知道这类危险。相反，它是那类我们看不见的风险——即在我们观察的限度之下缓慢游走，然后突然把我们所有人吓一跳的那种。人们普遍能感知到这类"蝴蝶负效应"，但任何人都很难预见它们的来临，因为它们的原因离我们日常经验和关注十分遥远。这些风险并不具体；它们具有**系统性**。*

系统性风险在目前的时代十分普遍，因为唤醒天才的关联和发展力量同样加剧了这些风险得以滋生的两个条件：复杂性和集中化。

复杂性恶魔

我们多数人很清楚当今时代与日俱增的复杂性：我们在自己的生

* 伊恩·戈尔丁和麦克·马里亚萨珊（Mike Mariathasan）在他们2014年合著的《蝴蝶负效应》（普林斯顿大学出版社）一书中研究了这种现象及其影响。

活中就能看见相关证据。回顾第一部分的所有数字和图表,这种加剧的复杂性在下面这些领域清晰可见:全球航空旅行方式的转变;跨境商业投资种类和数量的增长;或者,互联网基础设施的发展。同时,发展性力量提高了这许多关联因素之间的联系强度,并增添了许多新的节点——比如大大小小的城市、大学、工业区、港口、电站、实验室、会议或期刊等,这些都放大了我们这个时代的复杂性。

我们已经看到了复杂性所能带来的一些好处。它增加了那些提供给我们以及我们能够进行选择的好东西的数量和种类,它也是催生有创意、有想法一代人的主要力量。

从风险的角度看,复杂性也能成为一件好事。更多种类和更大规模的相互关联以及各种流动因素都创造了冗余,其中,互联网是当代生活的最佳案例。某种联系的强度降低之后,其流动路线也几乎同时发生改变,由此,我们最终的用户体验才不至于常常中断。这是复杂性带来的好处。

但它也为我们带来了问题。我们相互交往的复杂程度越高,我们越难以看清因果之间的联系。我们视野范围内的各种事件已经形成了我们的认知"盲点"(见图 7.1)。无法预知后果时,我们又如何才能做出正确决策?复杂性是梅毒袭击上个文艺复兴时期并如此肆虐的重要原因之一。

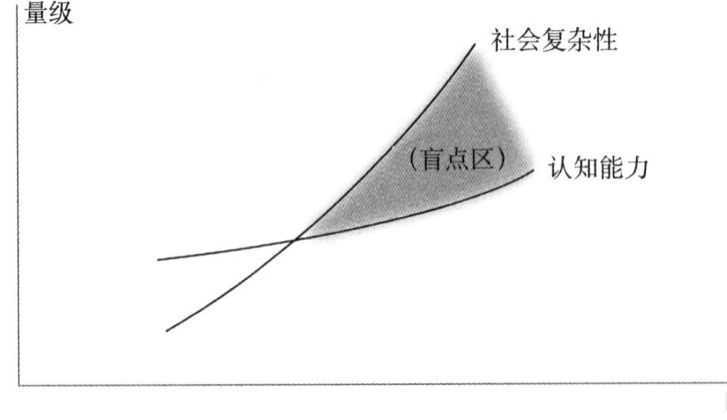

图 7.1 复杂性的增加超出我们的理解范围后,盲点区便出现了

疾病的传播一直是人口交往头几个意想不到的后果之一；梅毒只是与此相关的一个可怕案例罢了。根据当今最广为接受的梅毒起源理论，该病在欧洲的出现时间比哥伦布发现新大陆仅仅晚了 3 年，这并非巧合。* 很可能，哥伦布的水手们将这种病带回了欧洲。[357]就像欧洲和美洲之间新的海上联系为后者的居民注入了致命的欧洲灾难鸡尾酒一样——天花、伤寒、麻疹、流感、鼠疫、霍乱、疟疾、结核、腮腺炎、黄热病以及其他病症——也正因此，这一过程也将欧亚大陆的当地居民暴露在了毫无免疫力的新型瘟疫之中。类似地，这种疾病在整个欧洲和亚洲范围内的快速传播，则能从欧洲与亚洲海上新经济联系的多样性和规模上得到最好的解释，其中，货物、人口和牲畜的流动规模都不断增长。

该病起源和传播的复杂性使文艺复兴时期的人们茫茫然不知如何应对。当时的医学知识状况意味着大多数疾病的起因都超出了人们的理解范围，即便疾病是人们熟知的危险，社会也已发展出一些有效的应对措施，现在也仍是如此。在这之前的世纪里，黑死病及其诸多后遗症已教导人们去认识瘟疫，隔离疾病受害者，避免去到疾病肆虐的住区，直到它消失。后来产生的瘟疫给欧洲带来的破坏则小得多，因为这些规程已经就位。但梅毒还是如此猝不及防地攻陷了那么多原本可以幸免的地方，社会所有阶层纷纷沦陷，从农民到教皇无一幸免。并且，它并未消失。它和受害者一样无可避免地处于长期苟延残喘的状态，社会对此也只能被动适应。

对瘟疫的因果机制缺乏清晰理解导致社会中充满了偏见、迷信和意识形态议程所形成的认知分歧。意大利人称其为法国病，因为很明显，是查理八世的军队将它带来的。法国人称之为那不勒斯病，因为，直到来自这个意大利公国的士兵解甲归田的时候，法国人才知道这种病症。而神圣罗马帝国的皇帝马克西米连一世(Maximilian Ⅰ)则将此

---

* 梅毒的美洲起源理论最广为人们所接受，但它尚未得到确证。

种疾病视为上帝对人类罪恶的惩罚。对这种全新且大规模传播的苦难,其受害人长期受痛苦折磨,并羞于反省自己丑行的情况,还有别的解释余地吗?当时最流行的解释是,上帝正在因为肉体的罪恶而惩罚人类。“上帝已经为人类的放荡制造了新的疾病”,约翰·加尔文(John Calvin, 1509—1564)如此说道。[358]人们还提到了十分重要的事实,这种病常常首先出现于性器官,士兵和妓女(这两个行业与性放纵和道德混乱的关系最为紧密)则首当其冲成为受害频率最高的群体。“风流潇洒一晚,终生与汞相伴”,当时的谚语如此说道,它意味着含汞的膏药成了常用治疗手段。

集中化带来的困境

集中化则是人类相互交织和发展过程中不那么明显的后果,但它同样不稳定。发展的力量导致集中化的方式十分简单。全世界在健康、财富、教育中的收益加总产生了巨大的人口规模,这对现有的社会基础设施、服务、自然资源和环境提出了更大的需求。试想一下:人类已经燃烧了上千年之久的矿物燃料,这看似也无关紧要。但现在,全球20亿人规模的中产阶级已经出现,他们都想开车、乘飞机、开暖气、开空调,突然间,我们必须认真对待能源消耗的总体负担了。

我们彼此相互关联的数量和种类的增加也会加剧集中化趋势。乍看上去,这似乎违反直觉:倘若货物、服务、人口和观念之间关联的种类突然增加,这难道不应该把人类活动分散开去了吗?

这样说既对也不对。尽管更多的关联为货物、服务、人口和观念可能流向的地方开启了更多可能,但它们并不会随意流动。相反,它们会流向我们认为最需要的地方。政府集中了公共基础设施,商业则集中在任何被认为最有效率的地方经营。移民和求职者集中的地方,则被认为有着大量的工作机会以及良好的生活质量。产业则集中在起支撑作用的人才、观念和资本供应充足的地方。

关联带来了选择。很多人做出了类似的选择后，集中就产生了。集中并非仅体现在地理上，而且也体现在概念和行为方面——从 MBA 项目这种演练管理的标准化形式，到当今农业综合企业在作物和农业实践方面的同质化趋向，再到管理银行和贸易之法规的全球协调等。

和复杂性类似，集中化也带来了积极的后果以及各种问题。本书第二部分专注于前者。集中化将财富、观念、天才以及零散资本聚拢到了催生创造性突破的临界规模。

我们已经暗示了它存在的问题。集中化对基础设施、资源的供给甚至社交和善意的产生等事项都带来了压力，这些因素有助于我们彼此和平相处。压力越大，失败的可能性越高。其他条件不变，集中化也意味着，倘若事情失败，代价也可能更高，而更多的人则可能承受更为严重的后果。想象两个同等规模的太阳耀斑波及了全球范围的互联网，一个发生在 1990 年，另一个发生在今天。头一个会让一些军事研究者和物理学共同体感到沮丧。而后者将是一个全球性灾难。[这并不是一个思想实验。2012 年 7 月，来自太阳的日冕物质抛射(CME)直接从地球的轨道路径中穿过，距离我们地球仅仅一星期之隔。据美国国家科学院估计，要是此次日冕抛射物袭击了地球，全球电力系统的损失可能超过 2 万亿美元——这比美国历史上代价最高的飓风(卡特里娜飓风)损失的 40 倍还多。[359]]

上个文艺复兴时期肆虐的梅毒的影响如此深远，原因之一是人们开始更多地在城镇和城市聚居了。城市化将之前自给自足的家庭和村庄朝着互相依赖的城市密集单元挤压。这些拥挤的城市架构为疾病的扩散提供了理想的条件。房间人满为患，公共卫生更是捉襟见肘。城镇居民与驯养的马、猪、鸡以及它们的排泄物比邻而居。人口流动很普遍；当地居民与新来的居民和新到旅人的交往也很频繁。乱交(Promiscuity)的频率也在上升。[360]当地 15 世纪 90 年代的环境状况——泛滥的河流，格外寒冷的冬天——则进一步削弱了本已脆弱的社区。[361]

如今，拥挤不堪和过分扩张的城市仍是自然界杀手的温床。

新的瘟疫

疾病一直是伴随人类社会而来的产物。据估计,流感的大爆发每年会影响 5—15%的全球人口,导致 300 万到 500 万人口产生严重疾病,而其中则会有 25 万到 50 万人因此死亡。[362]

最近几十年出现的新情况是,流行病迅速传播——病毒很容易在人际传播,且能在初期爆发之后的短时间内扩散至全球。[363] 人类在 20 世纪已经数次面对了如此规模的传染病威胁。

非典型肺炎(SARS)

全球公共卫生系统面临的第一个迅速蔓延的新威胁是非典型肺炎(学名: 严重急性呼吸道综合征——译注)。它是 21 世纪出现的第一个严重传染性疾病,我们大多数人现已将其遗忘,但 2003 年的时候,它突然就抓住了整个世界的注意力,并且"对全球卫生安全,人类生活,卫生系统的功能,经济的稳定增长都构成了严重威胁",[364] 第一位确证此病(并因此去世)的世界卫生组织(WHO)医生卡尔·乌尔巴尼(Carl Urbani)曾这样说道。

非典病毒会引起类似流感的症状,它于 2002 年 11 月首次出现于中国广东。病毒学家现在相信非典病毒已经从蝙蝠传染到了人类身上,要么直接传染,要么通过亚洲拥挤角落里的活禽交易市场而传染。就该病毒自身而言,其跨物种传播本不值得关注,而它在人类历史上的任何其他时间点也不过引发了局部流行病而已。而 64 岁还一直坚守在疫情暴发前线的医生刘建伦,到邻近的香港深入检查一家受欢迎的商务酒店时,上述想法在当时的广东还很普遍。但偶然的接触就足以引发传染。该酒店登记簿上的国际宾客与刘医生共享电梯、餐厅以及其他公共设施。而他们飞回加拿大、新加坡和越南等自己的家乡之后，便已随身携带了非典病毒。短短4个月内，非典已扩散至除南极洲以外的所有大陆。这是人类史上最快的病毒传播。

幸运的是，非典病毒远非最危险病毒之列。在人们检测到非典病毒9个月之后的2003年7月，全世界30个国家已经报告了8 300个感染病例(包括775个已死亡病例)。病原体确定之后，使病毒扩散的同一国际网络便在世界卫生组织的主持下立即组建了迅速的全球协同响应机制，积极的隔离措施制止了非典的蔓延，并遏制了本来可能形成的全球性灾难。此次取得成功的部分原因是由于规划。全球公共卫生情报网络这个早期预警系统，在向世界卫生组织警告新病毒的威胁时，还处于该病毒的前流行阶段。另外部分原因则是运气。此次非典流行的中心地区——中国香港、加拿大多伦多和新加坡——都有着先进而强大的公共卫生系统，它们能够动员和实施大规模检疫措施。倘若非典在更早的时候袭击了不那么发达的中心城市——比如拉各斯或金沙萨——其传播相对容易的特征则会造成远为恶劣的后果。事后看来，非典是一场“并未发生的流行病”。[365]

尽管如此，此次疫情的代价十分明显。虽然这次非典流行的死亡人数比通常的年度流感季要少一些，后者的死亡率要高很多(接近10%)，并且，许多幸存者还伴有长期的呼吸道并发症。但它引发的恐慌外加检疫，至少给2003年的全球经济造成400亿美元的损失。观光和旅游产业尤其遭受重创，工人受到感染的大型制造业区域也在此次疫情中受到严重影响。[366]这种疾病尚未完全根除，目前也不存在供人类使用的相关安全疫苗。[367]

埃博拉(Ebola)

近期埃博拉病毒的暴发更是证明了我们在疾病面前越发不堪一击。

2013 年 12 月,在西非的几内亚一个紧邻利比里亚和塞拉利昂的偏僻山村里,一位名叫埃米尔的两岁男孩突然倒地,症状十分可怕。小男孩一开始表现为严重的高烧,几天之内便恶化到严重腹泻和咯血的程度。仅仅一两周时间,他便因身体缺乏血液和体液而死去。根据当地的传统,他的家人将其身体进行了清洗,附近村庄的哀悼者纷纷前来拥抱小男孩的身体以表达哀思。此后不久,其中一些人开始表现出同样的症状。[368]

非典导致呼吸系统出现问题,偶发的死亡,也发生在一些有前期症状的老人身上。埃博拉病毒会导致整个身体的大出血,历史上,受其感染的健康人中有 50%—90%会最终死亡。对其进行研究的实验室将其归为生物安全等级 4 的最危险类别,堪比炭疽和天花。全世界范围内,能够满足规定、安全应对这种病毒的机构不到 100 家,相关规定包括: 多重气压过渡舱和淋浴消毒设施,照射紫外线的房间,空气和水的净化系统,以及带有独立空气供给系统的防化服,等等。

在这之前,西非从未暴发过埃博拉疫情。[369] 自从人们 1976 年发现这种疾病以来,它基本上只是中东部非洲的专属疫情,主要分布在加蓬、乌干达、苏丹和刚果民主共和国——它们距离此次疫情暴发地 3 000—5 000 千米。这一事实,外加世界卫生组织在 2010 年—2011 年的经费紧缩时期砍掉了总计 10 亿美元的预算这一情况,都有助于解释为何人们直到此次疫情蔓延才有所察觉。[370] 直到 2014 年 3 月世界卫生组织首次宣布几内亚疫情暴发的时候,埃博拉病毒已经扩散到了临近的利比里亚和塞拉利昂等国,并已造成 60 人死亡。2014 年 6 月,记录在案的感染病例超过 750 人,其中 467 人死亡,这是有史以来最严重的埃博拉疫情大暴发。[371] 到 2015 年年中的时候,已报告的感染病例达到 2.8 万人,其中死亡病例则超过了 1.13 万人,全球因埃博拉致死的人数已超过了其历史上的暴发所导致的死亡总人数的 20 倍。[372](若包含那些未上报的死亡案例,真实的死亡人数可能比这一数字高出 2 到 3 倍。)而这些本已极度贫困的地区所承受的经济损失(据世界银行估计,可能高达 40 亿美元），可能会最终导致比此次疫情本身更多的人死亡。[373]

如果埃博拉疫情和非典一样发生在具备强大公共卫生系统的地区，它可能已被迅速控制。就其自身的致命性而言，若采取适当的预防措施，人们不太容易感染埃博拉病毒。一个麻疹病人的平均传染人数为 18 人；而一个埃博拉病毒携带者的平均感染人数则少于 2 人，这部分在于这种病毒会迅速致其携带者死亡，而且也在于它不容易在空气中传播。身体或体液接触是此类病毒传播的必要条件，比如身体接触面的滴液或对受感染的尸体进行处理所导致的传染。这意味着，只要人们有能力识别和隔离病患，然后跟踪病情变化，隔离病患最近所接触的人群，并恰当配备第一线的医疗响应能力，任何疫情的暴发都能被迅速控制。（尼日利亚对埃博拉疫情的有效遏制，证明了只要人们齐心协力且配备了必要的资源，即便相对贫困的国家也能控制住局面。）

然而，埃博拉病毒袭击的地方实际上并不具备公共健康系统。这 3 个疫情最严重的国家——塞拉利昂、几内亚和利比里亚——属于世界最贫困国家之列，而且它们近些年一直都是军事政变或内战频仍之地。塞拉利昂的公共机构才刚刚从长期的内战（1991—2002）中恢复；利比里亚战争（1989—2003）带来的伤亡则更为惨重，它当时仍处于受外国维和部队维持秩序的状态。西班牙当地的一例埃博拉病例来自一名曾救治过两位西非病人的护士，该国因此投入到卫生系统中的费用将近人均 3 000 美元。塞拉利昂的人均花费为 96 美元；几内亚为 32 美元。[374]美国则由于援助归国的工作者而出现了少量病例，而该国每 10 万人拥有 245 名医生。[375]利比亚这个人口 430 万的国家在此次危机暴发的时候拥有医生的总数为 50 人，并且，其中几人还在疫情暴发初期牺牲了。[376]病毒出现的偏远地区低下的教育水平，也让孱弱的公共卫生系统的救援任务难上加难。尽管态度最终得以改变，但村民们一开始对官方并不信任；他们围攻（且至少意外杀害了一名）试图隔离病患的卫生工作人员，[377]并坚持传统治疗和丧葬习俗，比如鼓励患者家属将病患和垂死者带进教堂供众人和信仰治疗师(faith healers)抚摸。而塞拉利昂的首例埃博拉患者就是一名传统的治病术士。随后的几例病患都是清洗过这位巫医身体的村民。

从最初的暴发一直到后来的迅速传播和最终得到控制,西非的埃博拉大流行无疑属于新的一类公共卫生突发事件。人们尚不清楚埃博拉病毒以何种方式从其之前出现的地方迁徙了 3 000 多千米。这可能与近期非洲内部贸易的增长有关,1995 年到 2012 年间的贸易量按名义价值计算,每年增速超过 10%。[378]也可能与刚果民主共和国涌出的大规模难民有关(尽管难民大多涌向了邻近的国家)。另外一种可能则是,气候变化改变了果蝠的栖息地,而该物种正是埃博拉病毒的天然蓄水池。人口压力让村民们的接触越加紧密,也让他们和栖息在森林中那些提供野味(bush meat)的动物们接触更加频繁。但此次疫情暴发的规模却很清楚:埃博拉病毒史上头一次跨过乡村走向城市——这很大程度上在于二者之间日益紧密的联系。这也是为何发达国家迟迟不愿投入资金、卫生工作者及士兵,来帮助控制疫情的发展的原因——到 2015 年,这些国家总共承诺的援助金额为 29 亿美元。[379]来自美国和英国的士兵则建立了临时医院。移动技术被用于追踪患者近期的活动和接触对象。快速 DNA 测序技术则用于测绘成百上千病患体内的病毒基因组,进而对活跃在疫情暴发区的原始和变异菌株获得全面了解。(参与塞拉利昂初期病毒基因测序的 5 位科学家因此殒命。[380])主要的制药公司和官方实验室则开始通过人体测试以快速研制疫苗。

偏远农村暴发流行病的确是个悲剧。某种致命病毒通常能被已知最严格的安全措施所控制,但它若在那些与外部世界有着航空和海上联系的大型城市自由穿行,则会对全球安全构成威胁。世界卫生组织于 2014 年 9 月指出“历史上,从未有过某种生物安全等级为 4 级的病菌,如此迅速地在这样广阔的地理区域感染这么多人的情况,闻所未闻。”[381]要是埃博拉病毒蔓延到了其他卫生系统薄弱的地区,比如亚洲的欠发达地区(这些地区与西非的贸易一直在迅速增长),随之而来的则可能是一场全球性灾难。

传染病?

展望未来,地平线上逐渐出现的令人担忧的流行病威胁则是H5N1病毒(某种禽流感)。

跟非典病毒一样,H5N1型禽流感病毒也起源于东南亚地区,或者中国香港及其周边地区,这种新型病毒冲破物种障碍从家禽传染到人体的时间约在1997年。H5N1型禽流感病毒证明了,除了人类,动物群体也成了全球范围内相互连接的病毒库。我们所有人都要为此承担部分责任。尽管受感染的鸟类可能会长途迁徙,但它们迁徙的时间段和它们可能传染其他鸟类的窗口期则少有重叠;若没有我们的帮助,H5N1型禽流感可能仍停留在东南亚鸟类群体的局部流行病阶段。[382]相反,通过活鸟和活禽贸易,H5N1禽流感病毒如今已在全世界的鸟类群体中广泛流行。它已导致数以千万计的鸟禽死亡,并迫使人类另外扑杀了上亿只。

科学家和公共卫生机构正非常、非常密切地关注着H5N1型禽流感病毒。自2003年以来,共有来自15个国家约600例人感染H5N1型禽流感病毒案例报告(他们都因近距离长期接触受感染的活禽所致)。[383]研究显示,H5N1型禽流感病毒的致病性正在迅速增强,存活的时间也更长,其能够传染的动物范围也得到扩大,包括猪、猫和狗等。[384]超过60%的H5N1型禽流感人类患者都已死去,这种致死率让H5N1型禽流感病毒跻身埃博拉病毒及其他致命病毒同一行列。但与埃博拉病毒不同,H5N1型禽流感病毒很容易传播(在鸟类禽类中),与普通感冒类似。尽管该病毒还未发展出一套可靠的人际传播机制,但实验室的研究人员已断定,它的突变型将具备这种能力。除了好运气,没什么能阻止自然界中也发生这种情况。

要是有一天,我们都听到了H5N1型禽流感病毒通过空气导致了可靠的人际传播,世界都将立即停止运转。如果你已知道某架飞机上可能已携带了这种致死率达60%的高传染性病毒,你还会登机吗?现实中,你并不会面临这样的选择:已经就位的安全规章制度会关闭边境,并阻止病毒通过空气在全球传播。流行病模型显示,某种人际传播的H5N1型禽流感病毒能轻易地超越1348年—1350年的黑死病,进而造成人类史上最致命的灭绝事件。这取决于人们检测到该流行病的早晚程度,以及疫苗多快可以就位,流行病学家估计,某种H5N1型禽流感疫情的暴发会感染多达10亿人并直接导致1.5亿人死亡。* 恐慌、暴乱、抢劫——通常,恐惧刺激会产生上述社会秩序崩溃——会将死亡人数推得更高。而幸存者则会遭遇上万亿损失的全球经济大衰退。

其他流行病威胁

以上三种流行病威胁迄今已霸占了大部分头条新闻,但世界并非仅有这些威胁。在过去20年里,疾病专家已在人群中确认了超过30种新的或复活的病菌,包括丙型肝炎病毒、塞卡病毒、霍乱病毒、疟疾病毒以及鼠疫病毒等,而大自然每天都在发明新的病毒。[385]在2013年早期,中国发现了一种名为H7N9的新型禽流感病毒;它会导致严重的呼吸道问题,其导致确证的人类病例的死亡比例为1/3。不同于H5N1禽流感病毒,携带H7N9禽流感病毒的鸟禽不会表现出任何病症迹象,这也让检测显得十分困难。[386]

另外一种至少与上述禽流感同样可怕的流行病则是艾滋病。迄今为止,它已导致近4 000万人死亡——超过了加拿大的总人口数。[387]它

* 2013年,葛兰素史克宣布研制成功了经FDA批准的第一款H5N1禽流感病毒疫苗。首批此类疫苗将于2017年发布。假定它被证明能有效对付未来的流行病菌株,人们能够大规模获取这种疫苗也要等上3个月。现有的计划是在病毒得到确定之初的一年之内生产10亿支疫苗。

于1981年被美国公共卫生部门首次确证;当时,全球艾滋病患者人数约为20万。到20世纪80年代中期,这一数字已猛增至300万;到1990年,则为800万;到2000年时已超过4 000万。[388]直到今天,仍有3 500万人生活在艾滋病的阴影之下;每年,它会导致超过150万人死亡并同时增加200万新患者。[389]但它对全世界人口的威胁程度并不一样。超过2/3艾滋病患者生活在非洲。[390]尽管持续的公共卫生和教育活动,外加抗逆转录病毒治疗等措施已帮助发达国家控制住了这种疾病的蔓延,但它仍在折磨着那些没钱承担必要治疗药物的穷人,以及那些尚未改变自身性行为方式以适应性传播疾病现状的人们。

从其影响范围、持久性和后果方面看,艾滋病不亚于一场流行病。现在它已不再占据发达国家的新闻头条了,这暗示着繁荣发展的系统风险的又一后果:不平等。文艺复兴时期放大了不同人群面对愈加频繁和强大的冲击时,各自预防、承受和恢复能力的差异。(我们在下一章讨论这个主题。)

未来的健康威胁以及困境

迄今为止,人类已经证明,我们一直在应对这些新的全球健康挑战。最发达的全球疾病响应系统能够有效应对所有的国际协调努力。世界卫生组织及其成员国的国家卫生部门在二战以来的大多数情况下都成功遏制了流行病的威胁。而像联合国艾滋病规划署(UNAIDS)这种更新、更专门的机构则在全球动员响应特种天灾的过程中证明着自己的效力。的确,疾病比以往任何时候都传播得更快更远,但我们的检测和响应工作也在同步跟进。

另一方面,各种挑战却愈发严重。世界的复杂性也在增加。最近的模拟显示,某种经空气传播的传染性病毒(比如H5N1型禽流感病毒)出现在任何大陆的任何主要机场之后,至多三天便可传遍全球。[391]在公共卫生检疫之前,即便某位受感染病患哪怕仅乘飞机旅行了两次,也会导致超过 50 亿人(全球 75%的人口)需要接种疫苗以防止蔓延全球的流行病。若此人乘机超过三次,则全世界都需要进行疫苗接种。[392]

集中化带来的困境让人越发难以应付。问题并不在于袭击主要政治、经济或工业中心的传染病,以及迫使这些地区与全球物理流通系统完全隔离(尽管只是暂时)的情况是否会发生,而是它何时发生的问题——这会对能源和信息技术等基础设施服务行业产生难以预料的后果。但是,任何一个大型企业如何才能避免将一些关键部门建在伦敦、纽约或者中国珠三角等地呢?

抗生素和抗菌剂在全球新兴中产阶级中的普遍使用,以及它们在医院和畜群等所有领域中的广泛使用都威胁着自然界形成对超级耐药菌(superbugs)的抵抗力。而我们日益紧密的联系又将其带至世界各地。一种名为金黄色葡萄球菌(MRSA)的超级耐药菌已成为所有医院和养老院的长期困扰(偶尔也构成严重威胁)。另外一种于 2015 年 11 月在中国的养猪场中发现的大肠杆菌则对黏菌素有耐药性——养猪户将后者加入饲料,以保持畜群健康的一种强大抗生素,同时,它也是所有其他已知的抗生素失效时,人类手上“最后的武器”。一旦这种抗药性在其他细菌上出现,曾经简单的感染则会变得无药可治。[393]为所有人的健康安全考虑,我们必须大幅减少抗生素的使用(尤其在动物身上的使用),直到能够发展出替代药物为止。但谁又能承担自我暴露的风险?

在发展中国家,移民和降低的婴儿死亡率共同导致了城市的扩张。城市提供了更好的就业机会、教育、健康以及其他服务,也比村里多了更多机遇。但城市也因此人满为患且肮脏不堪。人与动物混杂而居;供水压力过大,水源也容易被污染。这些条件正是非典和 H5N1 型禽流感的理想温床,进而造成许多未来的流行病威胁。这些致病菌会威胁到我们所有人,而贫困的城市将完全没有条件面对这些威胁。但不管我们出生在贫困的农村还是城市的贫民区或贫民窟,又或者出生于正在寻求增长机会的发达经济体中,我们又如何能抵抗这些新兴中心城市的诱惑?

我们已反复经受考验,并取得了大多数胜利。但生物学上的确定性则是,致病菌将残酷地袭击我们日益膨胀和联系愈发频繁的人群,并伺机利用全球航运和交通基础设施对抗我们。大自然永远不会放弃。

带来破坏的商人

当时的风险

本书第一部分描绘了文艺复兴时期的金融转型。欧洲大陆内部新的贸易联系和洲际贸易联系,加上迅速扩张的沿海经济的诱惑,使得金融活动的中心从地中海沿岸转移到了大西洋沿岸。人们发明了新的金融工具和金融市场,进而为复杂度和成本日益走高的商业活动提供资金和保险。借据的管制放开了,它们的使用也不再限于当事双方。现在,借据能够在次级市场上的第三方处自由买卖。这种创新产生了欧洲的货币市场,它在价值上比其所担保的现货市场(physical market)要大上千百倍。信誉最好的商家可仅凭自己的名义给交易所开借据,而根本不必用货物作担保。他们还可以通过各种方式发行自己的货币。

一些君主发现这种迅速赚钱的方式极为诱人,于是,他们便设法接近商家,并以后者的名义筹措大量经费,以资助他们的战争和野心。当时比较出名的事件之一是,西班牙国王卡洛斯一世(Charles Ⅰ)于1519年从奥格斯堡的富格尔家族(Fuggers of Augsburg)借了85万弗罗林金币以贿赂神圣罗马帝国的选民,进而使自己当选为皇帝。[394]

现在,我们所有人都对这样的情形有着一定的衡量智慧。如果可以,我们会倒回500年去警告文艺复兴时期的投资者马上将要发生的事情。很不幸,他们必须自己查明真相。16世纪的富格尔家族也很愿意借出(以很高的利率)大笔资金给欧洲的国王们,本来后者可以从交易所筹措这笔钱,但富格尔家族低估了甚至国王也会违约的可能性。

卡洛斯一世获得了垂涎已久的职位,但却否认了大部分债务。除了富格尔家族,众多遍布欧洲的购买了富格尔票据的小投资者也都遭受了重大损失。

当前的风险

我们也从2007年—2008年的金融危机及其后续余波中艰难地学到了这个教训。事后诸葛亮式的分析已经重复了许多次:美国和欧洲的银行家们玩了一轮又一轮利润丰厚的游戏——贷款给消费者和购房者,然后通过证券化和信用衍生品的方式将债务和风险从自身的账簿中移除,继而再次出贷——直到借贷成本将购房者压垮,进而导致大型金融机构的资产负债表充斥着数以千亿计的永远无法偿清的坏账为止。新兴经济体整合进全球资本市场的过程也加剧了这种风险:中国正在大量印发钞票,而1997年金融危机之后,亚洲的投资机会已经不多,由此,这些钞票便通过购买美国国债的方式转移到了美国经济之中。外国现金注入有助于抑制本国利率,并保证这场游戏玩得更久。

我们并不清楚上述经济活动会让全球金融系统脆弱到何种程度,它已被我们玩坏了。在房价绝不会下跌的信念下拿出巨额抵押贷款的家庭被证明决策失误。定量分析者或者“宽客”自以为聪明地将不确定的债务打包以减少自己的风险和维持回报的行为结果也是错的。公司为了对冲违约损失而购买“保险”(信用衍生品)原来也是不够的。这些后果十分可怕。到2009年,金融危机已给全球所有市场造成了总计4.1万亿美元的损失。[395]全球约5 000万人因此丢了工作;而那些设法保住了饭碗的人中则有2.5亿人跌入了“穷忙族”的行列。[396]据估计,非洲约有3—5万儿童死于饥饿,这也是全球经济低迷所造成的直接后果。[397]

现在,这种故事已经以下列方式讲述了太多次——无论是采访、社论、书籍、好莱坞制作的纪录片,甚至戏剧——而人们从中很容易得出的主要教训却在反复的指责推诿中逐渐变得模糊。但是，若从文艺复兴的视角看，重要之事又回到了舞台中心。[398]

复杂性限制了我们的远见

首要的教训是，日益增长的复杂性如何就制造了金融系统的危机这一点还很难看清。相互碰撞的关联性和发展性力量产生了全球金融系统，它在短短20年的时间里就变得比以前远为庞大和复杂，以上两点共同导致人们更难看清危险，同时让风险传播得更广——已波及了我们每个人。

回首过去，复杂性上升所带来的危险显而易见。在系统层面，世界各国、各机构以及个人投资者的资产负债表已变得更加庞大，彼此的联系也更为紧密(见本书第一部分)。而在产品层面，金融工具也变得更复杂，这在很大程度上要归功于人们将日益强大的计算机引入了证券投资组合的建设进程之中。大多数大型机构投资方，比如养老基金等，都被禁止投资抵押贷款和其他消费类型的贷款。由于背负着所有行业的累积养老金储蓄，养老金仅被允许投资经主要信用评级机构[标普(Standard & Poor's)、穆迪(Moody's)和惠誉国际(Fitch)等]认定为安全的资产，而消费者债务则由于规模太小，风险太高而无法得到这些信用评级机构的眷顾。那万一复杂的计算机算法能够从万千个人抵押贷款和债务中挑出一大堆——有些更容易违约，有些则否——其中每个都满足评级机构最低规模和信用的阈值，又当如何？本质上，这便是抵押贷款出贷者实际上的做法：这一过程被称为资产证券化。[399]通过将抵押贷款证券化之后又立即转手将其卖给机构投资方，而非持有这些贷款并任由自己的账簿充斥着违约的风险，抵押贷款的出贷人便没了动力去详细审查潜在房主的偿还能力。于是，抵押贷款的质量便下降了，但信用评级机构和购买这些复杂投资产品的机构投资方均缺乏分析能力或相应的动机去探明事实原委。一些基金则通过购买保险的方式为自己避免被违约的风险[这被称为信用违约掉期(CDSs)],但这种做法仅仅将危险转嫁到了新的部门。保险公司也同样对抵押贷款的潜在风险浑然不觉,进而,这又让养老基金对购买了其掉期交易的保险公司的偿还能力不明就里。* 就像一个流行病病原体,有毒债务起源于一潭死水(借贷者出贷次级抵押贷款)并在各方相互交织的资产负债表中迅速蔓延,进而威胁全球金融体系。[400]

无论自上而下还是自下而上,金融部门如一团乱麻的复杂性让身处其中的人们逐渐迷蒙了双眼。私人和公共机构都未曾注意到逐渐累积的危险。正如彭博社一位专栏作家于 2008 年所观察到的,“当公司倒闭之时,(贝尔斯登的首席执行官)正玩着桥牌,(美林的首席执行官)则打着高尔夫,并非因为他们不在乎自己正在倒闭的公司,而是因为他们不知道自己的公司行将倒闭”。[401] 在其 2007 年的《全球金融稳定性报告》中,国际货币基金组织得出结论说,“漏洞已被限制在次贷市场的某些地方,且不太可能造成某种严重的系统性风险。投资银行进行的压力测试表明……以资产证券化的方式暴露在次级抵押贷款中的大多数投资者将不会遭受损失”。[402]

投资者们的风险概念是线性的;而风险也仅仅在他们自身资产负债表的边缘处结束,并且,对于所有资产负债表拼凑起来的宏大图景而言,他们要么没看见,要么没有认真对待。

集中化削弱了我们的应变能力

第二个教训则是,与日俱增的集中程度导致金融系统的失败更容易发生。金融危机发生之前,每个层面的集中化程度都在增加。

在公司层面,资本和资源都集中到了新的经过资产证券化之后的

---

* 美国国际集团(AIG)则是此类保险公司中规模最大者,因从联邦政府和州政府那里收到过 1 800 亿美元的资金进而将其从保险理赔中保释出来而名噪一时,否则它已破产好几次了。

抵押贷款和债务产品中。在本世纪之交的时候，上述产品都属于小众产品；到金融危机爆发的时候，它们每年都会成为美国售出的第二大资产支撑证券类别。次级抵押贷款则位列榜首。[403]

而行业集中程度也在上升。从 1990 年到 2008 年，位列美国前三的银行的市场份额翻了两番，从 10%增至 40%。而在 2008 年的英国，位列前三的银行则拥有 80%的市场份额(1997 年时为 50%左右)。[404]"大而不倒"逐渐成为公众描述这些庞然大物的措辞。它们的高管们清楚，他们各自的政府绝不会让自己倒闭——否则，随之而来的混乱会很大。这些公司的投资纪律被削弱——这种现象正好被经济学家称为"道德风险"(moral hazard)。最大的金融机构也开始承担起过多的风险了，它们清楚，万一事情出了严重错误，纳税人将帮助它们摆脱困境。而且，事实上，我们就是这么干的。

集中化也体现在整个经济层面，因为蓬勃发展的金融部门在总体经济结构中的比重变得比以往任何时候都要大。而 1990 年到此次金融危机发生之前的这段时间里，英国金融部门的规模在整个 GDP 中的比重从不到 6%上升至将近 10%，而它们在伦敦经济产出中所占比例也超过了 1/5。[405]冰岛的情况则更加危险。该国在新千年来临之际还是一个仅有 30 万居民、以小型渔业经济为支撑产业的国家。而到 2008 年，在对境内小型金融产业彻底放松管制之后，冰岛已成为欧洲投资者的天堂，该国的银行债务已累计达到 750 亿美元——男女老少全算在内，平均每人欠债 25 万美元。金融危机袭来，冰岛克朗应声暴跌，而曾经简单而稳定的经济则由于偿付外债成本的上升而备受打击。就该国本身的经济体量而言，此次的银行倒闭潮史无前例。[406]失业率则从零飙升至 10%，养老金所剩无几。国际货币基金组织帮助冰岛走出了困境——条件是，冰岛人每年都必须拿出自身 6%的 GDP 份额偿还英国和荷兰投资者，期限为 2017 年—2023 年。当其崩溃之际，冰岛金融部门的规模与实体经济相比已相当巨大，整个国家都是如此。

当全球的监管部门都对本国的金融产业采取了放松监管政策之

际，冰岛则凸显了监管集中趋势——英国银行金融稳定部门的执行董事安迪·霍尔丹于2009年曾如此描述了这种情况，“就像植物、动物和之前的海洋逐渐变得单一化了一样，这使得它们缺乏疾病抵抗力。”[407]

每个领域的这种集中化都造成了实实在在的困境。它们都要求我们将合法的私人目标出让给自己尚不理解的公共危险。政治家又有何能力反对放松金融管制的趋势，尤其在资本如此机动，宽松的信贷又让选民感觉如此良好的时候？金融公司又岂能在参与者都获利颇丰的时候失去一个新的市场？投入少量资金甚至零投入就能买房，同时还能提升抵押贷款净值，又有谁会不为所动，进而眼巴巴望着房价上涨？所有这些都回避了问题实质：那么，谁是罪魁祸首？

金融危机的产生证明了这些困境是多么棘手。即便崩溃的风险已众所周知，也没有迹象表明我们会采取行动以阻止其发生。

我们都汲取教训了吗？或者历史将再次重演？

没有什么是理所当然的

基础设置至关重要。其字面意义是位于目前生活之下的结构，我们在它上面建立经济、企业、城市、家庭和个人生活规划。基础设施包括公共交通网络，原料、货物和服务，人口和思想通过它得以流转；以及为我们大家提供能源、食物和水的供给系统；外加各种交流渠道，它负责处理从远程监控电网到广播我们的“拼趣”(Pinterests)等各种事情；还包括许多其他组成部分。

但这些基础设施正处于威胁之中，这事本身并不新鲜。全世界，公共系统仅仅满足了少数幸运儿对它们的期待。然而，对多数人而言，基础设施则显得十分匮乏，并导致这些人的日常生活痛苦不堪。与促进健康、财富和人口提升相同的关联和发展性力量也对日益滞后和老化的公共基础设施提出了更多需求。从金融危机中醒悟过来之后，公共财政的紧缩政策只是加剧了这种供需紧张的局面,在那些急需维持眼下生活的区域尤其缺乏能源、水资源和食物等。

世界经济论坛将未来 20 年全球基础设施的投资需求设定为 100 万亿美元。[408]这是个富裕国家的问题。美国土木工程师协会对美国目前的基础设施总体评级为 D+。全国的铁路和桥梁系统为“中等”;道路、饮用水和废物处理系统则为“差”;堤坝和水道的得分介于“不合格”与“不合目的”之间。仅仅将美国公共基础设施“修缮完毕”就需在 2020 年之前投入公帑 3.6 万亿美元。目前的投入水平(到 2020 年投入 2 万亿美元)只会减缓美国城市的衰败,但并不会助其把握住繁荣的新机遇。[409]

但它也(因此更加紧迫地)是个贫穷世界的问题。到 2020 年,发展中国家需要将其目前在基础设施上每年 8 000 亿—9 000 亿美元的投入规模翻倍,以满足这方面快速增长的需求。[410]比如,印度遭受着持续且日益严重的电力短缺。在城市中心,非季风季节每天平均会断电 3 小时,而季风季节每天平均断电 17 小时,而大致上,40%的农村人口则根本用不上电。2012 年 7 月,历史上最大规模的断电导致超过 6 亿人口——地球人口的 9%——断电两天以上。

此类危机紧迫而巨大,但我们却对其有了良好的理解。我们的反应可能是不够的,但至少我们知道如何应对:仅在 2014 年,就有 6 个新的多边基础设施基金和设施被建立起来。而今,同样威胁其他社会系统的复杂性和集中化风险也威胁着基础设施,并且,人们并未很好地理解这些风险。正如所有基本的社会系统所面临的风险一样,它们也会造成严重的后果。但与传统的基础设施风险不同,我们并不清楚自己该如何应对它们,而富裕和进步则几乎对其束手无策。富人和穷人都同样是刀俎下的鱼肉而已。

威尼斯正在下沉

这是威尼斯在文艺复兴时期学到的教训。从 11 世纪以来,威尼斯一直都是西欧最为富裕和成功的经济体：到 1500 年，其市民按人头基础计算则为世界最富裕的人群。[411]欧洲大陆上的多数经济均为初级产业组成的时候——伐木、养牛、种植谷物，或从地下挖掘有用的东西等——威尼斯经济便已十分现代化了，它以贸易及相应的服务为主导产业。它本质上就是“离岸保税仓库”(与现在的新加坡不同)，其主要资源为其区位和大量精明的商人，后者对供求关系、消费者偏好、按时交货和税收、法律以及货币环境支持的重要性有着全面了解。[412]凭借其大型商业船队，威尼斯建成了世界领先的海军力量，并无可争议地垄断了大部分地中海贸易，他们也是第一支与伊斯兰世界发生深入而持续互动的欧洲力量。

尽管威尼斯也制作精美的玻璃器皿、丝绸、纸张和其他精致的工艺商品，但其大部分财富都投进了香料贸易，他们经由数以百计的中间商和成百上千丝绸之路沿途、印度洋贸易路线上的定居点而将香料进口至欧洲。(见图 7.2)

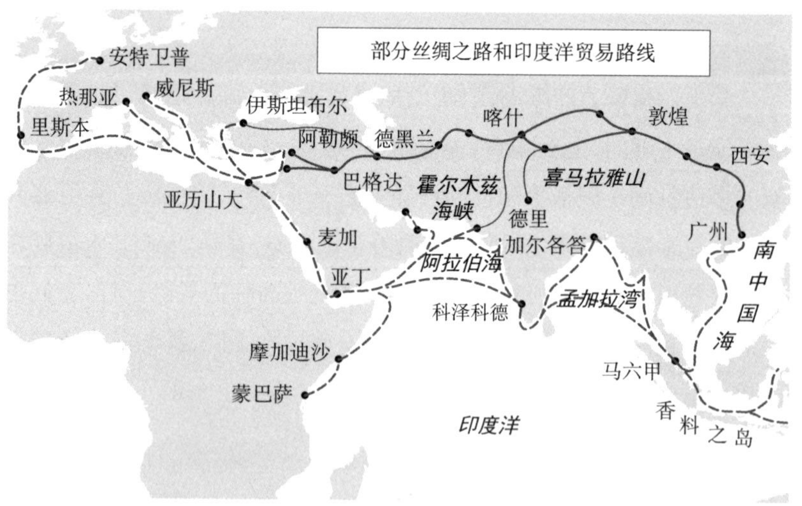

图 7.2 威尼斯财富的大部分依赖于世界最长的供应链

资料来源：格雷格 · 普里克曼(Greg Prickman, 2008 年)，《早期印刷业图集：贸易路线》(*The Atlas of Early Printing: Trade Routes*)，爱荷华大学图书馆(atlas. lib. uiowa. edu)；以及作者的综合分析。

而如今,辣椒只是我们根据胃口撒入餐盘的调味品之一。但在那个没有制冷技术的时代,胡椒、藏红花以及其他香料则会给食物造成美味和难吃的区别。随着欧洲大陆的发展,其对香料的需求也随之增长,这导致威尼斯人的香料贸易带来的获利以及地中海交通基础设施对这个城市国家的经济重要性也随之增加。而两个外部冲击则暴露了,同样的基础设施也是共和国最大的漏洞。

一则土耳其人扩张到了地中海海域。1453 年,土耳其人攻陷了君士坦丁堡,而此地数世纪以来一直被视为抵御伊斯兰进犯欧洲水域的坚强堡垒。一大波入侵地中海的海军紧随其后,并在 1499 年索恩基奥战役中达到高峰。这场战役是截至当时为止的最大规模海战,共计有超过 350 艘舰船和 5.5 万人参战,威尼斯的失败标志着地中海东部的主导权彻底从威尼斯转移到了土耳其之手。

从土耳其人的角度来看,这些事件证明了,其与外部的各种新联系和帝国领土、资源的扩张所带来的经济发展而产生的积极影响。土耳其人将中国的火药和匈牙利设计的大炮相结合,以帮助他们攻破了君士坦丁堡的城墙。他们利用欧洲海军技术打造大型船只——更大、更快,并首次配备了大炮——以此从世界上最富经验的海军舰队中夺取了地中海的控制权。他们适应而非排斥了威尼斯的贸易实践和据点,并以其为帝国建设提供资金。他们也在每次战争之后以谈判的方式重新开放东西方的贸易往来(自然,价格已有所不同)。

土耳其人可以作为谈判对手,而地理不行。因此,从长期看,第二次冲击更具毁灭性。1499 年,消息传到威尼斯:人们在印度香料市场看见三艘葡萄牙船只。达·伽马发现了自己的海上路线。“在收到这一消息之时,整个城市……都傻了眼,最聪明的人认为这是他们听过最坏的消息”,吉罗拉莫·普留利这位当时威尼斯的议员和银行家曾记录了这一刻。[413]威尼斯商人很快明白了其中的玄机:葡萄牙会大量购买香料,并直接用船运回,这将绕过威尼斯在过去 7 个世纪里悉心打造和维持的陆上贸易线路,以及沿途成百上千的小中间商和高额税率。以一个单独的巧妙之举，其竞争者已使威尼斯的地中海香料基础设施惨遭淘汰。

有些后果几乎立竿见影。次年，由于人们都期待着大西洋沿岸优厚许多的条件，威尼斯的香料价格出现暴跌。许多德国香料买家便撤出了威尼斯并将业务迁至里斯本。最终，陆上香料贸易被证明并没有一开始所担心的那般艰难，因为海上路线也存在自身的危险：风暴、海盗，以及非洲东西海岸沿途的敌对定居点等。但海上贸易仍旧不可避免。自古便已蓬勃发展成为商业和文化中心的陆上贸易路线沿途的城市和区域——巴格达、贝鲁特、开罗、大马士革、黑海和红海等——已经衰落至停滞不前的地步。而威尼斯自身从一开始落后以来，并没有衰落多少。其经济领主长期努力奋斗，并勇敢地将产业朝造船业、制造业和农业方向转变，但他们的城市国家还是因为区位太差而无法与新兴的海洋帝国抗衡。

威尼斯人和许多其他地方的人一样，曾以为自己的长期繁荣将永远持续下去。他们无法看见即将到来的破坏性和非线性冲击——奥斯曼权力的崛起以及人们发现了更多更好的贸易路线——让他们累积的贸易成功变得如此地不堪一击。威尼斯准备既不反击也不屈服于这两种因素，而是铁了心决定紧紧拽住曾经繁盛的洲际贸易网络一起沉落。

泰国正遭遇水灾

类似地，我们目前供应链和基础设施方面所累积的集中化程度也会让我们在突发且难以预料的冲击面前不堪一击。尽管人们对“全球化”的直观期望就是它有助于分散风险，但它实际上却降低了太多我们投资和其他活动的多样性，因为有关在什么地方以什么方式最小化成本，最大化效率或达到其他共同目标方面，我们大家都独立得出了类似的结论。[414]只是在最近，人们才开始体会到，我们自己的私人追求的相似结果已经将我们的集体脆弱性增加到易受冲击性事件攻击的程度了。

正如威尼斯人在500年前所证明的那样，供应链尤其容易增加集中化程度。私人企业可以对牟利动机做出迅速响应。1990年，泰国有着适中的电子和汽车产业。[415]受泰国加入WTO的刺激，到2010年，这些制造业在泰国GDP中的比重占到了35％，提供的就业数量比例为20％。[416]全球超过40％的硬盘驱动器(HDD)的装配工作和大部分日本汽车部件的制造都已迁往曼谷河谷区域。[417]为何？因为当地提供了低成本的劳动力，优惠的政府政策和抵达临近亚洲枢纽城市的便利条件。追随这个逻辑抵达河谷的商家越多，这种逻辑的诱惑力越强——这便是2011年年底猛烈的热带台风淹没这个区域之时，其影响——对泰国很深远——波及范围甚广的原因。洪灾的直接破坏和损失总计达400亿美元，并造成200万人短暂失业。[418]此次台风的间接影响则是，汽车零部件出口的关闭迫使日产和丰田停止或延迟了马来西亚、越南、巴基斯坦、菲律宾、美国和加拿大等国的生产任务。[419]而电子产品制造能力的损失则导致全世界相关消费品价格的上涨，同时也给日经指数(Nikkei)和纽约纳斯达克(NASDAQ)股市上的科技股造成了重创。随着全世界半数硬盘产品都被水淹没，全球个人电脑的生产也停滞不前。而在太平洋彼岸加州的圣芭芭拉，英特尔在2011年第四季度则损失了10亿美元的收入。[420]泰国的硬盘生产得到了恢复，但仅仅是暂时的。2011年的洪水有助于科技产业向泰国的邻国生产的固态硬盘形式(solid-state)过渡，于是，自2013年起，泰国的硬盘出口量逐年下降。[421]

冰岛埃亚菲亚德拉冰盖火山于2010年春季爆发之后，类似的故事也徐徐展开，笼罩在西欧上空的火山灰云层导致三个主要航空枢纽持续停摆6天之久，这些航空枢纽将欧洲和其余世界相互连接——伦敦希斯罗机场、法兰克福机场以及巴黎戴高乐机场。近10万个航班被取消，随之而来的混乱——从欧洲医院里被迫取消的器官移植到肯尼亚和赞比亚仓库中腐烂的鲜花和水果等——给世界经济造成了约50亿美元的损失。[422]

新的社会复杂性和集中程度并未提高火山实际喷发的风险，但它却扩大了这件事发生之后的代价。

其他大型基础设施的故障更多由我们自己造成。2003 年 8 月，北美历史上最严重的停电事故袭击了美国东北部和加拿大。它导致5 000万人黑灯瞎火地生活了超过 30 小时，经济损失达 60 亿—100 亿美元。[423]直到那之前，仅有少数政府或公共事业机构中的雇员曾想到如此规模的电力供应中断还可能发生的情况。但美国电力消耗在 10 年之内已经增长了近 30%，主要在于维持互联网运营。始于 20 世纪 90 年代的放松管制和私有化进程增加了成百上千个进入电网的相关机构。新兴的智能电网设备和持续老化的电站提高了控制系统的复杂程度。而人们对可再生能源发电的广泛应用(它们根据变幻莫测的日照和风力停止或开始运行)又让电网的负载平衡程度愈发复杂。毫不奇怪，一支美加联合组成的特别小组得出结论道，造成停电后果的两个首要原因是“系统性认识不足”和“情况估计不足”。[424]

显然，近期的这些事件已让我们开始对基础设施的系统性风险更为敏感了。总而言之，21 世纪的头 15 年里，全世界的自然灾害为人类带来了 2.5 万亿美元的教训。[425]其实我们原本有机会更早认识到这些教训的，因为许多其他的灾害正在出现。纵观我们的全球运输网络，需要运输的东西种类很多，但运输的方式却少得可怜。如今，世界排名前 30 的机场需要应付超过 40%的国际旅客并处理超过 2/3 的国际货运服务。[426]而世界前十大海港则需要为世界经济提供整整一半的集装箱运输服务。[427]作为印度洋和太平洋主要连接通道的马六甲海峡，往来穿梭的货物和商品占到了世界贸易总量的 1/4，其最窄处的宽度仅为 2.8 千米。而同样重要的亚丁湾，则通过苏伊士运河将地中海和印度洋相互连接，其航运能力同样紧张。全球制造业平台总量的减少则空出了我们所关心的大多数货物的巨大份额。

这对互联网行业尤其正确，它是 21 世纪系统性风险的全新来源。互联网的确很有用，我们现在做任何事情都要用到它，但它也潜藏着危机。从用户的角度看，互联网是将身处任何地方的所有人相互关联的一个看不见的场域。但这种用户体验有其物理维度——数据中心和光缆则以危险的方式将我们彼此的联系聚拢起来。全球航运必经的海峡和运河要塞沿途，同样也是铺设海底电缆的最佳路线。每年，非洲沿岸某根电缆被经过船只的锚——或者斧头割断之后，一些国家的网络便会整个断掉。2013 年，埃及海岸警卫队在一艘渔船上抓住了三个人，他们故意将苏伊士运河海底的光缆拔起并试图砍断它。这些人的目标即 SEA - ME - WE（东南亚-中东-西欧——译注）的第四代电缆，它是欧洲、非洲和亚洲之间数据连接的主要通道之一。将其切断会导致三个大洲的所有网络停摆。也有可能，一些政府机构现已掌握了关闭某个目标国家互联网连接的“毁灭开关”（kill switch）能力，比如，通过关闭核心服务的方式做到这一点。

同时，硬软件网络的复杂性正使得人们更加难以维持稳定的服务。谷歌、微软、亚马逊和 Facebook 各自都运营着大约 100 万台服务器，而停机——由于故障、自然灾害、设备故障及人为错误等——则是代价高昂的问题。根据一项全球产业调查显示，意外的数据丢失和停机在 2014 年给全球商业造成多达 1.7 万亿美元的损失。[428]随着我们对互联网依赖程度的提升，比如，人们对云服务的使用，这些潜在的代价还会逐步升高。[429]并且，所谓“零日”（zero-day）漏洞的传播——一种深藏于广泛分布的软件和操作系统中的未知漏洞——则有故意中断网络服务的威胁。通常，这些漏洞在黑客已经利用它们之后才被修复。2014 年 9 月，一波名为破壳（ShellShock）的网络攻击便利用了 Mac 电脑和 Linux 操作系统中的核心漏洞进而在数百万台电脑上运行恶意代码。这一代码不为人知地运行了 20 年。2014 年 11 月，人们发现了另外一个名为独角兽的零日漏洞，它隐藏在 1995 年以来所有版本的微软网页浏览器之中。[430]

互联网网络的复杂性，使得零日漏洞之类的网络攻击能以近乎完美的匿名方式进行。最常见的网络攻击类别则是分布式拒绝服务攻击

(DDoS),它会导致成千上万被劫持的电脑同时向受害者的服务器发送虚拟数据请求,这让正常用户无法顺利发送自己的数据请求。互联网的设计初衷是分享,而非安全,肇事者能够大方地隐藏在不知情的人群之中。甚至,人们发现肇事者后——通常在海外某处——也会因为管辖权的限制而难以将其绳之以法。

网络犯罪在 20 年前还很罕见,但现在已无处不在:我们的邮件、网络、社交媒体、移动设备和专用网络中都有它的影子。提供网络犯罪的劳动力和工具,且能保护赃物的日益成熟的在线市场,让网络犯罪的迅速蔓延得以可能。你是否会成为某个网络犯罪的受害者已不再是个问题,问题仅仅在于何时。这些犯罪通过盗取和赎回身份信息、登录信息、网络摄像头视频或者阅后即焚(Snapchat)上的照片等方式对我们个人造成伤害。罪犯们也利用我们来伤害他人,比如让我们不知情地成为垃圾邮件、网络欺诈、电子邮件攻击的同谋,或者将我们的电脑作为恶意软件和儿童色情作品的网络服务器等。并且,随着更多智能设备的出现,从家电到汽车再到我们家里的智能锁具等,网络犯罪带给我们的伤害范围只会继续扩大。2015 年 7 月,约 140 万辆吉普车被召回,因为研究者证明了他们能通过网络利用这类汽车车载软件的一个漏洞远程劫持并将其撞毁。[431]

网络犯罪还窃取各种机构的知识产权以及其他秘密。2014 年,全球大约 1/2 的小企业,2/3 的中型企业和 4/5 的大型企业都成了网络犯罪的特定目标。[432]美国国家安全局局长基思·亚历山大指出,网络间谍活动直到 2014 年仍然是“史上最大的财富转移”行径。[433]所有网络攻击的一半都在美国境内策划和实施,企业每年因网络间谍活动而造成的损失大约在 3 000 亿到 4 000 亿美元之间。[434]这些网络攻击也会危害消费者和客户,比如,曝光他们的个人信息,让他们更容易面临身份信息遭窃取的危害。一项 2014 年的调查发现,43%的美国公司,包括最大的网络服务提供商、零售商和银行都曾在过去一年遭遇过数据泄露事故。[435]黑客对摩根大通集团的一次网络攻击便窃取了 7 600 万份家庭和700万份小型企业的银行记录。[436]公共数据网络也同样面临风险。早在2007年4月,世界最早采用无纸化办公和网上银行的国家之一爱沙尼亚,突然陷入全国范围的瘫痪状态,该国境内的银行、电信公司、媒体和政府军事部门都同时受到分布式拒绝服务的攻击。[437]最近的2015年年中,美国政府前雇员和现雇员的共计2 150万份个人记录,其中包括560万份指纹图像,均在人事管理办公室的网站被黑之后惨遭窃取——那些企图招募线人或甄别间谍的外国政府可能策划了此次袭击。其他高度复杂的恶意软件案例,则很可能由国家支持,它们也同样渗透进了世界各政府部门的大使馆、研究机构以及其他敏感目标。[438]

关键基础设施联网规模的上升——包括国防、化工、食品、交通运输、核能、水利、金融、能源和其他系统——意味着不仅网络犯罪,而且网络战争的恐惧现在也成为可能。截至2016年,两次大型网络攻击导致的物理基础设施毁坏事故已经被公开确认。2010年,震网蠕虫病毒通过感染控制系统进而导致铀离心机自我毁坏,从而破坏了伊朗的铀浓缩基础设施。[439](一个类似的蠕虫病毒早已瞄准了朝鲜的核设施,但未能抵达目标,因为该国极端封闭。[440])2014年,德国钢铁厂在网络攻击者进入工厂控制系统并造成关键部件失灵之后,蒙受了"巨大损失"。[441]攻击者正在不断尝试许多类似的袭击。2014年,美国国土安全部报告了245起严重网络袭击事件,它们大多发生在能源部门以及关键的制造业部门,范围从未经授权的访问到恶意软件感染,再到数据窃取(可能作为将来攻击的铺垫)等,不一而足。[442]

我们能够将任何基础设施视为自然而然的日子已经一去不复返了。

自然类基础设施

这种基础设施包括大自然。自然基础设施,比如气候,则是各种风险自上个文艺复兴时期以来如何发生改变,以及500年前人们获得的教训如何与我们相关的最明显例子。

发生改变的是人类活动规模的绝对值，因为我们的人口规模比之前大17倍，而我们的技术水平又让人均能源消费大幅提升。[443] 500年之前，自然的力量似乎与人类活动无关。人类可以通过农业和林业等方式改变景观，不过自然大部分都被视为自然而然——即某种超出了我们的影响，更别说对其进行控制的力量。如今，此景不再。人祸和天灾之间不再有明显的分野，因为人类活动的规模已足以对整个星球的栖息环境、物种多样性、气候、温度、大气甚至海平面等造成可被测量的影响。

这种教训——关联和发展性力量所产生的复杂性和集中化挑战——也同样明显。我们以气候变化为例。人类与地球气候之间的关系已经成为所有科学领域里最复杂的现象之一。理解这种关系所涉及的自然因素包括但不限于：太阳活动周期、地球轨道的变化、大气和洋流、碳被植物和动物吸收和释放的周期以及地球表面不同地方的碳吸收能力等。在这些现象之上，我们还需要加上人类社会的影响：我们正加速产生的温室气体、土地利用、臭氧层破坏、农业、森林砍伐等。然后，旨在发现这两个巨大的变量集合各自内部和它们之间相互作用、反馈数据以及非线性临界值的困难工作才开始。人们很难看清其中的原因和结果。这也部分造成了人们难以调动强大的公共行动以减缓气候变化——甚至当我们深受其害也不行，比如正在改变的气候模式，极端的飓风和其他“自然”灾难等。

其余部分原因在于气候变化呈现出范式集中化的困境。它完全是人类主观能动性、冒险、探索、相互关联以及协作等因素的副产品——一句话，我们认为这些活动都是好的。我们要做些什么呢？是否在社会认可的追求目标之内，我们增加的碳污染便已构成了某种现实的威胁？答案似乎越来越肯定。

风险正在肆虐，我们社会系统内部不断上升的复杂性和集中程度成了罪魁祸首。

这两个因素带来了不同的挑战。就复杂性而言，解决这个问题最难的地方便是找到它。要是能够找出起作用的因果关系，我们就可以通过一些管理和技术相互结合的解决方式保护自己——但我们不能，所以，我们保护不了自己。

复杂性束缚了我们的认知：集中化限制了我们的判断。集中化乃是我们所有个人选择的集体后果，而自由意志、志向及对爱人的责任则引导着我们的选择。倘若我们的个人行为增加了始料未及的集体性冲击，我们会如何应对？即便我们能看到即将来临的冲击，也无法给出确定的答案。

我们无法避免这些束缚。它们是我们生于其中的盘根错节且飞速发展时代的另一面，这些因素已经渗入我们的生活——还包括下一章将展现的，我们彼此之间的关系。

第八章

圣火与归属感

我们所处的时代何以滋生了极端主义，并让团结我们的纽带持续紧绷

意大利正处于战火之中——饥荒又拓展了新的领地；
瘟疫传遍了海角天涯——也传播着神灵愤怒的裁决：
这就是幽暗的食物——离开你们自己的盲目吧，
人类，失去信仰的生命——如玻璃般脆弱。
唉，唉，唉……

吉罗拉莫·萨沃纳罗拉

（Girolamo Savonarola，1452—1498）[444]

获得权力的先知

1497年2月初，多米尼加共和国的修士吉罗拉莫·萨沃纳罗拉及其一群狂热的年轻追随者搜集了他们所能找到的与这个奇怪新时代相关的有形证据——不道德的书籍、异端文本、裸体绘画和雕塑、不雅的香水、新乐器和异域的小玩意儿等——然后用它们在佛罗伦萨中央广

场堆了一个巨型山堆，这堆物证高 60 英寸，共分为七层，分别代表七宗罪。2 月 7 日狂欢节那天，萨沃纳罗拉放火焚烧了这堆东西，这一事件后来在历史上称为“虚荣的圣火”(Bonfire of the Vanities)。

就其自身而言，这种行为并没那么扎眼。意大利神职人员早前就点燃过烧掉罪恶的公共圣火——由圣贝纳迪诺·达·锡耶纳达，以及更近的圣贝纳迪诺·达·费尔特雷分别于 15 世纪 20 年代和 1483 年点燃。[445]萨沃纳罗拉所宣告的消息也没什么新意。他以洪亮而精彩的演说驳斥了社会上的道德败坏，以及教会对此的推波助澜，但他之前的许多布道者可能已将同样的话讲过许多遍了。[446]

若是放在以前，萨沃纳罗拉可能已被边缘化和忽略掉了。毕竟只是一个小小的牧师，他却与富有的精英和持有全部正式权力的宗教机构唱反调。相反，他和他的想法所获得的巨大权力与合法性，完全与他的社会地位不成比例，其擢升的速度之快，令当时掌权的各方——从佛罗伦萨的美第奇家族的政治寡头到罗马的教皇(亚历山大六世)——都措手不及。1490 年的 5 月或 6 月，时年 38 岁的萨沃纳罗拉首次抵达佛罗伦萨那肃穆的圣马可女修道院，并开始担任教职，他之前只是来自费拉拉的中级修道士，凭借其激动人心又带着启示的演讲而小有名气。一年之内，他便在这个城市最负盛名的讲台传道了，即在布鲁内莱斯基设计的花式圣玛丽大教堂的穹顶之下对着大约 15 000 名信徒讲道。[447]作为一个牧师，又不是佛罗伦萨公民，萨瓦纳罗拉便更加没资格担任公职；尽管如此，从 1494 年到 1498 年被处死期间，他都无疑是佛罗伦萨政坛中最炙手可热的人物。萨瓦纳罗拉以政教合一的方式管理着这个城市，自己既当救世主又当国王，其道德和政治的权威遍及这座城市的各个角落。[448]他的支持者也成为佛罗伦萨执政团中的最大派别，在这些人的帮助下，萨沃纳罗拉通过两次相近的革命重塑了这个城市：首先，他以共和运动横扫了 60 年来美第奇家族治下的精英决策政体，并用一个更大更具代表性的大议事会(Great Council)取而代之；其次，他以道德净化的大众运动来加强针对不道德行为的法律，恐吓妓女和鸡奸者，并吁求大众参与赎罪活动——并在载入史册的圣火事件里达到高潮。在他布道的过程中，萨沃纳罗拉将其所在的城市重新命名为“佛罗伦萨基督教和宗教共和国”。[449]

在某种程度上，萨沃纳罗拉的迅速崛起及其发动革命的力量都是由于机遇良好。他宣扬了世界末日的消息，并且后来的事件都应验了这一点。1500 年正在临近，许多基督徒都怀着对千禧年的恐惧，担心最后的审判近了。种种迹象似乎都预示着世界末日。奥斯曼土耳其人就像地平线上若隐若现的黑云一般：他们切断了欧洲与亚洲的联系，占领了希腊，而现在又威胁着意大利的海岸。“伟大的”美第奇家族族长洛伦佐，佛罗伦萨的实际统治者和这个城市实力和辉煌的感知源头，于 1492 年病逝。他那毫不起眼的继承者，又称“不幸的”皮耶罗，并未激发出这座城市的任何信心。1494 年，人们的疑虑被证明有着坚实的基础，法国国王查理八世侵入意大利的同时也带来了梅毒，而皮耶罗用金钱换取的和平协议，也让法方掠走了大量佛罗伦萨的财富。总体上看，萨沃纳罗拉早已预言了这一切：倘若人们并未洗去那玷污习俗和心灵的罪孽，那么，上帝将发起新的洪水来帮助他们完成这个任务。

在某种程度上，萨沃纳罗拉的影响力也在于其所生活的时代快速变化的氛围，以及这种氛围在人群中造成的焦虑感。人文主义者提升“人在巨大存在之链中的位置”的纲领鼓舞了许多佛罗伦萨人，特别是创新阶层，他们试图在艺术、科学或政治方面的奋斗中发现一些神迹。这种氛围把萨沃纳罗拉及其同情者们都吓坏了。抬高物质层面的美和世俗成就在社会价值观中的地位则相应会降低宗教因素的重要性，比如禁欲和赎罪等。圣母玛利亚被描绘成一个美丽、富有的女人——后来一些人渴望的形象。[450]教皇亚历山大六世(现在多以其家族的名字博尔吉亚称呼之)则要世俗得多。历史已经证明，他对情妇有着某种嗜好，并忽视自己的精神职责，而去追求短暂的王权和奢华且与其家族不相称的爱好。为了避免被遗忘，萨沃纳罗拉还鼓吹天堂和地狱都是真实的存在。拯救并不在于人们努力提升自我，而在于服从神的道德律法以及人们对来世恩典的信心之中。人们只有在耶稣基督的精神方舟里才能在即将到来的洪水中幸存。对于这种教条的信徒而言，道德上放纵的文化正在教会和社会中生根发芽，他们需要一个与之对立的强大对手将其立即铲除。萨沃纳罗拉利用这种信念来强化传统生活，并在宣传中赋予其新的含义和紧迫性。最重要的是，他控制了佛罗伦萨专为12岁到18岁男孩开设的教义学校，并且改写了课程大纲。从那时起，这些男孩便纷纷组织起激进的帮派，这些思想上紧密团结的年轻人也会上街巡逻，并以骚扰、恐吓和暴力相结合的方式执行萨沃纳罗拉的道德计划。[451]

最重要者，萨沃纳罗拉并不对这些深入其世界中的关联和发展性力量具备强大的影响力。佛罗伦萨正在迅速发展成欧洲最显著的文化和商业中心之一。佛罗伦萨发出的声音，就像在古罗马圆形竞技场所做的演讲一样，会传得很远。这是艺术、银行和政治中的常见模式。萨沃纳罗拉通过印刷机进一步放大了整个城市的广播功能。而他传递的信息可能一直都与恢复过去的价值观有关，但萨沃纳罗拉很快采取了新技术来促进其传播。正如历史上记载的那样，他是第一个利用印刷机作为大众宣传工具的意大利政客。[452]他将自己的声明包装成能迅速准备好，容易制作的单页宣传册，[453]并且他还发明了"公开信"——即写给所有人，用于更广泛地流通，旨在影响公共意见的信件。[454]在这些新工具的帮助下，他激发出了社会的道德焦虑感，并在背后造势，动员它们，直到这些运动变得棘手，且危险到难以忍耐的程度。

新的圣火

如今，我们可能将萨沃纳罗拉称为反动分子，或者一个暴力极端主义者——一些现代学者的确这么认为，[455]而人们提到他发动的那场恶毒的，旨在针对"那些被诅咒的鸡奸者们的罪恶，你们要知道，这种行径已经让佛罗伦萨在整个意大利变得臭名昭著了。我说,别怜悯他们,制定一部法律,砸死或烧死这些人”的运动时尤其如此。[456]

但萨沃纳罗拉和当代的暴力极端分子之间也有差别。如今的暴力极端分子不仅会污染基督教,而且会蔓延至世界所有宗教,包括伊斯兰教、犹太教甚至佛教。从美国到乌干达等地的边缘基督教教派正到处散播着伊斯兰恐惧症(Islamophobia)和同性恋恐惧症,并对他们各自周围的穆斯林和同性恋进行排斥,甚至暴力相向。[457]以色列极端正统的犹太教教徒曾袭击过同性恋者的骄傲游行活动,并曾策划炸毁阿拉伯的女子学校。[458]而在佛教徒居多的缅甸国内,过于热心的僧侣们则唆使暴徒成片地攻击穆斯林少数民族聚居的村庄。[459]宗教极端主义仅仅是极端活动的一种形式。其他则包括,印度的极端民族主义,他们会出于恐惧而攻击少数族群,否则文化多元主义会将他们变成自己国内的少数派,再比如欧洲内部极力排斥非欧洲人的仇外新纳粹组织,等等。

但二者也存在明显的相似之处。当时和现在都是如此,历史悠久的意识形态议程突然获得了新的力量与活力。萨沃纳罗拉自己的圣火为我们提供了洞察当代极端主义形式的三重视角。

满怀期待

首先,便是人们对极端主义充满期待。极端主义和层出不穷的天才以及系统性风险一样,在很大程度上都是当前时代的组成部分。极端主义是某些地区对社会迅速变化的反应,与这些地方容易获取且有助于动员这些反应,并赋予它强大话语力量的新资源、新技术相互结合的可预见后果。中东地区迅速崛起并产生全球影响的伊斯兰国(又称ISIS或ISIL),在20年前根本成不了气候。塔利班组织在20世纪90年代的时候还是一个部落大小的局部势力,当时的基地组织则呈现出没有国家的网络状态,而伊斯兰国到21世纪10年代已成为一个现代化,且规模不断扩大的地区政权。社会化媒体(Social media)对权力的获得至关重要。伊斯兰国向世界传播的一系列耸人听闻的爆炸事件和斩首行动，外加用精心策划、巧妙制作的宣传攻势，将其政府对逊尼派穆斯林的恶劣对待与逊尼派年轻人关联起来等行径，已将伊拉克、叙利亚的愤懑不平之人和许多外国人团结在其麾下。[460] 自 2011 年以来，超过 100 个国家约 3 万名外国人纷纷加入伊斯兰国，其中大约 5 000 人来自欧洲和北美。这是自 20 世纪 30 年代后期西班牙内战以来，最成功的外国战士招募行动。[461] 这种成功，再加上国际圣战组织网络的武力和资金支持，让伊斯兰国有能力发动军事打击，并于 2014 年 6 月取得摩苏尔地区（伊拉克第二大城市，人口 120 万）的控制权，一个月之后又掌控了叙利亚 60% 的油田，而当地政府和国际社会都没来得及作出反应。这些胜利反过来为伊斯兰国提供了自我补充的资金，以扩充军队和进行严肃的国家建设任务，进而将自己确立为中东新的，也可能是将来永久性的政治力量。

正如之前章节描述过的系统性风险一样，如今的反动势力和极端势力仍无法完全根除。一种流行的，却带有误导性的观点是，它们能通过教化的方式祛除。但萨沃纳罗拉也是受过多年教育的知识分子。他精通律法、哲学、神学以及人文学科，但依旧主张焚毁书籍，砸死妓女，并鼓吹处死那些连佛罗伦萨普通百姓都能容忍的同性恋者。同样，当代极端主义运动的主要发起者也都曾受过多年教育，他们往往还具有科学、医学或者工程学背景。[462] 巴以冲突中的自杀式炸弹袭击者具备高等教育学位的可能性比一般民众高出 3 倍。[463] 9·11 事件的劫机者和策划者中有 2/3 都曾上过大学。[464] 伊斯兰国的领导者阿布·贝克尔·巴格达迪则显示出对古典阿拉伯语的掌握，并且他还持有伊斯兰研究领域的多个高等学位。[465]

互相竞争的现代性

教育无法抹去今天的极端主义，因为它并非根源于无知。其根源也不在于极端主义者对现代性的全盘否定。萨沃纳罗拉带给我们的第二个教训便是，自始至终，极端主义的根源都在于它们对现代性究竟意味着什么持有十分不同的看法。

何谓“现代性”？后现代主义者和如今的后后现代主义者，几十年来一直都试图教导我们，这个问题并没有一个正确的答案。我们所作出的日常区分——进步与倒退，理性和非理性，现代与传统——都并非“真理”。它们只是价值判断。正好很多人相信它们，这便为其披上了真理的外衣，因为我们绝少遇到不同意它们的人。那些持有不同意见的少数人，我们称其为：“极端主义者”——这暗示我们其他人是“温和派”。温和派与极端主义者在现代性上的核心看法都是，人类可以改善自身。它们都旨在推动我们向前。但是，与温和派按照普遍、被广泛认可，且与其他一系列价值选择兼容的世俗成就(比如健康、财富、教育等方面的收益)来衡量这种改善不同，类似萨沃纳罗拉这样的极端主义者则往往会按照特定的宗教或道德术语定义这种改善，这使得他们妥协的可能性非常之小。同样的关联性和技术既能让温和派思想议程的加速实现成为可能，同时它也可能让极端主义者的各种净化行动达到一个新的高度。

萨沃纳罗拉具备现代视野，因为他试图——在新手段的帮助下传播其意识形态计划，并监控公共活动，惩罚不信者——建立一个比以往任何时代都要好的道德秩序，而非让社会重蹈过去中世纪的覆辙。他希望佛罗伦萨成为新的耶路撒冷，并在政治和社会生活习惯方面会比老耶路撒冷更加一贯也更为彻底地践行道德德性。同样的动机驱使着如今的伊斯兰国，只是之前的耶路撒冷被替换为其领导人试图建立的一个全新的哈里发帝国——在这里，他们对先知信念的解读能比以往任何时候都更加完美地实现。这一目标不再是简单地惩罚国外异教徒，而是要重新整饬穆斯林世界。当其以自居的伊斯兰国哈里发身份于 2014 年 7 月第一次发表公开演说的时候，阿布 · 贝克尔 · 巴格达迪宣称：

> 我们今天生活在一个全新的时代……昂起你的头颅，因为今天——由于真主的恩典——你们有了一个国家和哈里发，我们会将尊严、力量、权利和统治权悉数归还你们。在这个国家里，阿拉伯人和非阿拉伯人、白人和黑人、东方人和西方人都是兄弟——真主将他们的心连在一起，因此，他们通过真主的恩典成为兄弟——他们的血脉相容，不分彼此，在同样一个旗帜和目标下，以及同样的空间中享受这祝福，这忠诚的手足情谊的祝福——因此，穆斯林啊，奔向你们的国家吧。[466]

哈里发是对伊斯兰世界中某种特定状态的诉求。它并非带有传统边界的国家，而是居于全世界所有穆斯林虔信教徒之上的主权权力。假使它合法，则穆斯林信徒有义务移居那里，并成为其中的一分子。先知穆罕默德的直接继承者于公元632年建立了第一个哈里发帝国；一战之后，奥斯曼帝国也解体为土耳其和其他几个阿拉伯国家，最后一个哈里发帝国也由此寿终正寝。* 自那以来，伊斯兰国成为第一个宣布自己为哈里发帝国的穆斯林团体，尽管没有任何穆斯林占多数的国家按照这种说法承认其地位，但到2014年年末，伊斯兰国已经在实现自己的目标方面取得了一些进展。它对伊拉克和叙利亚接壤的一些区域加强了军事控制，其面积超过了英国。伊斯兰国接管并重塑了其占领地区的政府职能（法院、治安、医疗、教育、基础设施、经济和货币政策等）。而石油、天然气、农业、税收、勒索、洗劫文物和捐款等都能确保其每年将近30亿美元的进账，这也使其成为世界最富有的“原教旨主义运动”（fundamentalist movement）。[467]

并且，通过恐怖和宣传相结合，伊斯兰国正在重塑社会规范，以符合其信仰。伊斯兰国坚持对伊斯兰教义采取极其狭隘的理解，并视所有那些不同意其解读方式的人（包括其他穆斯林）为异教徒，进而将暴

* “哈里发”一词在阿拉伯语中表示“继承者”之意。

力对待这些人提升为宗教责任。伊斯兰国现已控制的一些地区,比如伊拉克北部的尼尼微省数百年来一直是多文化、多信仰族群的聚居地。而现在：少数族群或宗教少数群体必须要么改宗、逃跑,要么面临酷刑、强奸和死刑等惩罚;游走的宗教警察团伙则根绝了卖淫现象,并强制人们参与祈祷活动;艺术、音乐、国家历史、文学和基督教等领域的教育在绝大多数地方已被禁绝;同性恋者被谋杀;女性则受制于严格的规则,告知她们什么能做、什么能穿及什么时候可以离家出门等;而小至9岁的孩子都要被训练为战士。[468]

极端主义者和温和派的现代性愿景令人不安地在这个时代共存着。在双方各自看来：一方以道德沦丧的代价满足了口腹之欲,而另一方则以个人自由为代价满足了"纯粹的信仰"。因为无法调和这些价值观的差异,萨沃纳罗拉便认为有必要净化当时的精神世界并清洗社会的领导层,他反对后者的政策。教皇不愿这么做。而当时意大利的诸侯和政治寡头也不喜欢他的共和式改革。1497年,教皇亚历山大六世禁止了萨沃纳罗拉进一步的讲道活动,他打破禁令后,便被驱逐了。尽管萨沃纳罗拉的预言在先,但天终究没塌,其政治敌人很快指出了这一事实,他的民众支持也降低了。次年5月份,在他点燃伟大圣火的15个月之后,萨沃纳罗拉在当年他点燃圣火的同一广场上被绞死,其尸体也被施以火刑,剩下的骨灰则被扔进了河里,以防烈士有任何可团结他人的遗物留下(同样的逻辑导致美军特种部队于2011年将本·拉登的尸体进行了海葬)。今天,不同的现代性候选方案之间的冲突再次引发暴力,而范围也更加广泛。基地组织、伊斯兰国和其他极端主义者主张对所有地方的非信徒都一律施以暴力,而为佛罗伦萨的灵魂进行斗争的萨沃纳罗拉很可能做不出这种事情。

幻灭的刺激

上个文艺复兴时期的圣火也为遏制极端主义提出了最好的办法：

更加一致地传递温和世界可能做出的承诺，让更多的人感受到自己时代的鼓舞，使更少的人感受到它的背叛。这是萨沃纳罗拉时代的意大利未能做到的。这在当时也应该不难做到。那个世界并未允诺给追随萨沃纳罗拉事业的普通农民太多初始的条件，并且，他们中多数人则将自己与贵族之间生活方式的较大差距视为自然秩序的一部分。他们往往被困于大约方圆 10 英里的扁平世界之中，但为什么他们会需要旅行到更远的地方？他们绝没有尝试过新大陆的辣椒，但他们为何会愿意尝试？他们基本上不会用到读写能力和书籍，也很少有人打算多少学点。他们高兴地依赖上帝将地球固定在创世纪的中心，而太阳则围绕其运动，并且，上帝的怜悯能够驱逐热病的恶魔，也能驱散他们及孩子身上的感染。

对于很多普通人而言，救赎是一种承诺，他们希望社会能够信守诺言。但现在，甚至其本职工作是将上帝带到人们生活之中的上帝使者，脸上的表情也都炫耀着财富，流露着罪恶。社会上唯一的公共机构的命令便是搜寻自己的利益，而精英们在寻求自身利益的过程中早就把持住了这些利益。对很多人而言，这是最后的背叛。幻灭的大众为萨沃纳罗拉提供了篡夺富人和贵族们的虚荣财富和世俗权力的力量支持。

同样的幻灭正在重演。温和的现代性对许多极端主义运动——比如伊斯兰国的支持者而言，就像谎言。用其领导人的话说，发达国家"在许多错误的口号中间传播着炫目且带有欺骗性的口号，比如文明、和平、共存、自由、民主……"，而实际上却"奴役着穆斯林"，并强迫某人要么"像一个追随者那样可鄙而不光彩地活着，成天没有意志和荣誉地重复着这些口号"，要么就被"指控为恐怖主义"，倘若他不这么做的话。[469]

幻灭的产生部分由于经济原因。第四章指出，巨大的分歧破坏了全球财富的收益。世界上没有哪个地方的经济分野像中东那样明显。叙利亚是个年轻的国度：其 2 300 万总人口中小于 24 岁的人口比例为

40%。他们去往何方,这个国家的未来也一定会紧随其后。2011 年叙利亚内战爆发之际,该国 48%的年轻人正处于失业状态——其中 3/4 已待业一年多。[470] 这个本已干旱的地区自 2001 年以来的持续干旱(许多科学家将其归因于气候变化)也是部分原因:这期间的 10 多年里,将近 100 万农民放弃了自己的土地,涌向城市。[471] 在巴沙尔·阿萨德政权的领导之下,这个国家的情况变得更加糟糕了。人们普遍能识字,但学校的课程都很过时,无法传授市场需要的技能给学生。严密的国家监控以及横行的腐败都让平头百姓难以自力更生。人们几乎无法获得贷款,商业方面的权利更是少之又少,而合同的执行力则为世界最低之列。2011 年,叙利亚的经商便利指数在世界银行罗列的 183 个国家中位列第 144 名。[472] 到 2015 年,这一排名降至第 175 名。[473] 正如阿拉伯之春所证明的,灰心丧气的年轻人的小康之路受阻之后,他们便开始寻找替代方案了。

而幻灭也带有政治因素。自 2006 年起担任伊拉克总理的努里·马利基(伊拉克战争之后的临时过渡政府赋予他职权),他管理的政府由什叶派穆斯林所主导,该派别的利益也被放在首位,这种情况一直维持到他 2014 年下台。大约 60%—70%的伊拉克人为什叶派穆斯林;然而,在 1979 年—2003 年萨达姆·侯赛因(他属于逊尼派)的统治时期,这些人曾被残酷对待。马利基则是之前什叶派中的持不同政见者,他在流放中度过了 24 年,而他一旦掌权,便将政治的天平偏向了另外一边。逊尼派穆斯林被排除在大学和政府里的关键职位之外,其领导人也被禁止参加内阁会议,或直接沦为逃亡者。普通逊尼派在学校、工作场所以及法院中受到歧视就是他们的日常。对很多年轻的伊拉克逊尼派而言,他们已经在高于 20%的失业率中艰难度日,很显然,这个新政权也并不将他们作为完整的公民而接纳。[474] 从这里,他们迈出了一小步,决定放弃想法,加入伊斯兰国和其他组织,进而建设一个不屈的逊尼派所统治的新秩序。

一个充斥着失信诺言的社会很容易被引爆。人们反抗的火种一旦点燃，掐灭它所需要采取的政治、社会和经济行动会和军事行动一样多，当局以这些行动为起点来满足公民对更多机会和尊严的合法期待。很不幸，正如萨沃纳罗拉之死所表明的，这样的结果终究难以实现。

一场伊斯兰的文艺复兴？

压制反抗也需要采用新的想法——而这方面的前景似乎更为光明。温和与激进现代性之间的较量，最终是思想的交锋，虽然伊斯兰国近期的军事胜利往往带有决定性，但在争取成为阿拉伯世界的中心和首脑地位的过程中，他们的收益则逊色许多。模糊的想法占主流，年轻人尤其如此（从萨沃纳罗拉到目前的极端主义运动都严重依赖那些有意愿打破现存秩序的人们）。社交媒介透露出，对伊斯兰国已将伊斯兰教扭曲为一场死亡和破坏合法化运动的行径，越来越多的阿拉伯青年表示出了愤怒和反感。这刺激他们表达出一系列想法作为回应，从对其宗教的温和解读，到彻底拒绝宗教统治转而支持世俗政府等。阿尔及利亚作家艾哈拉姆·穆斯苔阿妮米的作品抨击了极端主义，以及阿拉伯世界对女性的迫害以及其他不公正现象，她的脸书主页由此收到了 800 万个“赞”。而开始于 2015 年 1 月的一个阿拉伯语每日脱口秀节目《黑鸭子》，则会采访阿拉伯无神论者和不可知论者，该节目在 2015 年年底的累计观看次数为 150 万次。其既定目标为“在中东和北非实现一个世俗化社会”，并“为那些私底下的无神论者提供安慰和鼓励，以此让他们知道自己在这世界上并不孤独”。[475]

尽管我们不可能估计整个阿拉伯世界究竟有多少人持有这种想法，但很显然，任何极端主义运动都无法将它们扑灭。人口、经济和技术上的纷繁交错帮助伊斯兰国传播和维持了他们的激进愿景，也有助于相互竞争的想法彼此相遇，鼓起勇气互相承认双方的重要主张，并相互支持，成为共识。

文艺复兴意味着“重生”。尽管,在本书大多数地方,我们在某种更宽泛的意义上使用这个术语,即它意味着天才兴盛和危机并存的时代,阿拉伯世界有机会在 21 世纪达到与这个词语字面意思十分接近的成就。那些试图对当代伊斯兰极端主义发动观念战争的人只需要回顾上个文艺复兴时期,便能发现某种另类的阿拉伯式现代性也是可能的。然后,正如我们已经看到的,伊斯兰教正朝着更加温和的宗教之路前行。前哥伦布时期,相比于基督教欧洲,奥斯曼帝国(凭借其地理的中心位置)则更加熟悉其境内的文化和宗教多样性,以及外国人在商业和政治生活中更加包容的氛围。在奥斯曼向西扩展的顶峰时刻,基督教徒占据了整个帝国人口的一半以上。的确,西方更加宽松的道德感,尤其是性道德,在过去与现在一样,都是争论的焦点。但基督教徒(以及犹太教徒)常常被允许保持自己的律法和风俗,苏丹的法院和伊斯兰的大学曾雇用西方的名人(在某个时期,还可能包括了达·芬奇)作为管理人员、士兵以及科学家。有时候,欧洲的统治者以羡慕的眼光注视着奥斯曼帝国维持一个稳定、多民族和多宗教国家的能力,然后开始从后者处借鉴一些终将成为欧洲社会基石的法律概念(比如外国人践行自己宗教的权利等)。

时代变了,但在中间的几个世纪,伊斯兰教和阿拉伯文明的观念资源有所增加,而并未减少。二者都能够回顾文艺复兴时期以回顾天才和多样性的繁盛所带来的教训,进而引导和激励当下。这个伟大的任务超出了本书的限制,它属于那些有条件更好地发掘阿拉伯历史和观念财富的人。* 但我们所有人都可以设法开拓人类其余的知识基础通往阿拉伯世界的道路。(自谷登堡印刷《圣经》以来,共计有 1.5 亿种图书得以付梓,这一数量不及阿拉伯语书籍种数的 0.5%。)[476] 我们都能注意到:文艺复兴已经开启了文明的对话,这可能导致一个伊斯兰教

---

* 比如,我们可以参考新美国基金会(New America)的纳迪娅·奥韦达特写作的作品,见:www.newamerica.org/experts/ nadia-oweidat.

的或者世俗化的阿拉伯。

陷于分裂的社会主流

社会信守对公民做出的承诺会抑制人们选择极端主义；这也有助于将温和派团结在一起。上一章对系统性风险进行了编目，它们存在于我们的公共卫生系统、经济、关键基础设施和自然环境之中。但我们的社会系统也越来越容易受到系统性冲击。

"社会"就是人们在一起生活，而社会系统则是人们共同生活时所遵循的共识或契约，人们通过共享的规范和价值观组成公司和机构(比如政府、法院、中央银行等)，由此，这些共享的价值观便被赋予了具体的形式。文艺复兴时刻为这些共识带来了压力。的确，当时起作用的力量会为社会打开全新的可能性并带来可怕的新威胁，进而重新塑造社会。但社会各阶层的经验有所不同。有大赢家也有大输家。幸运者常常是少数；不幸者已被打倒。财富和贫困的集中程度进一步加剧，这些不均衡的结果挑战着我们关于公平和正义的固有观念。同时，不断上升的复杂性让我们更难厘清谁或什么因素造成了与我们有关的社会变化，以至于曾经清楚的责任和义务观念也变得模糊。

公平、正义、责任、义务——这些观念则是将社会团结起来的核心共识。如此，它们也总是经受考验；但文艺复兴时期恰好处于召唤团结或重整叛乱的技术突然间变得更加普遍和强大的时候，削弱了这些观念的确定性。

我们彼此之间的共识无论何时遭遇失败，天才蓬勃发展的共同体环境和活跃气氛就会被扩大的分裂和增长的冷漠所破坏。后面这个冷漠尤其有害。公共秩序混乱，如果它会造成伤害，其伤害会很严重，但我们能够恢复——正如我们能从上一章所概述的切实冲击中恢复一样。塔楼被推倒了，我们可以重建；这就是人类的精神气。但要更换那从未被建造的精神之塔则更加困难，因为被忽视人群的活力已被浪费，或者沮丧之人已经雪藏了自己的才能。

彼时的分裂

在萨沃纳罗拉死后的几年里，民众的幻灭情绪还在继续蔓延，它还进一步蚕食着将人们团结起来的共识。教皇亚历山大于1503年去世，其继任者为尤利叶斯二世（Julius II，1503—1513），又称“战士教皇”（The Warrior Pope），他继续带领教会深入到其前任涉足的世俗纷争之中——他常常全副武装立于马背——并进一步远离其拯救众生的属灵任务。* 对于那些虔诚的基督徒而言，罗马王权之上的新教皇显示出对世俗权力的饥渴，这让他们想起了另外一个尤利叶斯——恺撒。以他为榜样，其他高层教会管理人员似乎也将心思放在了如何鱼肉百姓上，而不是像耶稣教导的那般为他们服务。他们会在穷人面前讲排场，并且还代表重要的捐助者干涉法律制度。他们花费无度，有时候还纵情声色，但仍然会在每个礼拜日鼓吹慈善和美德。

许多人的心中开始坚定了“天主教”教堂（“Catholic”源于古希腊词语：*katholikos*，意为“普遍的”）可能就是用词不当这种想法，万一教会无法代表他们的信念，那么，他们必须解决如何与上帝交流的问题。

1517年，德国美因茨一位虔诚修道士马丁·路德迎来了这件事的突破点，他看见当地的大主教向富裕的罪人兜售赎罪券，并以其获得的资金换取教会的另外一个职位。为表示抗议，马丁·路德于1517年10月31日将其《九十五条反对赎罪券的论纲》钉在了威滕伯格的诸圣教会的门上，进而在不知不觉中引发了后来广为人知的新教革命。†

---

* 亚历山大六世的直接继承者庇护三世在当选教皇仅26天之后便去世了。

† 路德是否将其《九十五条反对赎罪券的论纲》钉在教会的门上这件事仍旧充满争议。已知的事实是，他曾在这一天给其上级写信谴责兜售赎罪券的行径，这封信里包含了《九十五条论纲》。

与萨沃纳罗拉类似，作为一个致力于苦行并达到道德完善境界的修士和神父，路德的职业生涯开始于罗马教会。他声称自己紧随萨沃纳罗拉的脚步。[477]但与萨沃纳罗拉不同，路德的批评不仅包括特定的腐朽教皇，而且还囊括了教皇制度本身。任何居于上帝和信徒之间，且有权力决定后者灵魂命运如何的人格概念，他都视其为堕落的。由于整个教会都建立在这种教皇观念之上，所以必须将其整个抛弃。路德设想了一个彻底改革之后的教会，一个将上帝的宽恕权限从牧师那革除，进而让这整件事情成为上帝和罪人之间私人事务，外加地方方言对拉丁语的替代，这些都使得《圣经》和礼拜仪式更能方便教友，从而让他们能更好地关照自己的灵魂。

正如萨沃纳罗拉之前的运动一样，异时异地的宗教领袖可能只会坚持模糊的哲学批判，而非在逆来顺受的大众丧气时去做一些具体事情以消除他们所感受到的腐败。但是，与萨沃纳罗拉的运动最终被他威胁到的权贵所剿灭不同，路德的运动一直在蔓延，直到它耗尽了人们的精力为止。这场运动撕裂了欧洲最古老的制度，震撼了半个大陆的权力结构，并让当地居民在超过一个世纪的时间里深陷战争的深渊。

印刷品，尤其是小册子起到了至关重要的作用。萨沃纳罗拉早就发现了印刷品的说服力；路德将这种力量发挥到了极致。很可能，他从一开始就被这种媒介传播其信息的广阔程度吓了一跳。正如在他给一位朋友的信中所写的那样，

> 我没想让它们（提纲）广为流传。我原本仅打算将其交给少数有学识的人进行审查，看看他们是不赞成我的提纲，进而打压它们，还是在他们的大会审议之下，通过他们的出版物而让众人知晓。但现在，它们正被四处传播，这是我从未曾设想的事情，以至于我后悔写下了它们……[478]

但路德这位多产的作家也很快看到了其中的好处。1500 年到

1530 年期间德国出版的所有小册子中,1/5 都署有他的名字:它们很快将路德的想法传递给了其他思想领袖,这让他们能及时了解彼此思想和经验的变化,并且,这也比以前任何时候都更可能向更广泛的受众更快地广播他们的协调方案。[479]

分裂的诸侯,幻灭的大众

无论其初衷为何,路德着实将公众的不满汇聚成了一场新的圣火。战线开始在那些支持教皇和那些支持路德新契约的人之间拉开——这将剥夺罗马的权力,夺去一些人的职务,并让其他人立于世俗统治者之上。

许多欧洲的诸侯都支持路德更为包容的"新教"愿景——而他们的理由很可能不同于真诚的反省,而仅是出于现实政治的考虑。路德的神学让英国、丹麦、瑞典、德国和瑞士境内法院里的官员很大程度上从教皇的惩罚之下解脱了出来,他们纷纷没收了教会的财产,查封了教会的房产,并宣布对牧师任命、公共教育、道德执法和穷人救济等事务享有相应的国家权力。然而,他们需要面对大众里面虔诚天主教徒的反弹。这一次,欧洲各国点燃了针对宗教的新内战,而战火则在各国之间不断蔓延。从 1520 年到 16 世纪末,欧洲大陆处于完全和平状态的时间总计不超过 10 年。这之后的半个世纪内,这一数字仅为 2 年。[480]

参战的农民和平民们则不仅仅只是因为宗教。他们也在惩罚统治阶层多年的剥削,而宗教改革的修辞则暗示,他们以后不必再遭受这样的盘剥了。路德力劝人们自己去阅读《圣经》,并且他还将其翻译为许多农民都能读懂的语言(德语),并给他们介绍一些社会应该是什么样的激进思想,比如奖励诚实劳动,保护公共利益,反对少数人的私利等。平民们之前长期忍受贵族对他们的残酷对待,就好像他们生来就处于这种契约关系中一样,这种情况也开始被视为极不公平——甚至是亵渎。这是一个爆炸性观念。从 1524 年到 1525 年,整个神圣罗马帝国境内约 25 万农民参加了"农民战争",这是法国大革命(约 250 年之后)之前欧洲最大规模的公共暴动。这场战争的起因非常简单,即佃农和地主在租金和法定负担增加方面的常见争执。但这一次,地主们(大部分是天主教修道院和教会)则处于防守地位,而抗议者又充满了缺乏经验的自以为是之徒。最终,这一事件以帝国士兵杀害成千上万农民而收场,另有数以千计的农民惨遭虐待。

规模更小的类似抗议则在整个西欧上演着:西班牙的卡斯提尔社群反对沉重赋税的暴动(1520—1521);针对小麦价格上涨的里昂大暴动(Grand Riot in Lyon, 1529);托斯卡纳的衣衫褴褛之人("rag people",1531—1532)因被排除在公职之外而发动的暴动;英国境内针对宗教改革、食物价格以及开征新税的"求恩巡礼"(1536—1537)等。宗教改革激发出了人们对传统权威的敌意,再加上失业率,经济不稳定状况的不断加剧以及年轻人口的膨胀等因素都让全欧洲的民众相对容易联合起来。[481]民众的数量放大了这些冲突的规模和代价,同时也会让一开始相对温和的抗议活动逐渐激化。[482]

总而言之,在整个 16 世纪,随着欧洲人口按照天主教徒和新教徒的身份重新一分为二,成千上万的人因此死去,数以万计的人则沦为难民。这是欧洲一战前最大的人口迁移现象。[483]可怜的人群"不断被遣送到欧洲难民迁徙的途中",有些则临时被利用去干一些犯罪的勾当。[484]1526 年,诺福克公爵面对这样一群英国农民,并要求与其首领谈话,后者给出了十分出名的回答,"既然你问到谁是我们的首领,那老实讲他的名字就是贫困,正是他和他名为必需品的表兄弟,将我们带上了这条道路。"[485]他们让富人陷入了恐惧和惊慌之中。市民们的第一直觉是压制和隔离,这种直觉因他们事先对移民在传播疾病方面所起作用有一定的医学理解,而得到加强。人们修建了大量简陋的房屋以隐藏流民。整个西欧也确立了反移民法,它要求外国乞丐在一个严格的时间限度内(通常为 3 天)离开城镇,否则就会面临各种处罚:监禁、鞭打或者在商船的甲板下做苦工。但是,移民人群的数量膨胀过于迅速——国家官员又太少——而让这些法律无法贯彻到底。

社会问题不断增多,社会秩序则持续紧张,这在很大程度上是因为将社会团结起来的共识未能适应人们新的期望,更无法应对呈现在它们面前的社会力量。

再次割裂

现在与过去有着明显的相似性。当时,大众日益流行的看法是,顶层社会中的人们和机构早已忽略了其余人等。那些有责任照看公共福利的人已将他们的关注点从拯救众人转移到了让少数人富起来这一点上。他们对大众利益的忽视暴露之后,公众对这些人的信任也不复存在。于是,社会便破裂了。每个人都要为此付出惨痛的代价才能重新将它恢复。

今天,我们衡量福祉——也成立了机构看管它——的方式更偏重物质层面而非精神层面:收入、教育、预期寿命,以及我们视其为人类基本尊严的事项,比如安全、选择和自我表现等。但即便通过我们世俗的过滤,上述批评仍犹在耳畔。“它似乎有着无尽的动力来扩展自己的权力。”[486]路德应该会用这样的话来形容教皇权力。恰恰相反,这句话出自著名的贸易活动家罗尼·霍尔之口,他曾在1999年这样谈论世界贸易组织。

“西雅图之战”的时候,来自世贸组织当时135个成员国的3 000名政要和谈判代表齐聚西雅图以启动全球贸易谈判的又一个新的“千年回合”。[487]迎接他们的则是4万—10万占领了会议现场周边街道的抗议者,这些人抗议世贸组织违背了“为了所有人的利益而开放贸易”这一使命,在他们看来,世贸组织正在以牺牲穷人和弱势群体利益为代价促进富人的利益。“开放的贸易”在这些人的心目中早就变成了世贸组织消除民主制度为工人、社会和环境所设置的保护屏障,进而帮助投资者赚取更好资本回报的委婉表达。

抗议遭到——配有胡椒粉喷雾剂、催泪瓦斯、震撼手榴弹，以及橡皮子弹的警察的镇压。但民众的不满仍在持续累积。西雅图会议未能启动新一轮贸易谈判。“反全球化”和“公平贸易”进入到了流行话语之中。而这以后的大多数全球治理集会——世贸组织、世界银行、国际货币基金组织、八国集团(G8)、二十国集团(G20)、世界经济论坛等——都伴随着大规模的社会抗议。

随后便出现了互联网经济的破灭和9·11恐怖袭击：“全球化”讨论的声音不再高涨，这些人群的集会抗议也相应降低了。公民自由受到限制，不同的声音则成为不爱国的表现，在美国尤其如此。人们的注意力被吸引到了别处：多国合谋的威胁减少了，国家和非国家军事力量再次成为这个更加冷酷和黑暗的国际体系中的主要负面形象。与此同时，发达国家资本回报率上升和工资上涨的停滞意味着，年复一年，这些国家所赚取的越发巨大的资本收益都流向了本已富裕的人群。[488]其结果是，从2001年到2007年间，北美和欧洲的私人财富总量——即每个人的房产、投资和其他资产扣除负债所剩的总价值——翻了一番，从75万亿美元增加到接近150万亿美元[489]——而其中10%的最富裕家庭则占到了这一财富总量的65%—70%。[490]按美元计，这段时间对于发达国家的资本家来说实在是史无前例的最好5年。工薪阶层则在这几年中艰难度日。

99条关于赎罪券的新论纲

对于所有发达国家的家庭而言，局面改变的转折点来自金融危机的余波。这场危机的直接后果实在是糟糕(见第七章)。现在，人们经历了创纪录的止赎(foreclosures)、失业，工资和社会福利的削减之后，公众发现，富人们并未共同承担这些后果，而正是他们的投资活动造成了这场金融危机。从2007年到2011年间，在整个经济合作与发展组织(OECD)内部，底层10%群体的收入的下降速度是顶层10%人群的

2 倍。而在美国，最富裕人群的收入根本没有降低。他们已率先从这场金融危机中走了出来。[491]

美国的社会共识向来容忍大范围的收入差距——勤劳致富是每个美国人的权利——但是，这说得跟真的似的。从金融危机结束到 2011 年，社会底层 99%的民众(其收入已经降低了 12%)其实过得更糟了，而社会顶层 1%的人群的收入水平已基本上完全恢复。[492]结果就是，后者在国家财富累积过程中所占的份额已经上升，因此，到 2011 年，1%的家庭控制着全美家庭财富总量的 37%。这种局面动摇了许多美国人久已有之的正义和公平观念。顶层 1%的人群并不挣钱——他们只是转移财产，而且是依照绿林好汉的反向模式(reverse-Robin Hood style)，将其他所有人口袋里的财富转移到他们自己囊中。似乎，其他所有人已经为这场危机付出了巨大代价：本来可以用在教育、交通或减税方面的资金被用作了救市基金；工作也没了(从 2008 年到 2009 年，900 万美国人失去了工作)；[493]甚至还失去了家庭(从 2008 年到 2013 年，银行止赎了 450 万栋房屋——这局面比之前的 5 年倒退了 3 倍不止)。[494]而十分富有的人甚至还实现过盈利。

2011 年 9 月，因为莫须有的“复苏”而造成的幻灭感(见图 8.1)，数

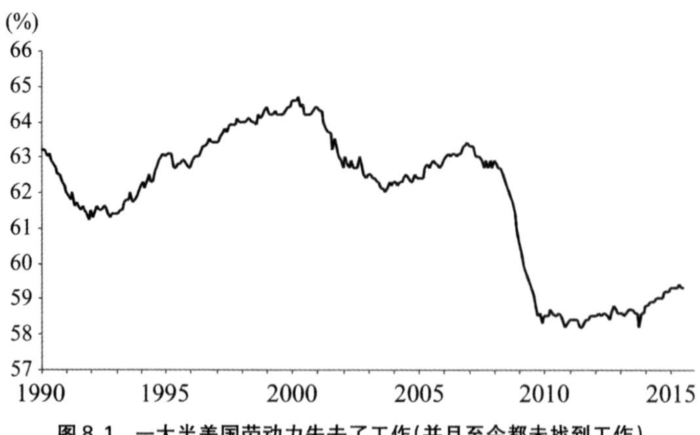

图 8.1 一大半美国劳动力失去了工作(并且至今都未找到工作)

资料来源：美国劳工统计局(2015 年)，“基于目前人口调查的劳动力统计数据：就业人口比例”(*Laber Force Statistics from the Current Population Survey: Employment-Population Ratio*)，美国劳工部(data. bls. gov)。

百名群众在"我们是那99%"的口号的感召下聚集并占领了纽约华尔街附近的祖科蒂公园，以示抗议。异时异地，这种集会应该就会维持在某种抽象的公民不服从行为层面，而不会感召受挫的全球公众愿意参与其中。一个月之内，占领运动已经蔓延至5大洲82个国家的950个城市。

遍布民主世界的抗议运动

占领运动变成了全球性潮流，但它的发生则受到了欧洲和阿拉伯世界民众抗议运动的启发。与美国的金融危机不同，西班牙、希腊、爱尔兰、冰岛和意大利等欧洲国家中产生的金融危机已经超出了当地政府所能应付的规模。因此，他们吁求欧盟委员会、欧洲中央银行和国际货币基金组织（又称"三驾马车"）的帮助。这三驾马车倒是提供了帮助——条件是，借款国要通过新的预算以收紧公共支出。这些"紧缩措施"（austerity measures）在银行业的危机已为公众造成了工作和收入损失的局面下，并未能很好地落实。而这三驾马车一开始还容忍毫无限度的借贷，现在，它们又要求各国政府私有化国有资产，削减公众的工资和养老金，压缩公共服务，以便国际投资者在相当程度上能够期待得到偿还。自2010年以来，希腊境内约有成千上万的人参与到了愤怒的公民运动（Indignant Citizens Movement）中——他们为最新一轮的悲惨境况而静坐示威和抗议。[495]这是1973年针对希腊军事执政团的起义以来最大规模的抗议活动。西班牙和葡萄牙年轻人的失业率已飙升至40%以上，愤怒者运动自2011年5月以来引发了一系列全国性事件，成千上万人因此走向街头，更有上百万人曾造访过抗议者的营地。[496]而在意大利，财政紧缩计划则伴随着罗马地区约20万人的抗议活动，同时还产生了一个未经选举的技术官僚组成的内阁，旨在重新获取国际借贷者的信任。[497]2013年年末，意大利在经历了最长时间的战后经济衰退之后，年轻人的失业率已升至40%以上，随后，一场汇聚了成千上万的学生、农民、劳工阶层和失业者的全国性抗议财政紧缩运动(Pitchfork movement),清楚地证明了政府并没有重新获得民众的信任。2011 年 3 月,伦敦则发生了自 2003 年伊拉克战争以来最大规模的抗议活动——参与者多达 50 万人——起因则是英国政府启动了本国的财政紧缩计划以支付英国银行业 1.5 万亿英镑的救市基金。[498]英国已宣布了财政削减计划——到 2020 年,公共支出占 GDP 的比重降至 20 世纪 30 年代的水平——同时,新的报告还显示,数十亿英镑的政府援助资金被用来支付银行家们的红利了。[499] 2015 年 6 月,多达 25 万英国人在伦敦进行游行示威,以抗议这后来一轮的紧缩措施。[500]

大众的幻灭是重大政治转变的前兆,这对整个欧洲的左派和右派都是如此。2012 年,当选为总统的社会党候选人弗朗索瓦·奥朗德承诺征收富人超过 100 万欧元以上收入部分 75%的税率,此举旨在俘获经济衰退时期沮丧的大众心理。(这种超高税率于 2014 年到期。)与此同时,法国的极右政党国民阵线(National Front)则以其反欧盟、反移民和贸易保护主义政策平台而取得了地区选举中的历史性突破。2015 年,英国保守党在做出了举行退欧全民公决的极右倾向承诺之后,便重新赢得了英国选民的多数支持。数月之后,作为在野党的劳动党以压倒性优势选出了大概是历史上最左倾的领导人。[501]而在西班牙,反紧缩的“我们能”(Podemos)政党从 2014 年还不存在到成为该国成员数第二多的政党,而到这一年年底,该党在脸书上收到的“赞”比其他所有政党的总和都要多。2015 年,这个政党的受欢迎程度开始降低,部分在于公民党(Ciudadanos)的出现,它相当于“右翼的‘我们能’党”,该党则以杜绝政府腐败的强势承诺赢得了西班牙选民的支持。[502]同一年,希腊公民将激进左翼联盟(Syriza)选进了政府,因为他们会从国外债权人处要求更好的紧急救助条件。希腊将近 1/3 的民众生活在贫困线以下,他们需要的是援助,而非紧缩政策。总而言之,金融危机期间,欧盟 27 国当值政府中,没有一个逃脱了民众选票的惩罚,只有德国的默克尔在那以后的几年一直完好地保持着权力。[503]选民们拒绝了他们曾经交锋过的权力之手——并将政府进行了改组。

遍布集权国家中的抗议活动

威权和准威权主义国家中，对广泛存在的民众不满进行疏通，进而形成一个新的社会共识的政治机制还很薄弱，因此，抗议者往往以被镇压或起而革命的方式结束。2011 年 1 月导致突尼斯总统被驱逐的游行示威浪潮（起因是饥饿、失业和高昂的生活成本）到 2013 年 12 月的时候，也已经迫使埃及、利比亚和也门的统治者纷纷下台；这些抗议浪潮还导致了巴林和叙利亚境内的大规模民众暴动；并刺激了科威特、黎巴嫩、阿曼、摩洛哥、约旦和其他阿拉伯国家的抗议活动。

阿拉伯之春的刺激因素不仅仅局限于引发北美地区静坐示威，或者欧洲国家政权更迭的经济不平等因素。阿拉伯国家中不断扩大的贫富差距起了一定作用，但本书中出现的其他因素也起了一定作用，其中包括：愈发壮大、受教育程度更高的年轻人群，他们因为当地社会所能提供的共识和他们的世界各地的同辈们所能提供的共识之间的差异而心生愤懑；另外，导致食物价格高涨，并造成边缘群体挨饿的冲击性事件；以及公共系统中常常出现的明目张胆的腐败现象、任人唯亲和恐吓现象等，都会让少数权势群体蓄意将自己的利益置于毫无经济地位的多数人之上。

威权世界的其他地方，比如莫斯科，从 2011 年年底到 2013 年间，经历了苏联解体以来最大规模的抗议活动。成千上万的民众举行了历时 18 个月的游行示威，以此抗议统一俄罗斯党及其领袖弗拉基米尔·普京通过选举而重新掌权，因为，一些选举监督机构——以及更重要者，大量俄罗斯民众——将那次选举视为不自由和不公正的。

共识破裂的代价

抗议向来是社会生活的特征之一。困扰上个文艺复兴时期的抗议的最明显特征便是，首先，其强度、广度和频率，以及造成这些抗议的新技术在其中起着重要作用。至少，我们这个新的文艺复兴时期同样具备这些特征。2011 年，《时代》杂志提名“抗议者”为“年度风云人物”，以此表彰全球范围内，从纽约到新德里等地所爆发的社会运动。Facebook、Twitter、WhatsApp 以及 Snapchat 成了（并且一直都是）愤愤不平者联络彼此并协调彼此发声的手段。

从萨沃纳罗拉的圣火到路德的宗教改革，上个文艺复兴时期的社会抗议运动的其他显著特征则是，公众愤怒的焦点何以从腐败的领导人转向了崩溃的社会系统，并且，他们还达成了共识：若要把事情做好，必须抛弃这整个社会系统。类似地，在西雅图，人们相信民主制度能将事情办妥；但让他们感到挫败的正是贸易协定缺乏民主审查这种状况。而抗议者抵达纽约的祖科蒂公园后，“倘若投票有用，那它早就起作用了”这种表达便成了某种最受欢迎的标签和口号。“错误 404：民主未找到”则是希腊愤怒公民运动的标语。阿拉伯之春的主要口号更是直言不讳：“人民希望推翻政权。”时移世易，传统的政治行动者——工会、劳工组织和反对党等——则被推到愈发遥远的边缘了，因为大众不再信任他们。这些组织因为与那些无法切身代表和回应群众苦难的特定机构有关联，而被认定为有罪。

如今，许多抗议者都已各回各家，但传统政治能够取得一个公平的社会共识这种信念在整个民主世界都已破产。占领运动和其他抗议运动的遗产——那些合法化、凝固了的公众幻灭——则能在极右和极左政治家们允诺把事情办妥，进而撤销温和派已经达成的努力之后的未来几年中，逐渐体现在持续的潮流、选举的胜利中。这些遗产也能在曾经不正确、现在却能赢得投票的各国领头候选人所发表的激昂演说中看到，这些候选人遍布美国、英国、法国和其他强大民主国家，他们反对移民、反对贸易合作伙伴以及中间派政治人物的道德弱点。它们还能在新的宪政危机中看到，比如苏格兰2014年对是否解除其300年来与英国的联合状态而进行的全民公投。在经历了数届无论左派还是右派领导的政府之后，许多苏格兰人已经对英国的整个政治光谱失去了信心，并认为是时候彻底离开了。分离派失败了，但因为获得了45%的得票率，他们也还是取得了某种胜利：在后公投时代的宪政对话中，苏格兰仍旧夺走了英国政府的对民众诸多政策的制定权。

同时，我们社会中的不平等图景仍在持续恶化。试想一下10个人同吃一块饼的情形。若一个人分得这块饼的一半。另外五个人分得剩余馅饼的一半。而无论还剩下些什么残羹冷炙，其余四人也只能分这么多了(在这个例子中，则为6.25%)。平均而言，此类配额便是2015年度18个发达国家的家庭财富分配的最漂亮数据了。[504](在美国，一个人可能分得4/5大小的馅饼。)而在发展中国家，人们常常难以判定谁真的分得了什么，但一般而言，这些地方的富人和穷人之间的差距甚至比美国还大。

财富只是社会共识的一个维度。健康、教育和机遇等方面的深层不平等仍然存在于——在很多情况下，甚至还得到加深——民众之间。整个美国而言，白人仍然一般要比黑人多活5年。[505]而在巴黎，生活在塞纳河东北部(该河从地理上将这个城市一分为二)的人群获得大学学位的可能性仅为该河西南部的人群的一半。[506]而在澳大利亚，收入低于2万美元的成年人罹患慢性病——比如心脏病、糖尿病或抑郁症——的可能性则是那些收入超过5万美元人群的2倍多。[507]

重申我们的信念，我们需要一个新的社会共识。这是路德的判断。它同样也应该是我们的判断。对他而言，努力获得这种共识就意味着找到人们在上帝面前新的平等。于我们而言，这意味着找到我们彼此之间新的平等。

新的争议

现在，和过去一样，某种争论将我们深深地割裂开来，而社会的团结则端赖于争论的结局。

首先，这是一场道德斗争。我们有些人站在道德的基础上声称不平等是公平的，因为它反映了人们努力程度、聪明程度和承担风险等方面的差异。因为有钱人抓住了机遇，而其他人并没有批评他们，这更多地暗示了某种嫉妒而非人与人之间的不平等。

其他人也同意这一点，但他们很快指出，这些人的很多财富仅仅是由于不劳而获。通过这一点，与其说他们是在批评运气的作用——这种因素在每个人的生活中都会起作用，或好或坏——不如说是在批评他们于立法权、经济和法制诸方面看到的种种偏见，这些偏见会奖励继承和影响力，而不会奖赏努力奋斗，并且还往往会将机遇集中在已经很富有的人的手中。

另外一个道德问题则事关富人的责任。当然，在某些时候，那些匮乏之人的需求会比那些富得流油的人的权利更重要——难道不是吗？将近 9 亿人仍然生活在极端贫困之中，每年约有 310 万儿童死于饥饿。[508]这仅仅是不幸的环境所致，抑或道德未能发挥作用？

其次，不平等还涉及经济方面的争论。

另一方面，不平等乃组成资本主义的私有制和激励机制的直接后果之一。资本主义是我们改善总体经济福利的最佳制度体系。20 世纪的短暂历史就是人们寻找更好替代经济制度的失败史。倘若我们想要广泛收获一个动态的、有竞争力的经济体系的好处，则我们需要赞美，而非妖魔化该经济体系所产生的财富，并将各种差异作为其结果接受下来。1990 年，底特律最大的三家公司对其股东而言价值 360 亿美元，它们雇用的工人数为 120 万。2014 年，硅谷最大的三家企业价值接近上述三家公司的 30 倍(超过 1 万亿美元)，但雇用的员工人数则不到前者的1/9(13.7万人)。[509]世界多了几个亿万富翁，但却流失了上百万工作机会，这是我们必须为技术收益所付出的代价。

的确如此吗？其他人迅速察觉到这一论证的微妙之处。人们能够紧握在手，并因此增加自身财富的激励收益在一定阶段会被极端不平等所导致的市场无效率赶超。事实已经表明，极端不平等会抑制经济增长。[510](其中的逻辑是，当富人更富，他们并不会购买更多的东西，因为他们已经拥有了一切；他们只会更多地储蓄和投资。但若穷人变富，他们则会购买自己尚未拥有的东西——而其中最重要的，则包括自己更加健康的身体和小孩更好的教育。)并且，非常富有的人会利用自己十分庞大的财富去影响政策的制定，这会为经济活动引入一些有利于富人自身及其公司的扭曲因素，而这些因素却会扼杀创新，并造成经济发展的大范围停滞。

这种发展模式在世界上的威权主义国家中表现最为明显。俄罗斯的寡头们在20世纪90年代早期就以牺牲纳税人利益为代价攫取了大量财富，在市场改革的伪装下，国有基础设施和自然资源被贱卖给了当局的亲信。许多当前失宠的腐败官僚，早已通过控制国有资产，及其不受独立监管的审批执照和合同的权力而累积了大量私人财富。安哥拉有着得天独厚的自然资源，但它从根本上就是一个窃国者统治的国家，《经济学人》杂志对此评论道，其领导人“过着非洲版的圣特罗佩斯生活”，而居住在首都罗安达的居民中则有90%尚未用上自来水。[511]以上，便是经济学家们所谓的“寻租”案例，即通过从他人身上捞取财富而不是通过创造新的财富而赚钱。

但是，有影响的精英们也可能把持和破坏民主制度，并让这种制度以广泛破坏经济环境的方式服务于他们自身的利益。美国也一样，其国内1%的人口拥有的财富超过了全社会财富的1/3。[512]而立法机关则有大量的权力使财富在社会等级之间上下流动：比如通过扩大或缩减福利项目；扭转富人和穷人，投资者和工薪阶层，或者企业和普通公民等各自的税负；为铁路、邮政系统、油田以及无线电频谱等国有资产和公共产品标价并将其出售;以及放开或重新调整产业;外加让个人或公司更难或更容易以破产的方式清偿债务;另外就是决定货币政策是否应该针对低通胀率或者充分就业等方式。

对于2012年的选举而言,美国总统和国会候选人筹集和花费的金额达到了创纪录的70亿美元。[513]而2016年度选举周期的账单则可能会达到上述金额的两倍。[514]很明显,为了获取权力,成功的候选人(及其工作人员)对说客和其他为其竞选活动买单的财政支持者亏欠太多。说客们最常见的要求便是降低税率,这会挤压教育、卫生、社会福利、基础设施以及防备冲击等方面的公共投资。他们也会推动金融管制上的松绑,这可能会加速形成我们在上一章所看到的复杂性和集中化所带来的风险,并促成金融、环境和其他领域的危机。而且,他们还设法加强自己的知识产权,延长专利和版权的垄断期限直到无可推迟,而非释放、增强创造性和创新能力。

公共辩论似乎已经确立了某些不平等是有利的这种观点。“在多大程度上有利?”则是下一个问题,并且,这个问题也引发了强烈的分歧,正如我们彼此争论不平等的原因和代价一样,以及,如果可以的话,人们应该为此做些什么。

转换辩题:从公正到风险担当

“谁是对的?”这话言之凿凿,我们所有人在这个问题上都存在分歧。比如,回首西雅图,许多人会争辩说新一轮全球贸易谈判的启动失败发生在前“9·11”时代,当时人们仍旧更多关注开放带来的收益而非其代价,这反而伤害了抗议者想要帮助的绝大多数人。正如时任世贸组织总干事的迈克尔·摩尔在此次会谈的开幕致辞上所说的,“会场中心外面可能聚集了5万人,而渴望加入我们的人则有15亿之多。”[515]

“我们的社会共识何以维持下去?”这是文艺复兴的经验要求我们

考虑的问题。无论我们对第一个问题的分歧有多大，这第二个问题则为我们呈现了瓦解社会凝聚力的某种一般性威胁，它能阻碍进步，并且让我们所有人都成为失败者。

崩溃……？

社会被扩大的差异和固化的分歧所拖累之际，它所取得的全部成就在多大程度上还能保持稳定？

文艺复兴时期的经验表明：社会并不是很容易维持稳定。我们在过去 30 年中所取得的成就并不一定带有永久性。即便如此，我们如今管控社会压力的政治技艺比 500 年前要先进很多。在德国农民战争期间，可能有多达 10 万人在和平到来之前殒命，而且，和平在很大程度上取决于统治者的一纸命令。[516]而在 2011—2013 年横扫民主国家的抗议浪潮中，则很少有人死于非命，但人们还是成功迫使当局者进行了一些制度上的变革和调整。技术官僚们的言论以及相关的政府政策也从“紧缩措施”转变成了“均衡恢复”。阿拉伯之春一直充满血雨腥风，这反映出构造中的权力斗争正在发生。自 2010 年年末以来，数以千计，甚至数以万计的人们在利比亚、伊拉克、埃及和也门等地的冲突中丧生。[517]到 2016 年，叙利亚境内的战争已造成 25 万人死亡，当地社会已被拖入全面内战状态。[518]

抗议和阻力也可能成为积极的力量，进而导致社会达成更具包容性的共识。这还有待观察——迄今为止，新近意识到自身动员力量的全球公众也正在密切注视着——社会运动所赢得的各项改革是否会产生一个更加包容、向前发展的社会主流，使人们在其中能感受到自己属于更加广泛的多数群体这种局面。

……或者错失机遇的悲剧？

在我们看来，我们所面临的更大威胁并非社会解体，而是发展的停滞。特别在世界上的民主国家中，真实的危险并不在于那将会把我们撕裂的暴力因素。而且，我们也擅长释放此种压力。相反，这更大的威胁是，我们昏昏然逐渐开始接受了社会中扩大的不平等和分裂因素，它们让我们丧失机遇，并因此远远无法达到目前时代所呈现给我们的成就。

当时错失的机遇

在短期内，处决萨沃纳罗拉被认为是清除其所造成之公害的权宜之计。教会内部改革派的怨言遭到噤声；佛罗伦萨政治圈中的共和主义呼声也消散于无形(到 1512 年，美第奇家族又重掌政权)。然而，通过执行这次死刑，教会避免了直面萨沃纳罗拉并非某个单独变坏的牧师这种严肃的可能性，相反，人们因幻灭和飘零等情绪而发出的呼声也在教会和公众内部广泛蔓延。[519]

历史仍在争辩萨沃纳罗拉到底是英雄还是恶棍。一帮狂热的追随者支持其整顿公众道德的运动，那样偏执且充满恐怖。然而，同年出生的达·芬奇的创造力和政治天赋却毋庸置疑。“我们必须带着崇敬之情与这样一个伟大之人交谈”，马基雅维利曾如此写道。[520]萨沃纳罗拉是他那个时代最了不起的演说家之一。他并不试图破坏社会，而是想将其导向不同的方向，他的此番努力彰显出某种有活力的、现代化力量。他看到了谷登堡的印刷机动员大众想法的潜能。并且，他还推动改革以削弱寡头(比如美第奇家族)的权力，并让共同体的决策更具包容性。“让人们……如此设想政府的基础：在全体人民的意志之下，无人能够霸占任何官职或者接受任何优先的救助。”[521]他还将佛罗伦萨那武断和漏洞百出的税法替换为单一，且更为公平地，对所有财产收入进行征税的税法。[522]他还发展出欧洲最早的公共贫困救济项目，形式则为降低利率贷款的方式。他开启了政府部门致力于教会公共理想的事业，后来又将其终止。他无法将自身的能力引导至创新的事业之上，相反,却浇灭了它们,这不失为一种浪费和损失。

天主教会则针对宗教改革施行了一些反动活动进而再次扼杀天才,比如成立于 1542 年,旨在剿灭意大利境内异端的罗马宗教裁判所。其他国家,包括英国、法国和荷兰的公共权力机构,则建立了类似的法庭,并在整个 16 世纪及后来的时代里开展着自己的调查活动。尽管不像公众想象的那般致命(最近的研究已将这些活动中的死刑数量规模从数百万起缩减到了寥寥数千起),[523]但审讯人仍旧设法抹掉了众多创造力蓬勃发展的痕迹。

萨沃纳罗拉对其生活的时代还有什么更多的贡献?而更难回答的问题则是:还有多少与他类似的人因为害怕承担同样的命运而收敛了自己的精力,隐藏了自己的想法?谁又因为冷漠、失望或恐惧而未能在历史上留下自己的印记?要是这些人的才华被用于建设某种共享的现代性视野,历史又会有多大的不同?

现在错失的机遇

我们永远无法知道这些问题的答案。历史并不记录反设事实(counterfactuals)。但我们能在自己的时代追问类似的人,进而避免重复同样的悲叹。

彼时和当下皆然,社会压力撤消了新的社会关联。过去与此时类似,社会的排斥阻止了发展。当时和现在都一样,个人和集体的天才会选择退出,或阻碍未能给他们提供明显容身之所的公众愿景。强大如本书描述到的积极力量,它们也都是社会现象,这意味着我们能将其终止。

民主社会中的停滞风险尤其严重。民主制度是将我们这个新文艺复兴时期和之前的文艺复兴时期区分开来的重大政治创新。它赋予我们极大的适应性以应对社会压力。但这种适应性是有代价的:除非人们坚定地团结在它的背后,否则,没有什么伟大之事能付诸实际。

考虑一下，我们因为缺乏更强大、更广泛的归属感而未能做到的事情吧。旨在提升贫穷国家进入富裕国家市场程度的全球贸易谈判多哈回合，在西雅图的时候便胎死腹中，之后的2001年，这一谈判回合又在多哈完成了形式上的重启，但迄今并未在任何事情上达成一致。与处理全球贸易议程中的最大议题不同(最重要者，便是对富裕国家农民进行的不正当农业补贴)，人们已经将大议题拆分为双边和地区贸易协议的拼凑物。美国曾经作为世界自由贸易的主要推手之一，现在则与法国、意大利这类最可能说自由贸易损害就业并降低了工人工资的国家为伍。[524]

许多权威在几年前预测的欧洲税收同盟，现在则毫无成立的希望。扩大政治联盟的讨论也销声匿迹。下一个大胆的步骤便是承认土耳其——它直到第一次世界大战时期，仍为奥斯曼帝国。与其他所有包含于欧盟的国家不同，土耳其会将欧盟的视野扩展至超出其中世纪基督教边界的范围。相反，在承认该国候选资格十多年之后，欧洲仍对其紧闭大门，拒绝的刺痛更是加强了土耳其的民族主义。欧洲的统一货币欧元也陷入泥潭。希腊，则被夹在了拒绝赦免该国债务的德国债权人和不肯还债的希腊公民之间，一整代人都将面临被迫勒紧裤腰带过日子，以及退出欧元区的窘境。而总是选择退出欧元区的英国则可能彻底脱欧——如果英国的极右和极左政治家一意孤行的话。十年前，这是不可想象的。2016年，英国民众将在全民公决中对这一问题进行投票表决(已表决，英国已完成公决脱欧——译者注)。

人口的全球迁徙也陷入危机和悲剧之中。美国正犹豫不决是要修建一堵城墙以使非法移民无法进入，还是通过一项法律使他们享有完整公民资格。随着国会在这个问题上的分裂，改革似乎不大可能。而在2015年，来自叙利亚、阿富汗以及其他冲突国家的创纪录难民人数已将欧盟淹没，那些认为此问题的长期解决方案便是每个成员国每年都领取强制性难民安置配额的人，与那些认为这个问题的答案乃关闭其边境线的人之间产生了分歧。[525]这些人相互争辩之际，300多万难民却在约旦、黎巴嫩和土耳其的肮脏难民营以及城市贫民窟中备受煎熬。成千上万更多的难民则试图绕过难民营，很多人惨遭人口贩子的虐待，并被折磨致死，或者在试图通过地中海时搭乘临时拼凑的船只而溺亡。定义了难民的权利和国家对他们的职责的1951年《联合国难民公约》也亟需改革。在稳定和富裕的国家之间缺乏及时的全球协议以公平地承担责任，进而帮助因灾难而流离失所的人们，每当灾难袭来，我们的反应也显得准备不足和不到位。而灾难只会更加频繁地袭来。

毫无疑问，目前全球最大的议题是气候变化，根据共同的、包容和有效的契约而开展的有力行动从人类生活中消失已有20年了。1997年的《京都议定书》则是一个尽管带有缺陷，但各方却尽最大努力实现的框架，其中有些国家约束自身以削减碳污染物排放，而大多数缔约国都并未坚持到底。在2009年的哥本哈根，世界各国领导人决定不把自己绑定在共同的痛苦协议之上。弥漫在东京会议氛围之中的大胆希望——这是前“9・11”时代，全球经济衰退之前的时刻，当时的“全球化”仍旧是一个正面词语——已经取代了与会的世界领导人的清醒认知，他们既无意愿，在国内也没有民众支持以便为我们共同的未来做出重要牺牲。

这种支持在近些年已越发坚定，随着极端天气的恶化加深了公众对于化石燃料经济所产生的健康后果的焦虑。2015年《巴黎协定》的结果便是，195个国家自愿承诺将全球变暖幅度控制在“远小于2摄氏度”。就其本身而言，这一协定乃一个重大成就：这是科学证据在历史上第一次说服世界上几乎所有国家就某个问题达成一致。它是科学力量昌盛的确凿证明，也是联结全球智识力量应对发展之意外后果的新联合的证明。

现在的问题是：我们是否会坚持到底？关键国家拒绝让协定产生法律约束力。该协定假定了大规模应用更好的技术以减少碳排放量（尽管迄今尚缺乏足够的投资和试验），并将大规模的现金和技术转移至发展中国家（到目前为止，这两项都严重不足）。这些自愿承诺到

2020年才开始实施,而满足2℃以内的目标则取决于各国五年之后再次履行他们各自的碳排放削减承诺——再次,自愿地付诸行动。我们是否已经塑造了勇敢的新共识,或者只是剔除了前进路上最大的绊脚石?时间会证明一切。

这些都是当今世界上最大的政治工程。《巴黎协定》可能会有例外,其实现尚在未来,它们的一个共同缺陷就是我们的公共机构缺乏合法性,且我们的公民缺乏凝聚力以完成这大胆的举措。而现在这个天才和危机并存的繁盛时代,则正是需要强大的公共意愿和行动的——从邻里关系自下往上——最紧迫时刻。

每一次行动的失败都冷峻地提醒我们,某种积极的未来并不会简单地到来。我们需要奋力实现它。

第四部分

为我们的未来而竞争

我们所有人都会共享这种机遇
并重塑人类的境况，但最终，
它取决于你自己。

第九章

大卫

该怎么办

倘若人们知道我曾为了达到出神入化的境地而多么努力地工作，事情便压根不会如此美妙了。

米开朗琪罗(?)

米开朗琪罗的《大卫》雕像自500多年以前在佛罗伦萨的主广场公开亮相之后，曾历经诸多考验。1511年，雷电击中了它的基座。1527年，雕像主体也被击中(有人说，是楼上窗户扔出的一把椅子将其击中)，其左臂因此折断。(1543年又给换上了新的手臂。)1843年，人们在尝试清理雕塑身上大理石皮肤时考虑不周(使用了浓度为50%的盐酸溶液)，一天之内造成的破坏比之前三个半世纪的日晒雨淋所带来的伤害还要大。1873年，累积的风化作用最终迫使大卫从其著名的基座上搬迁至博物馆——即学院美术馆——在那里，他被封存在一个箱子里将近十年之久。马克·吐温于1878年造访佛罗伦萨时，他“发现(雕塑)被放置在一个宽大的箱子里……而之前他已对数英亩规模的乏味艺术品进行了广泛搜寻”。[526]大卫在第二次世界大战期间被再次掩埋，这一次则被埋在砂砾和砖石之中，以避开炸弹和盗贼。[527]很幸运，他都避开了。

如今，米开朗琪罗的《大卫》缺少了几个原来的手指和脚趾，他的脚踝因为500年来保持姿势而承受的张力而破裂，但他依然与我们同在。而人类从他诞生的时代所汲取的诸多智慧也都萦绕在我们身边。

大卫通过自己的存在，邀请我们一起发掘这些智慧——在定义了我们自身发现时代的美丽和丑恶之中找寻灵感和启示。当前并非过往的简单重现，人类也并不会在每一个新的世代重新发明自身。环境在变化；技术也在变化；但我们内心深处的目标却历久弥坚，这也是为何我们能洞悉历史，并为当前的时代带来重要经验教训的原因。

其中最主要者，便是大卫自身所呈现的教训——用一位艺术史家的话来说，大卫就是“人类潜能的最重要形式”。[528]他激励着我们，也警醒着我们要像他那样站立：时刻准备好。准备好迎接必须要参与，且一定要胜出的竞赛。

在繁盛的天才和繁荣背后的危机之间的竞争定义了大卫时代的文艺复兴，也定义了我们目前的文艺复兴。不管历史会将此刻铭记为人类最好或最坏的时代，都端赖我们所有人放大前者、抑制后者所做的努力。

放大天才辈出的规模

欢迎天才

就我个人而言，我不可能与真实的我有何不同。

德西德里乌斯·伊拉斯谟[529]

这听上去显而易见，但实际上，我们经常反其道而行之。天才可能让人惊慌。它为我们呈现了看待世界的不同方式，并且，我们可能并不喜欢自己的所见之物。哥白尼用数学向他的时代证明了，当时的人们对天体的看法已经过时。这是一个危险的真理。它似乎挑战了《圣经》上关于生活意义的基本信念。上帝将地球设置为创世的中心，又将"人类"设为它的托管人——这都是些令人欣慰的想法。但倘若地球仅仅是来自太阳的第三块岩石，我们又会处于什么样的位置?

当然，人类当年还不是很开化；如今，在承认科学并将其融入我们的思维方面，我们的态度要开放得多。这也是一种令人欣慰的想法，但我们必须比想象走得更远。比如，遗传研究已得出最后的结论：种族主义几乎毫无科学上的基础。"种族"内部的遗传差异比种族之间的遗传差异大得多。整个世界范围内，包括本书的两位作者在内的 75 万人都已向《国家地理》杂志的基因图谱项目递交了 DNA 棉签试样，他们都得到了共同享有非洲祖先的个人证据。但这些证据并未消除种族偏见在我们社会中的影响。

一些真理十分不同于既定的信念和那些根深蒂固的习俗，以至于我们会直接忽略它们。近期，我们在全球气候系统、全球金融系统、代际传递的贫困、心脏病以及对公共教育的投资如何会推动经济增长等方面发现了很多真相，但现在我们正处于忽略大部分这类真相的进程之中。并且，我们大多数人仍然毫无防备。[530]

我们所有人都将忽略自己有生之年新发现的诸多真理。尽量避免这样。现实终将难以拒绝。健康、成功的人群——以及社会——都有赖于我们对真理的接受。所以，请放弃那些安慰人心的神话，让批判性思维取代它们的位置。

数字化和之前的印刷机一样，会同等地放大所有的声音，即便并非所有的声音都同样值得聆听。在网上，事实和意见看起来十分相似；而在现实中，它们是两种十分不同的事情。我们一直以来的工作便是通过要求人们对意见提出论证支撑，检验来自偏见的论证，并提问还有无其他观点等方式将事实和意见区别开来。那些在上个文艺复兴时期便这样做的人曾帮助启迪了下一代的自由思想家——包括生活于 16 世纪中期到 17 世纪中期的伽利略、霍布斯、笛卡儿、洛克、莱布尼茨和牛顿等人。这些人又反过来开辟了科学革命和之后的启蒙运动。人类新的高度尚在前方，如若我们凝聚了知识的勇气敢于攀登的话。

本着同样的精神，我们必须开拓新的思路。若要在求索的道路上取得进步，我们必须做好准备抛弃自己现有的观点。通常，我们会抗拒或压制新的想法，因为它们威胁到了既有利益。哥白尼的太阳中心理论并非唯一一个面对激烈反对的奇特观点(*Aha*! idea)：瑞士抄写员曾共同抵制印刷机；荷兰的公会则反对造船业中的先进技术；法国的造纸工人则烧毁了那些有助于加速纸浆生产的机器。[531]类似地，今天的化石燃料工业正在抵制向替代燃料的转型；主流银行将冷水泼向了来自大众的借贷；而出租车司机则强烈抗议那些帮助通勤者们相互购买付费乘车服务的应用程序。每个想法都是不错的吗？并非如此，但这种判断在文艺复兴的时刻应当成为一种默认的假设——除非某种观点直接伤害到了人们。如今，社会比以前任何时候都更有能力判断、分享某个观点，进而用它来激发出更好的观点。* 让我们为这场社会观念的实验欢呼吧，即便社会中还存在着神圣不可侵犯的事物——否则，人类永远无法做出 21 世纪中一些最好的发现。

拥抱天才

我们无法迎来天才，除非我们也为天才出现的征兆而欣喜。

诺贝尔奖并非天才的完美的代表，但它仍旧是世界上稀缺之物的清晰指标。自诺贝尔奖于 1901 年设立一直到 1990 年，共计提名了 597 名诺贝尔奖章获得者，其中仅有 10 人出生于非洲，12 人出生于拉丁美洲，21 人出生于亚洲。[532]正如我们曾经预料的那般，自 1990 年起，上述

---

* 回想起来，甚至 H5N1 禽流感病毒的危险突变型最终都能在公共领域传播。出版商做出了恰当的决定，让它保持这种公开状态，进而促使人们实验出可能的疫苗，总比某天我们昏昏然被它感染要好。

地区成功地取得了举世瞩目的成功。而非洲和亚洲在过去的 25 年里获得的诺奖总数均为当地之前 90 年所获诺奖数量的两倍。* 但是，这三个地区诺奖获得者所占比重(自 1990 年以来，占据所有诺奖数量的 16%)仍然远低于它们的人口占世界人口数量的比例(2015 年约为 85%，且还在上升)。[533]这种不对称主要反映了现代科学仍然主要由西方世界所构造这一事实，并且，仅有一小撮来自其他地区的顶级思想家能在西方一流大学中找到自己的位置。而对其他多数人而言，他们的祖国还需要更多的时间来建设当地的研究引擎，以支撑前沿的学术突破。

但这些国家和社会的偏见也追随个人一直到他们工作的地方。比如，同在一所大学工作的两位科学家，一位是非洲人，另一位是英国人，他们会在薪资、晋升、实验室大小和研究经费上享受同样的待遇吗？很遗憾，研究表明并非如此。[534]女性也面临同样的障碍。到 2013 年为止，仅有 5%的诺奖得主为女性。将这一结果追溯至男女大脑的差异则得出了“神经垃圾”的结论。[535]这种指责恰好由于人们在很小的年纪，以及在职场上走出的每一步所习得的顽固社会偏见，都将女性带离了学习数学和科学的道路。无论什么地方，男性和女性在数量上都大致相等，但甚至在世界上教育程度水平最高的国家，女性也仅占研究人员总数的 1/3。

从哥白尼那革命性的天体运行图到我们人类的基因组计划图谱，多样性一直都是这些创造性突破的核心组成部分。在任何意义上，偏见都会挫败多样性，甚至还会将好的想法扼杀在摇篮之中。现在正是终止偏见的最佳历史时刻。比如，许多国家对另类性取向的接受正在迅速增长，我们相信，这不仅有利于巩固社区，而且会丰富人类的集体创造力。它为我们所有人提出了消除各种偏见的挑战。显然，我们能

---

* 尽管拉丁美洲的诺奖总数在同一时期比非洲和亚洲多出三个，但却一直卡在这种初始速度上。

做到这点。

公众资助的增加

上个文艺复兴时期对天才的主要资助来自美第奇家族。他们十分富有，且热爱艺术，还乐于资助艺术风尚领域中的先驱者。每当吉贝尔蒂的实验作品(绘画和雕塑)，多纳泰罗(雕塑)或布鲁内莱斯基(建筑)挑战了传统，美第奇家族的赞助总会让它们成为主流。

当时的天才和现在的一样，都需要慷慨资助。无论在艺术还是科学领域，创作者的眼光和大众的侧重和注意力之间都存在着巨大的鸿沟。而金钱能将其填平。

一些资助者则更进一步。旨在为那些"给人类福祉做出了巨大突破"的任何人提供主要资金奖励的 XPrize 创新引擎项目，就是一个不错的想法。[536]另外一个希望则来自大众。一些人愿意为了科学本身而支持科学事业。2010 年，人们大约运作了 100 个众筹平台；它们总共为已发布的项目筹集到了 9 亿美元资金。[537]到 2015 年，超过 1 250 个众筹平台总共募集了大约 350 亿美元的资金。[538]这比全球创投业通常一年的投入(约为 300 亿美元)还要多，并且到 2020 年，这一数字至少会增至目前的三倍。[539]众筹允许广大群众支持科学的发现事业，而科学家则特别需要更好地将这种来自大众的邀请扩展成为他们写作研究建议的组成部分。

但众筹有其限度。即便面对最好的研究建议，大众也似乎不大愿意过于关心研究本身。2015 年，超过 70%的众筹以短期、个人对个人的资助形式出现，贷款者渴望得到回报和利息。[540]而众所周知，科学在人类认识边界的遥远领域安营扎寨之后，它却并不擅长保持快速的回报计划。科学研究，特别是基础研究，都旨在获取眼下看不到任何特定用途的新知识。而它的收益对那些带着利益动机参与其中的人而言，则显得过于遥远和不确定。这也是为何，尽管私人部门资助了所有发达国家研发事业总体70%的份额，而其资助的基础研究活动却仅占这一总量的20%。[541]

相反，国家拨款——庞大得多的公民群体每年通过税收对此作出贡献——则将从事基础科学研究的成本和时间跨度排列得更好。哥白尼革命便是这种科学事业编织而成，而国家拨款则是织工。除此之外，并无真正的替代。很不幸，发达国家的国家资助在两种意义上走向了错误的方向。

首先，国家层面的资助已变得毫无生机。就整个北美和欧洲而言，特别是美国和英国，财政紧缩已导致政府科研预算的大幅压缩。[542]以美元的实际价值计算，美国政府如今在民用科学研发项目上的投入比十年之前都少。[543]

其次，资助者已然变得过于保守。短缺的资金，以及公众对物有所值日益增加的压力，共同将冒险的事业从公共拨款中排挤出局。想想美国国立卫生研究院，单单这一个部门就几乎占据了全美非国防科研支出的半壁江山。卫生安全方面的小打小闹越来越多，不断增加的研究的结果也多半事先已经知晓，只待批准，它们代替了那些开疆拓土式的发现事业：2013年和2014年两年间，美国国立卫生研究院得到的资助规模已经跌落至1999年以来的最低谷。[544]并且，越来越多的经验战胜了年轻人的雄心。回首1990年，仅有2%的受资助者年纪超过了65岁或者更大些；其中11%则为36岁及以下。如今，情况发生了逆转；受资助者中，年龄超过65岁的人数为36岁以下人数的两倍。[545]基础科学在一定程度上驱动着这种趋势。尖端医学研究不断地需要跨学科合作，而唯有在职业生涯后期，研究者们才能掌握领导这种科研工作的必要知识广度。但此类对经验的强调是有代价的。许多气馁的年轻研究者正在彻底放弃科学事业。[546]

科研资助已在很大程度上丧失了曾经引导它自己的果敢精神。公众领袖需要将它重新召唤回来。他们需要投入更多。整个发达世界国家层面的科研资助至少应该每年增长3%。并且，他们应该在即时回报方面降低期待。国家科研资助年度增长的更高比例——我们的建议是超过 1/3——应该预留给任何职业阶段的卓越申请者，以便让他们从事一些具备原创性、高风险，但价值不确定的工作。教皇朱利叶斯二世于 1508 年委任米开朗琪罗为西斯廷教堂的穹顶作画之际，他并没有对这位艺术家应该在何处绘制《创造亚当》，何处绘制《大洪水》指手画脚；他（最终）允许米开朗琪罗“随意创作”。[547]自治是天才们大部分成就的关键因素，古今皆然。

敢于失败

我们多数人的更大危险并不在于目标定得过高而功亏一篑；而在于目标定得过低，进而无法实现自己的抱负。

米开朗琪罗（?）

此番言论乃 500 年前的流行智慧，放在今天仍然有效。在其 2013 年的著作《大繁荣》中，诺贝尔经济学奖得主埃德蒙·费尔普斯呼吁读者——“做出”更多实验、探索、补充和猜想以取代“社会活力的明显下降”，以至于作为个体和社会的我们不会只表现出死气沉沉，而是充满活力。[548]在一个发现的时代，人们在风险和收益之间取得平衡的诀窍就在于支持大胆的行动。

首先，因为突然出现了许多新领域留待我们去探索。我们的政治和经济活动已经促进了人口的增长和市场的开拓。我们已经拥有了探索物质的基本粒子和浩瀚宇宙的仪器。我们正在发展能够模拟创世以来的最复杂谜团的计算能力，以研究从星系的形成，到气候规律以及大脑如何产生意识等诸多问题。到 2020 年，全球中产阶层的数量将达到 30 亿人，而我们将有能力通过装在口袋里的智能设备将他们全部关联起来。[549]

其次，因为我们彼此联结的盘根错节程度正不断上升，这种现象会传播我们为自身和他人创造的价值，但我们无法预见到自己的行动可能带来的全部收益。社交媒介中充满了这样的例子。一款名为《笨鸟先飞》的粗糙手游的开发时间仅为 3 天，但却在 2013 年迅速传播，并为其越南创作者带来了每天约 5 万美元的收益。[550] 2014 年，旨在朋友之间相互邀约往各自头顶浇上一桶凉水以筹集善款的冰桶挑战慈善活动，它在 30 天内就在全世界募集了 1 亿美元善款，最终募得的总额为 2.2 亿美元，这些钱将被用于研究肌萎缩侧索硬化症（ALS）。[551] 倘若你患有此病，你就应该知道：这项活动与你有关。一年之后的 2015 年 8 月，约翰·霍普金斯大学的科学家宣布，他们在寻找治愈此病的道路上取得了巨大突破。[552]

第三，失败的成本也急转直下。开源的软件和硬件，为募集资金、生产和销售而设的全球在线资金募集平台，以及 3D 打印的技术原型都已降低了实现观念边界拓展的成本。十年之前尚不可能，或者仅在大型实验室中尝试的事情，如今已能在一个小房间或办公室中低成本地实现了。自己动手的生物技术工程师已经建造出价值 600 美元的聚合酶链反应（PCR）器，它是实验室中修补所有 DNA 的核心设备，价格为 3 万美元一台。你在 openpcr.org 网站上就能购得一台（某些部分需要自行组装）。艺术家则不再需要前期投资，而仅用智能手机上的 Twitter 账号以广泛交友的方式便能衡量自己的才华和全球影响力。20 年前，写一款成功的商业软件通常意味着获得计算机科学学位，并在软件公司谋得一个职位。现在，通过对大型移动平台厂商推出的免费开发软件进行数月的操练，人们便能完成这项工作。2012 年到 2014 年间，苹果软件的开发者群体则从 450 万人的规模倍增至 900 万人，对此，我们不应该感到奇怪。[553]

而失败造成的声誉损失也在下降。别太把自己的名声当回事；不要因为自己创新路上的失败而羞耻。这两者越来越多地受到网络效应的驱动，并已超出了你的控制范围——接下来的任何话题趋势都会将它们从人们的脑中排挤出去。注意力很廉价。知道这一点会经常将你从短暂的自我蒙蔽状态中解放出来,并最终找寻到于你而言的重要之物。

如何才能胆大

第一个勇敢的举动便是获得长期的大图景视野。新闻和社交媒体让我们知晓各种事件,但我们自己需要从特定的角度看待这些事件。我们最近已经历过一些艰难的岁月。未来,我们还将遭遇更多的不稳定和冲击,并且,随着越来越多的人加入这相互缠绕的系统之中,来源更加广泛的各种冲击会以更大的规模更快地袭来。我们要小心所有这些偏差,若不是彻底悲观的话。但是,正如本书第一部分和第二部分所展示的,存在着让人乐观或者更好的情况。我们只需获得这些情况背后更强大的数据。

但这些情况却鲜为人知。我们所消费的媒体往往对当今时代背后大范围的积极变化缺乏报道或者将其进行模糊处理。这些变化——朝着人类健康、财富、教育和相互关联的新高度发展——相对于我们最喜欢的电视剧情而言,则显得相对缓慢,它们表现在统计数据而非名人的推特中。而新闻也对负面事件进行了过度报道。从 9·11 事件一直到伊斯兰国的兴起,再到对叙利亚内战爆发的报道等,这让人们可能感觉到 21 世纪有着一个特别暴力的开端。按战场总死亡人数计算,2014 年事实上是冷战结束以来最为血腥的年份。但事情的另一面则是:其他 7 场内战也在 2014 年结束,另有 10 份和平协议于同年达成并签署。[554]国家之间的直接战争——从历史上看,这最为致命——自 2003 年伊拉克被入侵以来便再没发生过。

人们需要勇气来紧握住这宏大图景,也需要更多的信心来面对普遍存在的悲观情绪。我们要找到这种勇气。除了消费日常新闻,我们也应该致力于阅读和观察,并与那些从长时段着眼看待事物的人们互动——以明了当下、未来十年甚至几十年的局势。让我们也去发现自己国家边境之外，自身领域或行业之外的声音。对不同的观点保持开放的态度有助于我们对正在不断出现的天才保持耳清目明的状态。

我们从上述状态中开启一场新的发现之旅。哥伦布探寻亚洲，却发现了美洲。类似地，本世纪将会奖赏那些踏上了征途，但其最终的命运仍是未定之数的探索者。这些一直都是实际存在的事实，但当时的机会并没有今天的多。倘若你还年轻，请远离你的同辈们所追逐的眼前利益。用你未来的时光追逐自己的理想，从失败中学习，并获得独特的重要经验。你将在未来的生活中获得丰厚的回报。要是您已上了年纪，那就以下一代人为师。作为回报，他们会教给您很多新东西，从而激发出您的下一步重大行动。

勇气的经济学同义词便是投资。迄今为止，一直在囤积资金和国债的公司已经好几年都在实行着财政紧缩政策，因为全球经济的前景仍不明朗。这是短期内的现实。但是，起作用的更大力量——全世界的复杂联系和人类的发展——则为那些与它们联合起来的人们带来了巨大的机遇。

因此，目前正是加大投入，赶超那些缺乏如你一般洞见到时代大局的胆小竞争者的好时机。正在这样做的企业和企业家包括：美国国际商用机器公司(IBM)，它于 2014 年宣布了一项 5 年计划，将其净收入的 10%投入到硅晶体管之后的电脑芯片研发之中；[555] 谷歌公司(重组后即 Alphabet 公司)，其最近的长期赌注则包括一个全新的量子人工智能实验室，自动驾驶汽车以及研发抗衰老药物；[556] 作为贝宝联合创始人的埃隆·马斯克，其宏伟计划则包括太空探索技术公司(SpaceX，即一个空间运输公司，其最终目标是在火星上开拓殖民地)以及特斯拉汽车公司[Tesla，其多重目标包括电动汽车的大规模普及项目，用于储存可再生能源的家用电池组项目，以及往返洛杉矶和旧金山之间运送乘客的时速超过 600 英里的超级高铁(hyperloop)项目等]。

敢于失败的公民

学术研究人员和智囊团常常就如何更好地制定公共税收政策、法律和规章制度而争论不休。事实上,这些问题并没有一个正确的答案。这是一个和经验问题差不多的价值问题,全世界的应对之策都不仅应该着眼于事实证据,而且应立足于公民所珍视的价值。

但在文艺复兴时期,正确地提问关于政策的**问题**至少与找到正确的政策同等重要。事情不仅在于"政府如何能运作得更好?",而且还在于"政府应如何**让人们更加勇敢**?",服务于我们的相同公共系统也塑造着我们的行为。明智的政府将会激励公民紧握住他们面前的机遇。

税收改革。我们为政府提供的货物支付税款。但这些急迫征收的税款又如何塑造了社会行为?

1. 将税基向上移。累进税制通过向穷人分配更多的薪酬,并促使富人更有理由重新投资自己的事业,进而让社会充满活力。首先:它一视同仁地避免了个人和跨国公司的税收漏洞,也终止了主要对富人有利的减扣项目,并对土地(穷人几乎没有,或少量拥有)课以更重的税率。后者也将刺激房地产炒家更多地开发而非囤积房产。

2. 使用税收阻止公害(比如交通拥堵、污染和高脂肪食物等)。对收入征税会挫败人们工作的积极性;对碳排放量征税则刺激人们寻找更聪明的办法降低碳排放。

3. 取消有害的能源和农业补贴。它们让少数人受益,且扭曲了贸易,同时对环境造成了灾难。2015 年,能源补贴给全世界的纳税人造成了 5.3 万亿美元的损失(相当于世界 GDP 的 6.5%);而经合组织内部的农业补贴则对这些国家的公民造成了 6 000 亿美元的损失。[557] 终止这些补贴将为基础设施、教育和卫生等领域腾出大量投资资金,同时还能更多地激励可再生能源和可持续农业的发展——所有这些都以目前的税收水平计算得出。

4. 提高遗产税。知道我们无法为自己的后代尽可能多地积攒财富这一点，将鞭策我们更多地将财富用于当下，并减少代际间的不平等。

巩固社会安全网络。大多数人都会急切地抓住能得到一份工作的机会，或者设法换一个更好的工作。自20世纪90年代兼职、自由职业者以及其他非标准工作安排的快速增长以来，这一点已十分清楚(在底层1/3的工薪阶层中尤其如此)——这些工作往往收入更少，福利更低，但毕竟也是工作。[558]通过接受、创造一些非标准工作，人们帮助经济局面在总体上保持了灵活，并适应了技术和市场的变化。这对每个人而言都有好处。但这些灵活就业者也承受着较低水平的职业训练，并且他们陷入贫困的风险更大。他们和他们的家庭不必独自承担这些代价——尤其，而他们的工作效率降低时，作为整体的社会也会受到影响。为了帮助人们在新的灵活的劳动力市场中承担风险，我们需要巩固失业和社会保障福利的资金，并拓宽资格规定以确认新的工作种类。

再次平衡知识产权(IP)的保护。从1486年威尼斯的第一项专利的诞生直到今天，保护知识产权的法律一直都基于两方面的原因：你因为创新而得到奖励，而我们其余人都能分享你的想法则会加速下一个创新。

过去20年来，二者的天平一直向前者倾斜。如今大多数地区的版权期限都显得过长(根据著作性质的不同，最长能到70年)，而专利的颁发又过于容易和泛滥。从艺术、生物技术再到软件等所有领域的发展都因为这知识产权的丛林而放缓。像知识共享协议许可，这种自下而上的举措在一定程度上有助于重新调整版权，但需要做的事情还很多。首先，我们应该扩大知识产权在学术研究和非商业“合理使用”中的豁免范围。许可制度应得到加强，进而让知识产权更难被阻止，且更容易被商业化。大型制药公司和技术公司封锁了太多的发明创造，这会扼杀创新，并减缓可能改善甚至拯救上百万生命的药物的出现。与此同时，知识产权的保护还需要扩展至那些权利长期无法得到承认的群体之中——比如土著居民，以便他们能诉诸法院，中止人们对他们传统医药和音乐的任意掠夺。

简化法规。知识产权丛林的发展太缓慢；而监管的丛林则让人几乎无法通行。研究表明，随着设立公司规则的增加，公司的启动也呈下降态势。[559]一般而言，监管者制定的规则越多，社会就越难以遵循它们，而服从规则也会浪费更多的创新资源。律师大军则直接被要求精通各种规程，这极大地增加了初创公司和小公司的准入门槛。随着监管者试图用繁文缛节规训当下的复杂局面，这种损耗也在迅速攀升。美国立法者回应2008年金融危机的848页文件，即2010年的多德弗兰克法案所需的文书工作总量已超过了2014年时的3万人年（person-years）工作量。[560]据估计，这些工作耗费在填报表格上的时间，已超出了为地球上每个物种进行编目所需的时长。[561]

立法者和监管者需要抵制这种倾向。在一个不确定的时代，极富经验的监管者批准和实施经验法则所起的作用与复杂的模型相当（或更好）——社会因此而承受的代价也低得多。[562]社会需要招聘最聪明的人，支付他们相应的报酬，并赋予他们创制巧妙、简洁规则和监管的权力。

发现属于你的佛罗伦萨

在15世纪和16世纪早期，佛罗伦萨与西方世界的其他所有地方都不相同。位于意大利的心脏位置让它成了贸易和金融的主要十字路口和东西方交流的前线。欧洲大部还靠喝稀饭度日之际，佛罗伦萨已轻松地通过市场贸易的方式获得了亚美尼亚的茄子和芦笋、埃及的香蕉、土耳其的鹰嘴豆、波斯的菠菜，以及后来得自美洲的辣椒、巧克力和玉米等食物。佛罗伦萨居民的智识生活世界也与众不同。当地人口的识字率在更大范围的西方世界也属最高，而欧洲仅能书写自己名字的人口还不到10%之时，超过30%的佛罗伦萨居民就已经能读会写了。

佛罗伦萨的年轻人超过 3/4 接受过学校教育，而社会流动性——这在当时欧洲大部的森严等级秩序中简直就是妄想——对于一个掌握着卓越技能、才华和知识的人而言，则有了实际的可能。普通市民变成了有权势的政客，谦逊的商人则着手创办大型贸易企业，聪明的穷人也获得了奖学金进入学校，进而变身为有学问的国之栋梁。[563]

文化方面，佛罗伦萨也同样享有盛名。美第奇家族在当地根基深厚，他们源源不断地将资金投入到巩固自身和城邦各种项目之中。诞生了多纳泰罗、布鲁内莱斯基、达·芬奇、米开朗琪罗、马基雅维利和其他革新者的佛罗伦萨，在整个文艺复兴时期都以人均艺术家比例最高傲立欧洲。而定居于此的艺术家人数则因络绎不绝的移民潮——旅行家、学徒以及渴望成为大师的人们——而不断增加，他们纷纷前来发现最新的趋势，学习新的技术并挥洒自己的激情。文艺复兴初期的伟大艺术作品之一——由布鲁内莱斯基设计穹顶的多姆大教堂——在佛罗伦萨的中心广场拔地而起，到目前为止，当时很多伟大的杰作都收藏在了这个城市的博物馆里。

地理位置很重要

人们很容易认为，地理位置的重要程度已远不如前。重要的输入事项——物资、资本、人员和观念等——现已在世界范围不断流转。借助数字媒介，我们能够获取信息，彼此交流，并能在任何地方工作。无疑，世界也变得愈发盘根错节，我们的物理位置也不再那么重要了。

事实正好相反。当谈到工作的才华，你所选择安顿自身的地点却比以前更为重要，原因有二：技艺和集中程度。

第一，技艺。

知识的传播比以往都更为自由，但若去探索各领域知识的基础和内部情况，你会发现某种更加深刻且模糊得多的专业知识——经济学家布赖恩·阿瑟(Brian Arthur)称其为*深层技艺*。[564]

让佛罗伦萨成为上个文艺复兴时期吸引艺术家的引力场的是技艺；它不是各处的人们通过印刷媒介能够越来越多地获取的知识，而是形成于某个紧密共同体生活实践之中，并与该共同体息息相关的一整套认知。它包括：知道哪些实验有效，哪些没有效；晓得应该将哪些事物作为过时的时尚而忽略，以及哪些会增添持久的价值；明白应该向谁讨教以克服艺术和技术方面或这或那的障碍；懂得应向谁请愿，以及如何保护稀缺资源等。

这些心知肚明的理解对于任何熟练的实干者而言都理所当然，但若人问起，他却难以用语言形容了。因此，深层技艺往往停留在它发生的地方。它将额外的势头、热情和成功的概率赋予了特定场合的创造性活动。文艺复兴时期的所有开创性艺术家，要是他们有办法的话，都会踏上佛罗伦萨的朝圣之旅，进而从弥漫在当地作坊、市政广场和宫殿里的智慧中获得教益。

深层技艺的诱惑在当时并不是很强烈，但现在却强烈得多。而我们的科学、技术和各种系统都远为先进。无论你是要混音、写代码、设计机器人或者评估经济的增长，这些领域最前端的深层奥秘都需要花更长时间学习，而必须联结起来取得突破的学科范围也更加广阔，问题的可能解决方案是如此多样，以至于唯有经过良好训练的直觉才能让你一直在富有成效的路径上前行。所有这些再加上那能够从内行中区别出佼佼者的默会认知，都使得相关的技艺更难转移到别的地方。

寻找那些各处的人们都竞相汇聚的地方挥洒你的汗水。实打实地花一段时间——以一年时间为起始——生活其中，在那里结交朋友并做出点事情。

第二，集中化。

可万一你并未发现自己热情之所在，或者，要是它与简单的定义相忤逆，找寻它的最好地方则是世界上那些伟大或正在成长的城市。

本书第二部分强调了帮助天才蓬勃发展的环境条件：即丰富而多样的思想流动，大量受过良好教育的头脑，以及将后者注意力集中在创造性工作上的私人和社会激励。毫无疑问,大城市最好地满足了这些条件。

第三部分解释了:集中化为何是个问题,并且,它也成为地理位置在今天比以往都重要的另一个原因。创造性事项并不会均匀地流向所有地方。让它们在全世界流动,这些事项也很快就会注入在以下方面享有差异优势的地方:地理、气候、基础设施、政府政策或者大城市中的人群和复杂性所共同营造且殊难定义的"嘈杂之声"。

在上个文艺复兴时期,称得上伟大的城市都一目了然。巴黎是西方世界最大的城市。[565]罗马则是西方基督宗教永远的汇聚之所。正所谓条条大路通罗马。佛罗伦萨则闪耀着以美第奇家族金融支撑为后盾的荣耀。东方明珠君士坦丁堡——后更名为伊斯坦布尔——在新任苏丹的主持下又再度闪耀着活力。冉冉升起的中心城市——与新大陆的白银一起熠熠生辉的塞维利亚、开拓进取的安特卫普,再加上里斯本、马德里、伦敦和阿姆斯特丹等——也都逐渐成为亚洲和大西洋地区的门户。

现如今,城市仍在扣动着文明的心脏——或者说比以前更甚。城市乃半数人类以上人口的家园,它掌握着我们大部分财富,吸引了我们大部分投资,进而产生了全球超过 4/5 的经济活动。[566]全球经济规模前 100 名的最大城市占据了世界 GDP 总量的 40%。其中最有名者包括——纽约、旧金山、伦敦、巴黎、新加坡、东京——它们都是现代版本的佛罗伦萨、罗马和君士坦丁堡。以绝对数量计,这些城市的灯光全部点亮时的光亮会令成百上千个新的新塞维利亚、安特卫普和阿姆斯特丹显得黯淡无光。从印度的纺织之都苏拉特,到巴西的阿雷格里港(同时也是首届世界社会论坛的主办城市),都是充满着令人振奋的新体验的港口城市。

这些城市又都压力和冲突频仍。比如在上个文艺复兴时期,佛罗伦萨的凶杀率上涨很快。[567]但它们也是创新资源最丰富的地方,和各种发展、关联性力量相互碰撞的交汇之所——按字面讲,这些力量在大街上彼此汇聚——进而产生了源源不断的创新。这些城市也是创新和机遇的大熔炉,不仅值得参观,更适合居住。

打造新的十字路口

我们的公民角色赋予我们权力和责任来塑造自己的社区,这一任务并非是要寻找属于我们的佛罗伦萨,而是重新建造它。佛罗伦萨的部分吸引力来源于自然因素——比如中心的地理位置。而其余大部分则由人们所建造。我们能够重复这一成就。

第一步便是增强我们的社区在交流方面的物理和数字基础。世界上仅有极少数城市有着地理上的好运气,或者能够以国家为后盾进而被提升为一个新的世界性枢纽城市,正如迪拜和上海等地正在发生的事情一样。但是,蛮干行不通的地方,良好的管理和良好的公民则能大有作为。在互联网发展之初,阿姆斯特丹的当地运营商便预见到了建设一个让所有人的网络都能加入并相互交流和共享的、中立的枢纽城市所带来的各种好处。如今,该市已成为世界上最大的网络交互中心,650 家来自各大洲的网络运营商都交汇于此。世界级的数据基础设施已让阿姆斯特丹成为欧洲技术公司的热点地区,但对于金融机构和其他机构而言,快速稳定的网络接入也是一项竞争优势。

与此同时,多伦多已将其自身打造为世界人口往来最频繁的城市之一。该市一半以上的居民为移民,按人均计算,它已成为世界上最开放的城市。[568]它的成功在于每年都会吸收 10 万新的外国移民,这根植于市政项目中运作良好的基础设施,比如所谓的“新人战略”,它旨在协调医院、学校、服务机构和移民部门之间的工作,以帮助移民们顺利获取诸如医疗、保障性住房以及儿童保育和语言教育等公共福利。而他们对自己居留城市的回报则会高于上述成本。[569] 2015 年,《经济学人》杂志的安全城市指数将多伦多列为世界上“最宜居的地方”——这会让那些试图争辩说移民有害的人不知所措。[570]

其他大型城市则证明了,如何通过深思熟虑的设计而变身成为全球新的枢纽中心的,它们包括孟买(全球离岸服务)、拉各斯(非洲贸易和金融)以及特拉维夫(Tel Aviv,技术)等。规模较小的城市也能在城市生态龛位或区域层面上成为主要的枢纽城市。哥本哈根可能绝不会从传统金融流通的角度挑战纽约或伦敦的地位,但它正在迅速成为加密货币的枢纽城市。按人均计算,斯堪的纳维亚半岛上流通的比特币的数量比世界其他所有地方都多。[571]位于加拿大大草原中部的小城里贾纳,于 2010 年被开辟成为加拿大最大的内河港口之一,当地 1 700 英亩的交通枢纽将北美主要铁路和货车运输网络相互关联了起来。偏僻地区的城市到任何地方的距离都相等,随着全球贸易量的激增,这些城市便能够让自身成为不同交通运输系统的重要连接点,进而帮助平衡各运输系统的负载。

接纳新来者

多样性无法在那些并非每个人都能承受生活负担的地方繁盛起来。在世界很多大型城市和逐渐形成的大城市中,房价都比人们的收入上涨得快。[572]伦敦的房价仅在 2014 年便上涨了 20%。[573]而今,那些买不起房的人则眼巴巴地望着居者有其屋的梦想渐行渐远。与此同时,越来越高的房租和通勤时间的增加都已将一开始诱导人们进入城市的好处压榨干净。为了增加人口流动,城市需要增加住房供应的密度和供应量,扩大保障性住房(对年轻人尤其如此),并阻止投机者们扰乱市场。

城市也需要更大的政策来支撑自身进一步繁荣并成为人们往来的枢纽通道。口号为“梦想启动未来”的通用电气乃世界上最大的公司之一,它的一位副董事长在 2014 年说道:“如今所有的创新都涉及不同社会间的合作。”当一个国家的政府用移民政策将当地社会隔离于其他社会之外时,其境内每一个有创造力的抱负都会遭受影响。

很不幸,这正是发达国家近期一直的趋势。在美国,1 100 万非法移民在美国经济的半衰期中艰难度日——10 人中有 7 人能够找到低技术含量的工作，[574]但他们无法获得公共服务，或者缴纳税款，进而拥有其所在国的完整公民身份。[575]高技术的移民们也被拒之门外。2004 年，针对技术丰富的临时工人的年度签证配额也从 19.5 万个削减至 8.5 万个。这导致外国学生在毕业后更难继续在该国逗留。[576]* 这对创新的挫败几乎立竿见影。在 1995—2005 年的 10 年间，硅谷新成立的技术公司中有 52%乃移民创办，或者由移民合伙创办。自那时以来，这一数字已下降至 42%。[577]未来的企业家们仍旧来到美国学习各种观念（每年从美国大学获得高级数学、科学和工程学学位的 15 万人中，超过半数出生于外国），但他们越来越多地回国创办自己的公司（并创造相应的就业机会和财富）。[578]

更加严厉的移民管控背后的意图，是在经济困难的时期帮助公民渡过难关，但其整体的效果却完全相反。2013 年，不属于任何党派的美国国会预算办公室（US Congressional Budget Office）估计，若国家无法改革目前的移民法律，这将在未来 20 年中给美国经济增长造成 5%的损失，并造成 9 000 亿美元的税收损失。[579]研究表明，若英国缩减每年移民流入量的一半，再加上人口老化和本国劳动力的减少，则会共同导致该国未来 50 年的经济总量缩水 10%。[580]说得更直白一点，不好的移民政策会抑制城市为创造国际化繁荣而进行的努力，并且高筑国境线上的围墙还会浪费公共资金，它们若用在市政道路、机场、纺织以及其他面向世界的窗口方面则会更好。（从 2005 年到 2014 年，美国的非法移民人口仅增加了 10%，从大约 1 000 万人增至了 1 100 万人。[581]然而，联邦政府在移民执法方面的年度支出却增长了 80%，从 100 亿美元增长到了 180 亿美元——这已经超越了联邦其他法律执行机构支出的总和。[582]）是时候扭转反移民的趋势了。

---

* 具体而言，这一配额为 6.5 万个签证名额，另外 2 万个名额则特别预留给那些获得美国大学授予的高级学位的人。

上述议程中的半数都是对我们自己和我们的政治提出的疑问。大多数人和多数地方都将经历一段艰难的时光才能驾驭这个时代所提供的潜力。那些做到这一点的人将成为21世纪的变革者，进而变身成为创新都市的主人。

降低繁荣背后的风险

上个文艺复兴时期也给我们传授了经验，以帮助我们应对繁荣背后的风险。

制造新地图

上个文艺复兴时期的博学之人彻底改变了他们心中的世界图景以适应他们所面临的挑战。而且我们还有一段路要走。

我们更准确认识世界的主要障碍，在于我们自身用以组织国家和民族的语言。比如在本书中，我们无法避免谈论"发达"和"发展中"世界，以及"富裕"和"贫穷"国家，或者"先进"和"新兴"经济体等。太多的数据、分析和观点都禁锢在了这些简单的二分法中，若不提到这些词语，我们又很难对世界上的国家谈论点什么。

然而，这些语词都带有误导性。

首先，它们意味着"发达""先进"和"富裕"国家已经达到了人类故事的某种永久性终点。没有什么比这更加错乱的想法了——不仅因为政治、经济和社会变革都在持续地改变着所有这些国家，而且每个所谓的先进国家都面临着尚待解决的巨大挑战。

其次，这些语词还意味着"发达"国家处于世界事务的核心位置，与此相反，"发展中"国家则处于外围。几乎不是如此。到2014年，与发达经济体相比，所谓的"新兴"市场国家已经占据了世界GDP份额的更大比例(57%)。[583]并且,最大的发展中国家,比如中国和印度,在诸如解决气候变化事务中所扮演的角色比许多发达国家都更加重要。

第三,这些二分法意味着每个类别中的国家都大同小异。这同样与事实不符。我们在每一个组别中都能找到正相反的治理和体制差异(从民主制度到绝对的君主制),以及经济和人口规模的差异(中国的经济规模几乎是其他所有发展中国家经济体量的总和),和资源禀赋的差异。马拉维地处内陆;但其邻国莫桑比克则享有巨大的海上天然气储量。

我们心中的地图必须与时俱进。没有什么简单的二分法能够描述当今世界所有的政治、经济、社会和环境多样性。若我们采用二分法,则存在混淆最重要事项的风险,还会加重第七章告诫过的认知盲点。一个直接的改进措施便是从两个而非某种单一的维度思考世界,即沿着一条轴线排列国家的绝对规模,沿着另外一条轴线衡量各国的人均发展程度。然而,正如墨卡托在制作其著名的地图时所发现的那般,并不存在一种将圆形表面映射到平面上的最佳办法。无论我们如何操作,某些部分总会扭曲。

我们为世界所贴的标签也需要改进。基督徒、穆斯林、犹太教徒、印度教徒、佛教徒和无神论者等都是简陋的标签,它们往往更多地将我们区隔开来,而并非有助于我们发现彼此。土耳其、塞内加尔(Senegal)、印度尼西亚以及其他地区的伊斯兰式民主,缅甸境内佛教徒发动的种族清洗等现象,都掩饰了我们带着信仰的有色眼镜看人的企图。

若能一直铭记这些错误,同时又尝试对世界绘制更准确的概念地图,我们将在 21 世纪更加畅行无阻。

承认风险

威尼斯犯下的最大错误,便是在自身愈发清晰的缺陷面前仍自鸣得意。而我们处在重蹈其覆辙的危险之中。

我们的自满有两个根源:缺乏对世界的认识和紧迫感。应对前者的办法很简单：政治领导、公共教育和社会媒体的活动都被证明是有效的方式。以当今世界最重大的议题：气候变化为例。2014 年，联合国政府间气候变化专门委员会（Intergovernmental Panel on Climate Change）发布了“严重、普遍和不可逆的影响”越来越可能的最新气候报告，与此同时，有调查表明，气候变化在人们担忧之事的列表上的排名则在第十二位（欧洲）和第十四位（美国）左右。[584] 到 2015 年年中，联合国政府间气候变化专门委员会在巴黎举行峰会的时候，上述排名则分别上升至第三和第六。并且，整个撒哈拉以南非洲和拉丁美洲（这些地区尤其容易受到气候变化的影响）的受访者们，则将气候变化视为他们所能预见到的最高等级的全球威胁——其威胁程度远远超出了全球经济的不稳定、伊朗核计划或伊斯兰国的兴起等事件。[585] 所以，我们还是知道如何引起全球公众对各种事件的关注。

然而，提高事情的紧迫性却困难得多。

从“将要”到“应该”道阻且长

我们应该做什么，这一点很明显。面对高度不确定的风险，人类可资利用的两个通行应对策略是：稳健性和韧性。前一个观念在于增强各部分，进而使整体不容易失败。后一个观念则在于灵活多变，以至于某个部分失灵的时候，整体还能运转。现如今，这些都是系统理论家的表达方式，但我们所有人凭直觉就能理解。哥伦布也是如此。他当时并不知道自己将驶入什么样的危险，所以，他将船体建造得非常厚实，并且他还将自己的三艘船组成船队一起航行。

这种智慧仍然有效。比如，它曾引导监管机构应对全球金融危机。打那以来，监管者便要求银行持有更多备用资金以应对自身的借贷活动（这让所有银行都更有活力）。他们还设立了新的程序以提升多边监管，限制投机资金的流动，并让国家危急之时能够获取的应急基金多样化（这在总体上使银行系统更加灵活）。

同样的智慧也表明，我们应该在公司的库存资本中增加一些存量，进而分散供应链，并通过雇用更多高管的方式让管理方式多元化，但这些高管的名字不要都带着工商管理硕士的头衔。

我们应该找出公共基础设施中负荷过重的节点——比如电网、港口和防洪堤等——并对它们进行升级，使其能够经受上百年的冲击。无论以法规还是激励措施的方式，我们都应该扩展关键性基础设施的地理范围——比如互联网交互中心、金融中心和交通控制中心等——并让它们远离脆弱区域。（在一个理想的世界，我们甚至也会扩大自己的行动范围。比如，我们会搬离飓风多发的海岸线和洪水泛滥区域，以及阳光明媚但水资源稀缺的沙漠。）

我们应该帮助贫困国家——类似 H5N1 这样的新型流行病最可能在这些地区暴发——加强它们的公共卫生系统，我们还应该建立和维持某种全球“快速反应部队”，以便它们在局部努力失败的情况下能够迅速控制住疫情的蔓延。我们还应该再次加大对世界卫生组织的投入，因为它目前 22 亿美元的经费预算仅相当于大型城市中单个医院的预算规模。[586]

我们应该落实碳排放税，这将减少化石燃料的使用，并减缓气候变化的速度，我们还应该保护我们共享的全球资源或全球公共领域——比如海洋、极地地区，尤其是热带雨林等，它们是巨大的碳汇集区，并占据了全球 50%—75%的生物多样性。[587]

我们应该通过提供免费的学前教育、小学教育和中学教育，以及为贫困家庭的女户主直接提供资金支持等方式，加大对世界上的穷人和年轻人的投资——条件是，他们的小孩一定要去上学并接种疫苗，以便这些人能够享受身边的全球性福利。所有这些都应由更高的累进收入税收、更难避免的公司税支付，我们还应将之前一视同仁的福利项目转变为经过资产调查之后再实施。我们还应该积极地放开移民的迁徙，这将重振日薄西山的发达经济体，还会增加富裕国家收入、知识、技术和技术等因素向贫穷国家的正向溢出效应。

没人有责任做出深谋远虑

问题在于,多数情况下,我们并没有——也不会——完成自己知道应该去做的事情。银行业因为自身的改革而没了任何声誉。这些都是冲击性事件已然袭来,灾难已经造成后的事后诸葛亮之词。* 在一场深刻和沉痛的危机之后,我们总相信自己能做出一些改变。

但是,我们能够预先完成这些事情吗?明晰的后见之明则是我们采取预防性措施之困难程度的痛苦提示。原因在于,我们在任何可能的地方找寻相关事项的领导者,我们反而总会发现大众和各种机构应该为他们不断重复的,且导致我们更加脆弱的相同行为负责。

各国政府,无论专制还是民主,都承担着保持其自身的支持者和公民幸福的责任。人们希望政府解决他们明确和急迫的关切:比如经济、债务、失业、福利和犯罪等。相比之下,第七章已经证明了,我们面临的主要风险都会带来某种真正的困境,即提升私人福利(选择、消费、利润和效率)和不得不接受的公害(比如污染、不平等和偶尔发生的灾难等)二者之间的两难。前者如何导致后者的复杂原因难以说服公众支出税款或者忍受艰难的权衡。代价和收益在地理分布上(此处承受代价,彼处获得收益)和代际间(今人承担代价,那些尚未出生的人获得收益)的不均衡让事情几乎陷入绝境。

公司也有责任让其所有者开心。有些东家,比如养老金,则着眼于长期的金融稳定,但大多数东家则寻求短期收益——但从短期看,风险防范绝少为投资提供回报。系统层面的好处尽管实际存在,却并不反映在公司财务报表的任何地方。系统层面的成本亦是如此。另一方面,增

* 改革并不彻底。自上次金融危机以来,全球银行业已经变得更加集中,而非相反。大多数国家的大型银行仍然"太大而无法倒闭",并且还承担着它们自身不应承担的风险,因为它们从近期的经验中得知,要是它们做出了错误的选择,则政府(也即纳税人)会拯救它们于水火之中。

加短期收益的可靠办法包括：在成本更低的中心城市集中生产；更加自由地利用全球公共领域(空气、河流、森林和海洋等)；或者通过将利润转移至海外的方式规避国内税收。

最后，作为个人，我们有责任将自己打造成我们可能的最好状态，并为我们所爱之人提供力所能及的最好生活。对我们大多数人而言，这些责任比我们所能认识到的任何更大的关切都更为重要。是的，其他事情对我们也重要，这也是为何我们一些人开电动车、骑自行车上班，支持具有社会责任感的企业，以及成为志愿者或者捐赠慈善机构的原因。但我们自己和我们的家庭在拒绝那些其他任何人都能肆意消费的商品时，都会经历一段十分艰难的时期。我们中有多少人愿意因为大气的缘故而放弃航空旅行？我们中又有谁愿意为了延缓抵抗力缺陷的出现而放弃使用抗生素，或者为了让国家更有能力应对飓风而从沿海地区迁移到别的地方？我们又愿意放弃多少收入以防止罕见灾难的发生，或者帮助那些边缘群体感受到归属感？

倘若危险来得明确而直接，则我们可能会愿意做出某种牺牲。但我们个人生活及其产生的系统性风险二者间的因果联系则过于复杂，以至于我们在很大程度上难以明确自身的选择所造成的效果——如果有的话。无论如何，情况似乎是，如此之多的人通过做出任意却相似的选择而造成的集中化现象已经超过了我们独自牺牲所可能带来的正面影响。正如500年前的威尼斯商人一样，最理性的选择似乎是往底层看齐，随波逐流，独善其身，并等待技术或政策带来社会集体行为的改变——这很可能发生在下一次应对巨大冲击的时候。

迈向更安全的21世纪的最大步骤便是向自己承认，这就是大多数社会运作的方式；这也是我们多数人走进生活的方式。我们并不会在这样的生活日常中积极地探索新的联系，我们越发迷失在了生活的复杂性之中。我们在日常生活中也并不会积极地让社会财富、企业供应商、公共基础设施以及自己的精神关注呈现多样化的状态，它们变得越来越集中。无论是否已经意识到这一点，我们所有人都因为自己在这些风险面前无动于衷而备受伤害——管它是经济损失、健康损失还是机会丧失。但我们除了选择任由这些风险累积,似乎也别无他法。

激发德性

> 就好像制作者和模具本身一样,你也可以按照自己钟爱的任何方式塑造自己。
>
> 乔瓦尼·皮科·德拉·米兰多拉,《论人的尊严》[588]

我们在事情为时已晚之前的无能为力是直接源于人类的悲惨境况吗?我们是否能够超越它?

本书第四章便以上个文艺复兴时期最重要的思想筹划作为开端,它已经证明,我们的确能超越自己的无能为力。从彼特拉克到伊拉斯谟再到马基雅维利等人文主义者都相继着手修正"人"在巨大存在之链上具有固定位置这一中世纪观念,他们已开始拥抱我们能根据自己的意愿和行为重新塑造自身的可能性。

这些人文主义者建议,我们用以自我塑造的工具便是德性。古希腊哲学家亚里士多德曾解释说,德性正是某人按照自己应当那般行动的品质,即便这样做很困难,或者会不受欢迎,抑或会损害既得利益。对那些为身边所见的道德沦丧寻找实际应对措施的 15 和 16 世纪的人文主义者而言,德性有两个重要特征。首先,它经由实践的方式习得。我们无法通过讲授的方式学会德性。德性是思想和行为的习惯,获得它们的唯一办法便是出去践行德性之事。某种习惯最终形成后,德性便成了我们新的本性。其次,德性会传染;它能在某个地方流行开去。我们的德性行为并不仅仅塑造我们自己;它还会以帮助我们建立某种传统的方式塑造社会,德性行为在这传统中变得富有意义且无处不在。通过某种德性支配自己行为的人越多,德性本身就越会成为支配他人的规范。

通过利用这些特征,文艺复兴时期的人文主义者激发了他们周遭世界中的德性,并努力使其成为他们时代的平常之物。为寻找灵感,他们借鉴了当时已家喻户晓的圣徒事迹,并祭出了古希腊和古罗马时期的典范人物。建筑师恢复了和谐比例的古典意义。艺术家复兴了人们对美的古典认知。政治家则复活了西塞罗时期的修辞、理性论辩和公民参与的习惯。

在提倡社会和政治领导力——比如智慧、公正、节制、勇敢等——方面的古典德性之时,由于当时的危机和冲突,人文主义者们曾经历了一段更为艰难的时期。但他们有着正确的想法。如今的社会科学家并不经常诉诸"德性",但他们围绕规范谈了很多。推行行为规范是重塑复杂系统结果的有效方式。自上而下的控制失去了效力,是因为掌权的技术官僚不能充分了解如何发出正确的指令(即便他们知道,相关指令也难以执行)。自下而上的努力之所以失败,则是由于这些努力依赖人们不加反思、不考虑长期私利地改变自己的行为,但几乎没有人会有长期一致的行为。但规范是内化为我们内心的行为习惯,它直接调整我们的行为,并影响我们周围的人。以肥胖的广泛增加为例。强制人人都过上更加健康的生活方式是行不通的。而依靠个人更好地关照自身则仅仅产生了目前肥胖的流行。但研究表明,拎出一个超重人士,并将他置于某健康社区,这人很可能会变得健康。

规范和德性之间的差异在于,前者甚至能够在我们日常而不知的情况下塑造我们的行为,而后者则是我们深思熟虑之后才选择培养的习惯。要是我们进行选择和培养,许多有用的习惯都有助于我们更好地抵御当前的各种风险(并帮助我们紧握住机遇)。有些德性属于古代,其他则属于当代。但其中三者——诚实、勇敢和尊严——则十分引人注目。

诚实

据估计,发展中国家的腐败官员和高枕无忧的垄断者们每年都会从其国库中掳走约 1 万亿到 2 万亿美元资金,进而由全球投资者和金融企业投往发达国家。[589]在发达国家，类似2015年发现的大众汽车公司柴油机排放数据长达5年的造假丑闻，或者直到2012年才被发现的长达20年的伦敦同行拆借利率(Libor)的固定利率欺诈行为，这些事件都提醒我们，在诱惑和机会皆备的条件下，任何地方的人们都可能从事欺诈活动。而举报人则提醒我们，问题在于政府官员可能受到说客的影响，进而将少数人置于多数人之上，或者强大的官僚机构也会迫使官员们将数据采集置于公民隐私权之上。

上述欺诈让所有人都付出了代价。直接的经济损失十分惨重，因为它们能被量化。然而，除此之外，重要的公共目标，比如清洁的空气和更安全的消费品则深受其害；受保护的资源，比如蓝鳍金枪鱼(bluefin tuna)或者稀有硬木则愈发紧张；新的政策议程，正如已经制定好的一样，则会拒绝它们所需的税款；而人们的权利——为了隐私，也为更加公平和平等的生活——则可能被滥用。

占据头条位置的不正当行为也会引发可预见的自上而下的反应：我们会改进监管，甚至加重惩罚以震慑违法者不再犯下类似的罪恶。这些反应很必要，但并不完全。它们并未抓住更深层次的真相："违法犯罪者"通常并非某个人，而是某种将一己私利置于公共利益或公共责任之上的共享文化，它有时候也被认为是某种正常现象。大众汽车公司这样的标志性企业都会选择欺诈全世界数百万消费者以及各类监管者，而不去承担自己相应的全球责任之时，令所有人担忧的迹象便会出现，即社会伦理可能并未强大到人们可以依靠自身做出正确的事情。

我们迫切需要自下而上地唤起社会中的诚实德性。诚实滋生信任——后者乃更具活力和韧性之社会的关键属性。所有人都有两种办法帮助壮大这种因素。

首先便是**共享我们的数据**，因为越是分享，我们彼此间的有害秘密就越少。政府能够参与到开放数据运动之中，使纳税人赞助的数据库能够提供给纳税人使用(参见data.gov或者data.gov.uk等网站)。企业可以签署采掘业透明度行动计划、明白你为什么事项买单以及透明国际等数据共享计划，并作出决定让公众知晓公共产品的决定。个人则可以更加积极地与恰当的专业人士分享自己被性剥削和劳动剥削的经历，以及精神和身体健康问题等，以帮助社会更好地观察哪些地方会在什么时候行将崩溃。

其次，我们能做的第二件事便是**提升我们的数据质量**，因为不一致、不完全、混乱的事实会像未知的机密一样蒙蔽我们的认知。没人真正知道有多少税款因犯罪而流失，也没人真正知道有多少物种因为城市的发展而消失。没有人真正知道全世界有多少移民、他们来自何方、将往何处去等；所有国家都需要保守自己不尽一致的统计数据。有时候，问题则在于我们"知道"得太多。在 2007 年到 2008 年金融危机的酝酿阶段，银行管理层和监管者则早已被行业数据淹没。他们缺乏能力进行数据比对，进而提炼出让系统脆弱性得以呈现的相关材料。在政府方面：人们启动了世界统计计划（WorldStat），它是一个多边机构，旨在改进全球数据搜集和分析的方式，尤其是发展中国家的相关做法。[590] 各行业领域：则将自身的风险评估标准化，以便对其进行相互比较，进而构建一幅更加准确的全行业风险图景。个人方面：则将基于地理位置信息的邻里事件上传至 SeeClickFix 或者 Nextdoor 等公共数据应用程序，进而让大家都能了解社区情况。

我们所有人越是变得透明，大家彼此之间的猜忌、偏见和误解就会越少，而我们彼此也越容易建立信任。每一个开放的行为都对此有所助益。

勇敢

> 我当然相信这一点：勇往直前好过畏首畏尾……[591]
>
> 尼可罗·马基雅维利

勇敢是一种古老的德性。*Audentis Fortuna iuvat*（"运气眷顾勇敢"），维吉尔在其公元前 1 世纪的史诗《埃涅阿斯纪》中如此写道。[592] 马基雅维利同意这种说法，尽管在他自己的时代，运气在他心中已名声不佳。于他而言，运气是“某种洪水猛兽，它被激怒时，会淹没平原，毁坏树木和建筑，并造成地势的此升彼降。”[593]在愤怒的运气面前，马基雅维利将勇敢视为最最不可或缺的唯一德性，它的缺位将造成最大的灾难。

在混乱和不确定的氛围之中，人们最谨慎的做法往往是承担风险。为何？原因在于，尽管勇敢有助于我们取得辉煌，它同时也会帮助我们忍受痛苦。而正是勇敢的行为让人们摆脱了可被坏运气利用的不好习惯。（灾难袭来，人们“不应责备运气不好，而应怪罪自身的懈怠”。[594]）勇敢会产生新的发现，这些发现会迫使人们更新认知，进而与迅速变化的世界保持一致的步伐。它也能让人们对领袖保持信心，并相信后者能带领他们闯过即将来临的风暴。

如今，我们需要勇敢这种德性为我们带来更多类似的改变——尤其是信心和希望。目前世界上的反全球化、欧盟怀疑论（Euro-scepticism）和贸易保护主义情绪，则是公众在世界上各种重大冲击和长期忧虑面前无法避免的短暂且心胸狭隘的反应。在这个意义上，只有勇敢的行为才能让越来越多持怀疑态度的公众确信，我们不断增加的相互联系能够带来很好的结局，而不会将我们所有人暴露在巨大的压力和危险之中。

先行动起来。你开始行动之时，并非所有人都能看到其必要性，你不必再等待他们。你的行为若因那些缺乏远见或缺乏授权而无法参与的人而取消，这带来的机会成本会很大。让召集一群志同道合者开始行动成为一种习惯吧。通过 solutions. thischangeseverything. org 这种大众创业平台，个人和群体都能找到数以百计的办法真正做出点改变。诸如 B Team、世界企业永续发展委员会（World Business Council for Sustainable Development）以及联合国全球契约项目（UN Global Compact）均为各行业提供了挑战懈怠、做出壮举的类似机遇。领头的公司需要带头行动起来。

大多数需要完成的工作都能由工作联盟（coalitions of the working）

完成——它们是由那些有影响力且能获得处理一些紧急事件的公民、公司、城市或国家组成的团队,凭借自身的协调合作,它们能产生带动滞后者向前进的势头。[595] C40 城市倡议(c40. org),最初由遍布世界的40 个大城市组成(现为 69 个),便是一个很好的榜样。其中的会员城市致力于采取实际行动削减温室气体排放,并彼此分享自己的最佳经验。若少数重要参与者都如此集体行动,则许多全球挑战都能迎刃而解。这些挑战包括气候变化——仅仅 4 个国家(中国、美国、印度和俄罗斯)就产生了全球一半以上的碳排放量——以及金融问题,其中排名前三十几位的银行就能确保或打破全球银行系统的稳定。

生而有责。采取新的行为是为了取代旧的行为,而这并不容易。社会习俗——无论在消费、分配还是投资领域——都因我们从中获得了日常的便利而增强。通过行动或者树立其他方面的正面榜样,来引导人们并不能让社会放弃已经固定下来的实践、既得利益或者沉没成本。有时候,这些行为还容易引起下层民众的不满。

站出来反对权力的滥用或者不好的行为是一件不容易的事情,但保持沉默却显得胆小且愧对自己。“你不仅要为你说过的话负责,而且还要为自己没说的话负责”,马丁·路德的著名教导言犹在耳。人类天生是社会的动物,古希腊哲学家亚里士多德曾如此教导,这意味着我们会公开表达自己的价值观。倘若我们反过来退回到某种与世无争的德性状态,在个人的修身养性中寻求庇护,进而避免直面全球发展的话,我们便否认了自己完整生命的基本层面。

此外,我们也在拒绝自己作为公民的责任。对于古罗马的西塞罗以及复兴其观念的文艺复兴时期的人文主义者,公民身份——他们以此表达服务社会进而让其更加强大之意——则是德性生活的全部要旨。[596]“我们生来便不只是为自己而活着;我们的国家、我们的朋友都和我们息息相关。”[597] 21 世纪正需要我们承认这一担当。

公民身份也是将好心办坏事的人与那些不分青红皂白的作恶者分别开来的分水岭。尽管萨沃纳罗拉和马丁·路德都是大动荡事件中的标志性人物，但他们首先且最重要的身份，则是基督教群体中最虔诚的成员。他们都以修士身份作为自己职业生涯的开端，在确认基督教权力机构已偏离了自身的目的之后，他们都为整个宗教带来了革命性转变。毫无疑问，路德的宗教改革削弱了基督教会的世俗权力，但它也催生了一股反宗教改革浪潮，它旨在更好地培养牧师，打击腐败，并让其领袖专注精神事务。其他热情满满的改革者，如伊拉斯谟和托马斯·莫尔则以忠于自己的教会而闻名，但他们也固执地要求教会保持自己所宣扬的标准进而从内部改变了教会。

我们也必须变成自身社群所缺美德的倡导者。首先，我们可以通过社交媒介惩罚不当行为。我们还能以自己的选票为筹码，呼吁建立更严厉的反腐机构和更强大的反垄断政策，以便让公众能"跟踪金钱的流向"，我们也能要求公共领域和国家安全领域更强大的民间监管。

但这也为富人提出了更多要求。美第奇家族斥巨资用于公共工程，部分出于慷慨，但部分也源于社会压力。基督教世界中宣扬慈善和节俭美德的教会所拥有的巨额财富也会将人置于摇摇欲坠的道德基础之上。富人需要某种新的德性将自身的丰厚财富合法化，资助正是这种德性。通过赞助艺术、建筑和奖学金，他们试图让社会相信，巨额的财富也能是件好事——倘若善加利用的话。渐渐地，他们成功了。在14世纪，葬礼上的悼词会赞颂人们放弃现世财富的行为；而15和16世纪的悼词则会称赞产业与获得。[598]

如今，富人们为自身财富辩护的责任又再次出现，尽管背后的道德已越发世俗。不存在完全靠人自己努力挣得的财富。父母、教师和运气都在获取财富的路上起了很大作用——正如公开供应货物的情形一样，比如知识、技术、市场和基础设施等。通过放大某个好想法的市场范围，数字化便产生了"赢者通吃"效应，它只是扩大了人们公正挣取的财富和人们累积的财富之间的差距。[599]

证据显示，富人们还远没让这种差异在他们所生活的社会中变得能让人接受的程度。自本世纪之交以来，全球私人财富总量已增长2

倍多；而全球百万富翁的家庭数量则增长了 3 倍多(从 550 万户增至 1 630万户)；并且，后者——虽然仅占全球家庭数量的 1.1%——却集中了全球所有私人财富量的一半以上。[600]全球私人捐赠殊难量化，但它一定没有跟上百万富翁的增长步伐。例如，从 2008 年到 2011 年，全球财富猛增了 22 万亿美元，但从主要发达国家流入发展中国家的年均慈善善款，外加巴西、俄罗斯、印度和中国相关款项的总额则仅增加了 40 亿美元(从每年 550 亿美元增至 590 亿美元)。[601]

有些富人的确认为自己亏欠社会。像捐赠宣言(Giving Pledge)这样的努力就旨在让加入的亿万富翁当众宣誓，捐出自己一半以上的财富，并帮助私人赞助的规范向正确的方向转变。

但尚有很多人并未完全意识到这种亏欠，社会其余成员还需要施加更大的压力来帮助他们认清这一点。我们也应该对捐赠者保持尊重。“你的回报计划是什么?”应该是我们所有人首先追问新富阶层的问题。点名(若他们不愿回报的话)让社会寡头蒙羞，因为他们的巨额财富往往是政府的赐予或者是糟糕规则的结果。最后，倘若富人不愿更多地回报社会，我们便需要更多的累进税改革措施。

尊严

尊严乃尊重和探索人之为人的全部潜力的实践。对上个文艺复兴时期的人文主义者而言，这种探索是一种自下而上支撑起这些人的全部哲学的基础德性(meta-virtue)。他们将一些思想和行为的习惯人性化，在这一过程中，他们扩展了我们的潜能和价值观的重要程度和种类，而其他人的行为简直就是去人性化，因为他们将人的经验还原为一个或几个目的——比如金钱、名声或者财富增长等。

在我们能够奋力重振的所有德性中，尊严最具个人特征，且有着重塑人类境况的最强大力量。目前的时代已陷入了将我们自己的生活商品化的危险习惯之中，人们专注于占有物质财富和地位象征物，而非更深层次的共享价值。在我们日趋增长的理性和世俗价值体系中,我们在从事长期的贴现行为。我们也正在贴现人文学科(liberal arts)。(自1990年以来,美国文科学校的实际数量已经下降了40%。[602])我们也在贴现社区、传统,甚至有时候包括生命的神圣——诸如已被证实的,在2015年将近4 000名叙利亚难民在试图横渡地中海进入欧洲的过程中允许被溺毙。[603]人类最高的目的根本没在我们的思想中占有一席之地,单个目的或所有目的构成的整体都没有,而它们在很大程度上应该占有其地位,或者至少应该保持内在一致性。总之,我们正在侵蚀生活的高贵和美好。我们中许多人感到孤立无援难道很奇怪吗?

为了建立一个更具包容性,且长期事务更加重要的世界,我们都需要扩展和深化让生活值得过下去的习惯性鉴别力。

不要只是接受教育。而要投身一项教育之中。更多更好的普及教育一定具有其最高的优先性。一个文艺复兴时期对教育的回报会达到顶峰:社会对教育人们迅速成长的需求,以及为提升个人和社会而让人们施展教育才能的机遇都在增加。世界变化越快,我们越需要学习——和重新学习,因为我们赖以生活的真理会逐渐失效。

另一方面,错失教育和培训的代价已空前巨大。因为教育的回报是如此得高,受教育程度的差异是我们有生之年中拉开国家及其成员之间成就差距的最大因素。

对社会而言,这意味着:我们亟需为那些社会制度正在失效的人们改善其获取教育的机会。大多数国家已经为这种想法给出了许多漂亮的说辞,但对于这种严峻的考验而言,我们还是需要跟踪资本的流向。市场价格反映了事物的社会优先次序;在大多数不发达的地方,教师的薪资远少于他们应得的份额。低估教师的贡献现已成了一个危险的错误。

对个人而言,这意味着:在有生之年尽可能多地学习新知识。文艺复兴时期的人文主义者相信,积极的学习可以增强人们的尊严。其中的关键词是*积极*。像第谷·布拉赫和他自学天文学的经历一样,我们每个人都需要靠自己的双手勤奋地学习。肯尼亚标枪手朱利叶斯·叶果就无法为自己的运动找到合适的教练,正如他自己所说,因为"肯尼亚每个人都是赛跑运动员"。所以,"我的教练就是我自己,以及脸书上的视频资料"。到2012年,叶果在这一领域中的成就已为他吸引到世界上最好的教练,2015年,他获得了世界田径锦标赛中这一项目的冠军。[604]

至于正规教育,过去20年中,全世界各层次的入学率都已大幅提升,但同时,教育到底是什么的观念却遭到侵蚀。"获得学位",我们这样告诉自己的孩子,这是个好的建议,但这种说法本身却磨灭了人性。父母应该补充道,"你在获得学位的过程中应该拿出原创性的答案回答你感兴趣的问题。"教育太关注简历的打造会让我们变得渺小,并让教育本身显得无聊。要是文艺复兴时期的人文主义者活到今天,他们心中的头等大事很可能就是扭转人文学科最近的颓势。

否则,我们就会冒着将教育视为你所购买和消费的产品这种风险。而这并非教育的本质。教育更像是某种游戏。它需要努力——并与其他认真的玩家一起进行大量的练习——来学会如何玩得更好。对于那些成功者而言,简历上的内容其实并非最有价值的关键所在。他们已在生活中建立了自己的独特视角,充满问题的世界只待他们给出不凡的答案。

两者都要考虑,而非取其一。自我教育往往强调关注的力量,但若我们为了"出人头地"而不断压制自己的好奇心,那这种行为也会磨灭人性。文艺复兴时期的人文主义者相信,我们都能多少知道些每个知识分支和奋斗事业的内容,并且,随着我们不断地扩大自己所理解事物的范围,我们就多少会在某个领域内部变得"重要"起来。希望如此,本书——故意跨越了历史、地理、政治、经济、科学和艺术诸领域——已帮助你与这种内在的满足建立了联系。

但要注意:好奇心的代价很高。社会一贯高度重视专家;通才不得不面临更加不确定的回报和声望。后者的生产率也会受到影响。40

多年的时间里，达·芬奇仅绘制了不到两打作品，因为他花费了大量时间开发新的清漆和绘制新机器的草图。

但这仍然能取得成功。文艺复兴是博学者的时代——这对“文艺复兴时期的男人”和“文艺复兴时期的女人”都是如此。几乎没有一个我们能记住的上个文艺复兴时期的伟人仅在某个领域劳作。艺术为科学研究提供了材料：达·芬奇对人体细致入微的把握和观察帮助革新了解剖学的研究。科学也反哺了艺术：达·芬奇对解剖学的研究帮助他在绘画的精准度上取得了突破。今天，世界再度亟需这样的人带来源源不断的好奇心和无尽的想象力。我们创造的知识越多，理解所有知识如何彼此适配的任务就越困难。最大的贡献——和回报——将由我们中那些解决了这种困难的人取得。

寻求差异。这一点并不简单地意味着访问不同的地点和阅读不同的材料；它旨在累积新的不同视角。我们可能认为自己已经做到这一点了，但多数时候并未做到，真的没有。我们到访了新的地点，但我们有学会从当地的视角看待这些地方吗？倘若每次商业旅行都遵循如下的相同套路——机场—出租车—酒店—办公地点—艺术咖啡馆—出租车—机场——那么，答案则是没有。

在文艺复兴时期的欧洲，地域差异的最佳探索者很可能是伊拉斯谟(约 1466—1536)。他生于荷兰，在 17 岁的时候因为瘟疫而成为孤儿，他 25 岁左右在法国北部谋得主教私人秘书一职。伊拉斯谟于 1495 年抵达内陆的巴黎大学，之后的 30 年里，他分别在法国、意大利、比利时、英国和瑞士生活过。

但他最长的旅行则凭借自己的耳朵完成。在 40 岁之前，他曾广泛生活于欧洲知识分子群体之中——从日常的学术训练到新式意大利的影响——这让他一生都在致力于分享其丰富的学习成果和其中的共通联系。在比利时，他曾帮助建立旨在研究希伯来语、拉丁语和古希腊语的三语委员会(Collegium Trilingue)。(他用业余时间掌握了古希腊语。)伊拉斯谟拒绝了久负盛名的学术职位，相反，他让自己过着一种公共知识分子的生活，这让他比大多数人都更能看清世界大势。他还与超过500位的政界和知识界领袖保持着固定的联系（他的数千封信件被保存了下来，收藏于世界各大博物馆和私人之手）。并且，他还写过有关很多领域的书籍：教育、宗教、古典拉丁语和希腊语，诗歌以及其他文学体裁等，不一而足。他是其所处时代最多产和最有影响力的作家。[605]

我们所有人都能从伊拉斯谟的榜样中借鉴如何在我们这个新的文艺复兴时期里活得更加出色的经验。首先，学习新的语言。是的，我们操着英语就能让任何地方的人都理解，但人们会用自己的母语谈论对他们重要的事情。其次，融入你所到访的社区之中。乘坐公共交通工具，漫步在当地的公园；浏览当地的头条新闻和 Twitter 摘要；观看当地出品的电影等。第三，抛弃你自己的推理习惯，对其他人的所思所想保持好奇的心态。要是你从未看过福克斯新闻频道或者天空新闻台，那就去看看吧。但假如那就是你看到的全部，就请换个频道。在我们全天候的媒体世界，新闻都大同小异；但视角却很不相同。为何气候变化怀疑论者会持有怀疑态度？什么导致了宗教极端主义？我们越是深入到他人的观点之中——甚至那些我们坚信不疑的东西也会证明为误——我们自身价值观和洞见就会越丰富。

热爱艺术。今天，我们往往将艺术视为娱乐的某种纯粹形式。音乐和电影的对象是大众，但绘画、雕塑、芭蕾舞和诗歌等艺术形式则要么是奢侈品，要么是约会之夜的某种高雅标志。“艺术家”则是少数从事全职艺术事业的人，无法想象我们大多数人会去选择如此不现实的职业生涯。

是时候提升艺术在我们日常生活中的地位了。为艺术自身而进行创造或鉴赏乃我们所能养成的最高贵习惯，因为在每一个艺术品中，我们都会抛开自己经济的、理性的自我，反之提升情感和理想的重要性。文艺复兴时期的人文主义者相信，罗马文学的最伟大作品便是带有如此的美感和力量写成，它们仅通过雄辩就能让德性充盈我们自身。这对现代情感而言可能过于浪漫了些，但艺术的确在做的事情便是让我们想起那些精神层面的东西。从艺术品中，我们会更有能力将价值观和自己最近无暇关照的远见联系起来，进而看到更为宏大的图景。

大多数人并不会努力培养上述德性。这个时代呈现出的最直接回报和压力会继续驱动人们向前，并搭乘他人德性提升的便车。但这并不碍事，只要你培养他们的德性。通过你自身的行动，你将推动流行的规范继续向前，并吸引他人进入生活的某种新习惯之中，这种习惯让应该离想要更近了一步。我们所有人都会共享这种机遇并重塑人类的境况，但最终，它取决于你自己。

歌利亚

当今之世乃新的文艺复兴时期。

层出不穷的天才和各种风险展开较量。

历史会如何记录它——这取决于我们所有人。

米兰多拉的《论人的尊严》是上个文艺复兴时期的宣言，它以呼吁人们展开行动作结：

> 让一些神圣的抱负涤荡我们的灵魂，以致自己不甘于平庸，我们将热切渴望最高的事物，还将尽全力获得它们，因为，倘若我们如此希望，便有可能做到。[606]

这是那个时代的名流们一次又一次的重复呼吁。“没有比浪费时间所造成的伤害更大。”“取得成就之人绝少坐等事情的发生。他们会走出去，促成事情的发生。”传统上，我们将这两句话分别归于米开朗琪罗和达·芬奇。马基雅维利在其《君主论》的结论部分敦促意大利的统治者,“成就你们伟大的一切都已就绪,其余的事情你们必须自己完成。”[607]

他们都已看出自己所处的时代状况：终将重塑人类和整个世界的创造性力量和毁灭性力量正相互碰撞。通过引领民众的生活,他们澄清了自己的如下信念：人们应该联起手来直面这场即将到来的较量,并明确自己加入其中的迫切责任。

此种局面再次成为现实。

巨人歌利亚已恭候多时。

参考文献

1. United Nations Department of Economic and Social Affairs (2014). *World Urbanization Prospects: The 2014 Revision Highlights*. New York: United Nations.

2. Greenhalgh, Emily (2015). "2014 State of the Climate: Earth's Surface Temperature". *National Oceanic and Atmospheric Administration*. Retrieved from www. climate. gov.

3. Internet Live Stats (2015). "Internet Users". Retrieved from www. internetlivestats. com/internet-users.

4. Pew Research Center (2010, 9 November). "Public Support for Increased Trade, except with South Korea and China. Fewer See Benefits from Free Trade Agreements". *Pew Research Center Global Attitudes and Trends*. Retrieved from www. people-press. org.

5. Rasmus, Jack (2015, 21 September). "Global Corporate Cash Piles Exceed $15 Trillion". *TelesurTV*. Retrieved from www. telesurtv. net/english/opinion; Dolan, Mike (2014). "Analysis: Corporate Cash May Not All Flow Back with Recovery". *Reuters*. Retrieved from www. reuters. com.

6. Bost, Callie and Lu Wang (2014, 6 October). "S & P 500 Companies Spend Almost All Profits on Buybacks". *Bloomberg*. Retrieved from www. bloomberg. com.

7. da Vinci, Leonardo (1452 – 1519) (1955). "Chapter XXIX: Precepts of the Painter-of the Error Made by Those Who Practice without Science". In *The Notebooks of Leonardo Da Vinci*, edited by E. MacCurdy. New York: George Braziller.

8. Machiavelli, Niccolò (1469 – 1527) (1940). "Discourses on the First Ten Books of Titus Livius, Third Book, Chapter XLIII: Natives of the Same Country Preserve for All Time the Same Characteristics". In *The Prince and the Discourses*, edited by C. E. Detmold, M. Lerner, L. Ricci and E. Vincent. New York: The Modern Library.

9. Pettersson, Therese and Peter Wallensteen (2015). "Armed Conflicts, 1946 – 2014". *Journal of Peace Research* 52(4): 536 – 550.

10. Huizinga, Johan (1959). "The Problem of the Renaissance". In *Men and Ideas: History, the Middle Ages, the Renaissance (Essays by Johan Huizinga)*. New York: Meridian Books.

11. Brotton, Jerry (2002). *The Renaissance Bazaar: From the Silk Road to Michelangelo*. Oxford: Oxford University Press.
12. Hale, J. R. (1985). *War and Society in Renaissance Europe, 1450–1620*. London: Fontana Press.
13. Asian Art Museum (2015). "The Invention of Woodblock Printing in the Tang (618–906) and Song (960–1279) Dynasties". Retrieved from education. asianart. org.
14. Cardano, Girolamo (1501 – 1576) (1931). "Chapter XLI: Concerning Natural Though Rare Circumstances of My Own Life". In *The Book of My Life (De Vita Propria Liber)*, edited by J. Stoner. London: J. M. Dent.
15. Brotton, Jerry (2012). *A History of the World in Twelve Maps*. London: Allen Lane.
16. Goldin, Ian (2016). *Development: A Very Short Introduction*. Oxford: Oxford University Press.
17. UNDP (2010). *The Real Wealth of Nations: Pathways to Human Development*. Human Development Report 2010. New York: United Nations, p. 6.
18. Economist Intelligence Unit (2016). *Democracy Index* 2014: *Democracy in an age of Anxietys*. London: *The Economist*. Retrieved from www. eiu. com/democracy2015.
19. World Trade Organization (2015). "Members and Observers". Retrieved from www. wto. org/english/thewto_e/whatis_e/tif_e/org6_e. htm.
20. Rhodes, Neil and Jonathan Sawday (2000). *The Renaissance Computer: Knowledge Technology in the First Age of Print*. London: Routledge, p. 1; Brotton, *A History of the World in Twelve Maps*.
21. Brant, Sebastian (1458–1521) (1498). *Varia Carmina*. Basel: Johann Bergmann, de Olpe, f. l VIII r-v.
22. Eisenstein, Elizabeth L. (1980). *The Printing Press as an Agent of Change*. Vol. 1. Cambridge: Cambridge University Press, p. 46.
23. Foresti, Giacomo Filippo (1434 – 1520) (1492). *Supplementum Chronicharum*. Venice: Bernardinum riçium de Nouaria.
24. Ruggiero, Guido (2002). *A Companion to the Worlds of the Renaissance*. Oxford: Blackwell, p. 335.
25. Ibid., p. 95.
26. Ibid., p. 183.
27. Whitlock, Keith (2000). *The Renaissance in Europe: A Reader*. New Haven, CT: Yale University Press, p. 301.
28. Ibid., p. 302.
29. Man, John (2002). *The Gutenberg Revolution: The Story of a Genius and an Invention That Changed the World*. London: Review, p. 224.
30. World Bank Databank (2014). "Internet Users (per 100 People)". *World Development Indicators*. Retrieved from data. worldbank. org.
31. World Bank Databank (2015). "Mobile Cellular Subscriptions (per 100 People)". *World Development Indicators*. Retrieved from data. worldbank. org.
32. International Telecommunications Union (2014). "Key ICT Indicators for Developed and Developing Countries and the World". Retrieved from www. itu. int/en/ITU-D/Statistics/Documents/statistics.

33. Ibid. ; International Telecommunications Union (2014). "Mobile Broadband Is Counted as 3G or Above". Retrieved from www. itu. int/en/ITU-D/Statistics/ Documents/statistics.
34. IDC (2014). "The Digital Universe of Opportunities: Rich Data and the Increasing Value of the Internet of Things". *EMC Digital Universe*. Framingham: IDC. Retrieved from www. emc. com/leadership/digital-universe/2014iview/index. htm. Plus authors' estimates.
35. TeleGeography (2015). *The Telegeography Report*. Retrieved from www. telegeography. com.
36. Snyder, Benjamin (2015). "Gmail Just Hit a Major Milestone". *Fortune*. Retrieved from www. fortune. com; Quigley, Robert (2011). "The Cost of a Gigabyte over the Years". *The Mary Sue*. Retrieved from www. themarysue. com/gigabyte-cost-over-years.
37. Cisco (2015). *The Zettabyte Era: Trends and Analysis*. San Jose, CA: Cisco Systems Inc.
38. Internet Live Stats (2015). "Internet Users". Retrieved from www. internetlivestats. com/internet-users.
39. Manyika, James, Jacques Bughin, et al. (2014). *Global Flows in a Digital Age*. New York: McKinsey & Co.
40. International Telecommunication Union (2015). *ICT Facts & Figures: The World in 2015*. Geneva: ITU; International Energy Agency (2014). "World Energy Outlook 2014 — Electricity Access Database". *OECD/IEA*. Retrieved from www. worldenergy-outlook. org.
41. International Telecommunication Union, *ICT Facts & Figures*.
42. Dennis, Sarah Grace, Thomas Trusk, et al. (2015). "Viability of Bioprinted Cellular Constructs Using a Three Dispenser Cartesian Printer". *Journal of Visualized Experiments* 103: e53156.
43. Dredge, Stuart (2015). "Zuckerberg: One in Seven People on the Planet Used Facebook on Monday". *The Guardian*. Retrieved from www. theguardian. com.
44. BBC News (2011). "Facebook Users Average 3. 74 Degrees of Separation". *BBC*. Retrieved from www. bbc. co. uk.
45. Gates, Bill (1995). *The Road Ahead*. London: Viking, pp. 4 - 5.
46. Emmer, Pieter (2003). "The Myth of Early Globalization: The Atlantic Economy, 1500 - 1800". *European Review* 11(1): 37 - 47.
47. Ruggiero, Guido (2002). *A Companion to the Worlds of the Renaissance*. Oxford: Blackwell, p. 288.
48. Maddison, Angus (2001). *The World Economy: A Millennial Perspective*. Development Center Studies. Paris: OECD, p. 64.
49. Ruggiero, *A Companion to the Worlds of the Renaissance*, p. 287.
50. Casale, Giancarlo (2003). "The Ottoman "Discovery" of the Indian Ocean in the Sixteenth Century: The Age of Exploration from an Islamic Perspective". Retrieved from webdoc. sub. gwdg. de.
51. Krugman, Paul (1995). "Growing World Trade: Causes and Consequences". *Brookings Papers on Economic Activity* 1: 331.
52. United Nations Conference on Trade and Development (2015). "Merchandise: Total

Trade and Share, Annual, 1948 - 2014". *UNCTADStat*. Retrieved from unctadstat. unctad. org.

53. United Nations Conference on Trade and Development (2015). "Services (BPM5): Exports and Imports of Total Services, Value, Shares and Growth, Annual, 1980 - 2013". *UNCTADStat*. Retrieved from unctadstat. unctad. org.
54. Containerisation International (1992). *Containerisation International Yearbook*. London: National Magazine Co.; World Shipping Council (2015). "Top 50 World Container Ports". Retrieved from www. worldshipping. org/about-the-industry/global-trade.
55. International Civil Aviation Organization (1991). "Air China Took Delivery of Its First Wide-Body Freighter". *ICAO Journal* (July): 16.
56. United Nations Statistics Division (2015). "GDP and Its Breakdown". *National Accounts Main Aggregates Database*. Retrieved from unstats. un. org.
57. Trading Economics (2015). "Bangladesh Exports 1972 - 2015". Retrieved from www. tradingeconomics. com/bangladesh/exports.
58. "Creaming Along". *The Economist* (16 June 2011). Retrieved from www. economist. com.
59. India Brand Equity Foundation (2015). "Indian IT and ITES Industry Analysis". *IBEF*. Retrieved from www. ibef. org.
60. Eichengreen, Barry and Poonam Gupta (2012). *Exports of Services: Indian Experiences in Perspective*. New Delhi: National Institute of Public Finance and Policy, p. 11.
61. United Nations Conference on Trade and Development (2015). "Goods and Services (BPM5): Exports and Imports of Goods and Services, Annual, 1980 - 2013". *UNCTADStat*. Retrieved from unctadstat. unctad. org.
62. Statista (2015). "International Trade: Monthly Value of Exports from China". Retrieved from www. statista. com/statistics/271616/monthly-value-of-exports-from-china.
63. China Statistics Press (2015). "China's Exports & Imports, 1952 - 2014". *China Statistical Yearbook*. Retrieved from www. stats. gov. cn.
64. United Nations Conference on Trade and Development (2015). "Merchandise: Intra-Trade and Extra-Trade of Country Groups by Product, Annual, 1995 - 2014". *UNCTADStat*. Retrieved from unctadstat. unctad. org.
65. Hillsberg, Alex (17 September 2014). "How & Where iPhone Is Made: Comparison of Apple's Manufacturing Process". *CompareCamp*. Retrieved from comparecamp. com/how-where-iphone-is-made-comparison-of-apples-manufacturing-process.
66. Davidson, Nicholas (20 January 2014). *Overseas Expansion and the Development of a World Economy (Lecture)*. Oxford: University of Oxford.
67. Denzel, Markus (2006). "The European Bill of Exchange". *International Economic History Congress XIV*. Retrieved from www. helsinki. fi /iehc2006/papers1/Denzel2. pdf.
68. de Maddalena, Aldo and Hermann Kellenbenz (1986). *La Repubblica Internazionale Del Denaro Tra XV E XVII Secolo*. Bologna: Il Mulino.
69. Goldthwaite, Richard (2009). *The Economy of Renaissance Florence*. Baltimore:

Johns Hopkins University Press.

70. Ehrenberg, Richard (1928). *Capital and Finance in the Age of the Renaissance: A Study of the Fuggers and Their Connections*. London: Jonathan Cape, p. 238.
71. Roxburgh, Charles, Susan Lund, et al. (2011). *Mapping Global Capital Markets 2011*. McKinsey Global Institute. New York: McKinsey & Co., p. 32.
72. Manyika, James, Jacques Bughin, et al. (2014). *Global Flows in a Digital Age*. New York: McKinsey & Co.
73. Chomsisengphet, Souphala and Anthony Pennington-Cross (2006). "The Evolution of the Subprime Mortgage Market". *Federal Reserve Bank of St. Louis Review* 88 (1): 31 - 56.
74. Manyika, Bughin, et al., *Global Flows in a Digital Age*.
75. International Monetary Fund (2015). "Summary of International Transactions". *IMF Balance of Payments*. Retrieved from data. imf. org.
76. United Nations Conference on Trade and Development (2015). "Inward and Outward Foreign Direct Investment Flows, Annual, 1970 - 2013". *UNCTAD Stat*. Retrieved from unctadstat. unctad. org/wds.
77. Jin, David, David C. Michael, et al. (2011). "The Many City Growth Strategy". Boston: Boston Consulting Group. Retrieved from www. bcgperspectives. com.
78. Wheatley, Jonathan and Sam Fleming (1 October 2015). "Capital Flight Darkens Economic Prospects for Emerging Markets". *The Financial Times*. Retrieved from www. ft. com.
79. Osler Hampson, Fen (30 October 2012). "Canada Needs a Foreign Investment Plan Based on Fact, Not Fear". *iPolitics*. Retrieved from www. ipolitics. ca/2012/10/30/breaking-out-of-the-investment-igloo.
80. United Nations Conference on Trade and Development, "Goods and Services (BPM5); International Monetary Fund, "Summary of International Transactions".
81. United Nations World Tourism Organization (2015). *UNWTO Tourism Highlights* (2015 Edition). Madrid: UNWTO.
82. World Bank Databank (2015). "Air Transport, Passengers Carried". *World Development Indicators*. Retrieved from data. worldbank. org.
83. Manyika, Bughin, et al., *Global Flows in a Digital Age*.
84. International Civil Aviation Organization (1991). "Comparison of Traffic at the World's Major Airports, 1989 versus 1980". *ICAO Journal* (July); International Civil Aviation Organization (2013). "Forecasts of Scheduled Passenger and Freight Trafc". Retrieved from www. icao. int/sustainability/pages.
85. Boeing (2015). *Current Market Outlook 2015 - 2034*. Seattle: Boeing Commercial Airplanes Market Analysis.
86. Ibid.
87. Acemoglu, Daron, Simon H. Johnson, et al. (2002). *The Rise of Europe: Atlantic Trade, Institutional Change and Economic Growth*. Boston: Massachusetts Institute of Technology.
88. Lynch, Katherine (2003). *Individuals, Families, and Communities in Europe, 1200 - 1800: The Urban Foundations of Western Society*. Cambridge: Cambridge University Press, p. 30.

89. Elliott, J. H. (1963). *Imperial Spain: 1469 –1716*. London: Edwin Arnold Ltd. , p. 177.
90. United Nations Department of Economic and Social Affairs, Population Division (2014). *World Urbanization Prospects: The 2014 Revision*. New York: United Nations.
91. Ibid.
92. United Nations Population Fund (2007). *Growing up Urban: State of World Population 2007, Youth Supplement*. New York: United Nations.
93. China National Statistics Bureau (1990). *Fourth National Population Census*. Beijing: Department of Population Statistics.
94. Shenzhen Government Online (2015). "Overview: Demographics". Retrieved from english. sz. gov. cn/gi.
95. United Nations Department of Economic and Social Affairs, Population Division, *World Urbanization Prospects*.
96. Ibid.
97. MacCulloch, Diarmaid (2003). *Reformation: Europe's House Divided, 1490 – 1700*. London: Allen Lane, pp. 60,648 – 649.
98. Frankel, Neil A. (2008). "Facts and Figures". *The Atlantic Slave Trade and Slavery in America*. Retrieved from www. slaverysite. com/Body/facts%20and%20 gures. htm.
99. World Bank (2013). "Bilateral Migration Matrix 2013". *Migration & Remittances Data*. Retrieved from econ. worldbank. org.
100. Manyika, Bughin, et al. , *Global Flows in a Digital Age*.
101. Eurostat (2015). "Non-National Population by Group of Citizenship, 1 January 2014". *Eurostat*. Retrieved from ec. europa. eu/eurostat.
102. Goldin, Ian (2012). *Exceptional People: How Migration Shaped Our World and Will Define Our Future*. Princeton: Princeton University Press.
103. United Nations Department of Economic and Social Affairs (2013). "Total International Migrant Stock, 2013 Revision". *UN Population Division*. Retrieved from esa. un. org/unmigration; Pew Research Center (2014). "Origins and Destinations of the World's Migrants, from 1990 – 2013". Retrieved from www. pewglobal. org.
104. Dustmann, Christian and Tommaso Frattini (2014). "The Fiscal Effects of Immigration to the UK". *The Economic Journal* 124(580): 593 – 643.
105. Goldin, *Exceptional People*.
106. Ibid.
107. Ibid.
108. Kosloski, Rey (2014). *The American Way of Border Control and Immigration Reform Politics*. Oxford: Oxford Martin School.
109. Miles, Tom (25 September 2015). "UN Sees Refugee Flow to Europe Growing, Plans for Big Iraq Displacement". *Reuters*. Retrieved from www. reuters. com.
110. Spate, O. H. K. (1979). *The Spanish Lake: The Pacific since Magellan*. Canberra: Australian National University Press, pp. 15 – 22.
111. Ibid.

112. Thrower, Norman J. W. (2008). *Maps and Civilization: Cartography in Culture and Society* (3rd Edition). Chicago: University of Chicago Press, p. 63.

113. Wightman, W. P. D. (1962). *Science and the Renaissance*. Edinburgh: Oliver & Boyd, p. 143.

114. Puttevils, Jeroen (2016). *Merchants and Trading in the Sixteenth Century: The Golden Age of Antwerp*. New York: Routledge.

115. Kohn, Meir (2010). "How and Why Economies Develop and Grow: Lessons from Preindustrial Europe and China". Hanover, NH: Dartmouth College Department of Economics. Retrieved from ssrn. com/abstract=1723870.

116. Manyika, Bughin, et al. , *Global Flows in a Digital Age*.

117. Macaulay, James, Lauren Buckalew, et al. (2015). *Internet of Things in Logistics*. Trois-dorf, Germany: DHL Trend Research and Cisco Consulting Services. Retrieved from www. dpdhl. com.

118. Seoul Metropolitan Government (2015). "Seoul Transportation: People First". *Seoul Solution*. Retrieved from www. seoulsolution. kr.

119. Bernhofen, Daniel M. , Zouheir El-Sahli, et al. (2013). "Estimating the Effects of Containerization on World Trade". Nottingham: Centre for Research on Globalisation and Economic Policy. Retrieved from www. nottingham. ac. uk/gep.

120. World Maritime News (19 February 2015). "Global Container Volumes Rise". *World Maritime News*. Retrieved from worldmaritimenews. com.

121. Schneider, Friedrich, Andreas Buehn, et al. (2010). "Shadow Economies All over the World: Estimates for 162 Countries from 1999 to 2007". *Policy Research Working Paper 5356*. Development Research Group, Poverty & Inequality Team, Washington, DC: World Bank.

122. Naim, Moses (2005). *Illicit: How Smugglers, Traffickers and Counterfeiters Are Hijacking the Global Economy*. London: Random House.

123. Pimentel, David (2005). "Update on the Environmental and Economic Costs Associated with Alien-Invasive Species in the United States". *Ecological Economics* 52: 273 - 288.

124. Intergovernmental Panel on Climate Change (2014). *Climate Change 2014: Synthesis Report*. Geneva: IPCC.

125. Anderson, Benedict (2006). *Imagined Communities: Reflections on the Origin and Spread of Nationalism*. London: Verso.

126. W3 Techs (2015). "Usage of Content Languages for Websites". Retrieved from w3techs. com/technologies/overview/content_language/all.

127. Internet World Stats (2014). "Internet World Users by Language". *Usage and Population Statistics*. Retrieved from www. internetworldstats. com/stats7. htm.

128. Ramus, Peter (1569). *Scholarum Mathematicarum, Libri Unus Et Triginta*. Basel: Per Eusebium Episcopium, & Nicolai fratris haeredes, Preface.

129. della Mirandola, Pico (1463 - 1494) (2012). *Oration on the Dignity of Man: A New Translation and Commentary*, translated by F. Borghesi, M. Papio and M. Riva. Cambridge: Cambridge University Press.

130. Peterson, David S. (2004). "Religion and the Church". In *Italy in the Age of the Renaissance: 1300 - 1550*, edited by J. Najemy. Oxford: Oxford University Press,

p. 76; *Britannica* (2014). "Giovanni Pico Della Mirandola". Britannica. Retrieved from www. britannica. com.

131. Hendrix, John (2003). *History and Culture in Italy*. Oxford: University Press of America.
132. Wheelis, Mark (2002). "Biological Warfare at the 1346 Siege of Caffa". *Journal of Emerging Infectious Diseases* 8(9):973.
133. Ruggiero, Guido (2002). *A Companion to the Worlds of the Renaissance*. Oxford: Black well.
134. Bartlett, Robert (1993). *The Making of Europe: Conquest, Colonization and Cultural Change 950 – 1350*. London: BCA.
135. Najemy, John (2006). *A History of Florence, 1200 – 1575*. Oxford: Blackwell, pp. 97 – 100.
136. Lis, Catharina and Hugo Soly (1979). *Poverty and Capitalism in Pre-Industrial Europe*. Hassocks, UK: Harvester Press.
137. Ruggiero, *A Companion to the Worlds of the Renaissance*.
138. Ibid.
139. The Maddison Project (2013). "Maddison Project Database". Retrieved from www. ggdc. net/maddison/maddison-project/home. htm.
140. Geremek, Bronislaw (1994). *Poverty: A History*. Oxford: Blackwell.
141. World Bank Databank (2014). "Life Expectancy at Birth, Total (Years)". *World Development Indicators*. Retrieved from data. worldbank. org.
142. "Global Health: Lifting the Burden". *The Economist* (15 December 2012). Retrieved from www. economist. com.
143. Deaton, Angus (2013). *The Great Escape: Health, Wealth, and the Origins of Inequality*. Princeton: Princeton University Press.
144. Banerjee, Abhijit V. and Esther Duflo (2006). "The Economic Lives of the Poor". *MIT Department of Economics Working Paper No. 06 – 29*. Cambridge: Massachusetts Institute of Technology, Abdul Latif Jameel Poverty Action Lab. Retrieved from economics. mit. edu.
145. World Bank Databank (2015). "GDP Per Capita (Constant LCU)". *World Development Indicators*. Retrieved from data. worldbank. org.
146. World Bank Databank (2015). "GDP Per Capita (Constant 2005 US$)". *World Development Indicators*. Retrieved from data. worldbank. org.
147. United Nations (2015). "Goal 1: Eradicate Extreme Poverty & Hunger". *Millennium Development Goals and Beyond 2015*. Retrieved from www. un. org/millenniumgoals/ poverty. shtml.
148. World Bank (17 April 2013). "Remarkable Declines in Global Poverty, but Major Challenges Remain". Retrieved from www. worldbank. org/en/news/press-release/2013/04/17/remarkable-declines-in-global-poverty-but-major-challenges-remain.
149. Trading Economics (2015). "China Average Yearly Wages". Retrieved from www. tradingeconomics. com/china/wages.
150. World Bank. "World Development Indicators: Women in Development". *2015 World View*. Retrieved from wdi. worldbank. org.
151. "Hopeless Africa". *The Economist* (11 May 2000). Retrieved from www.

economist. com.

152. Schneidman, Witney and Zenia A. Lewis (2012). *The African Growth and Opportunity Act: Looking Back, Looking Forward*. Washington, DC.: Brookings Institution.
153. World Bank Databank (2015). "Sub-Saharan Africa (Developing Only)". *World Development Indicators*. Retrieved from data. worldbank. org.
154. African Development Bank Group (2014). "ADB Socio-economic Database: National Accounts". *ADB Data Portal*. Retrieved from dataportal. afdb. org/default. aspx.
155. de Ridder-Symoens, Hilda (1996). *A History of the University in Europe*. Cambridge: Cambridge University Press.
156. von Eulenburg, Franz (1904). *Die Frequenz Der Deutschen Universitaten Von Ihrer Grundung Bis Zur Gegenwart*. Leibzig: B. G. Teubner.
157. Ralph, Philip Lee (1973). *The Renaissance in Perspective*. New York: St Martin's Press.
158. Roser, Max (2015). "Literacy". *OurWorldInData. org*. Retrieved from ourworldindata. org/data/education-knowledge/literacy.
159. United Nations (2015). "Goal 2: Achieve Universal Primary Education". *Millennium Development Goals and Beyond 2015*. Retrieved from www. un. org/millenniumgoals/education. shtml.
160. World Bank Databank (2015). "Primary Enrollment Rate; Primary Completion Rate". *Education Statistics-All Indicators*. Retrieved from databank. worldbank. org.
161. World Bank (2012). *World Development Report 2012: Gender Equality and Development*. Washington, DC: World Bank.
162. World Bank Databank (2014). "School Enrollment, Primary, Female (% Net); School Enrollment, Secondary, Female (% Net)". *World Development Indicators*. Retrieved from data. worldbank. org.
163. World Bank, *World Development Report 2012*, p. 106.
164. World Bank Databank (2014). "School Enrollment, Tertiary (% Gross)". *World Development Indicators*. Retrieved from data. worldbank. org.
165. UNESCO (2014). "Enrolment in tertiary education". *UNESCO Institute for Statistics Database*. Retrieved from data. uis. unesco. org.
166. Hultman, Nathan, Katherine Sierra, et al. (2012). *Green Growth Innovation: New Pathways for International Cooperation*. Washington, DC: Brookings Institution
167. World Bank, *World Development Report 2012*, p. 14.
168. UNICEF (2015). *Levels and Trends in Child Mortality*. New York: UNICEF.
169. Ibid.
170. World Health Organization (2012). *World Health Statistics 2012*. Geneva: WHO.
171. World Health Organization (2014). *Global Status Report on Noncommunicable Diseases 2014*. Geneva: WHO.
172. Dwyer, Terence, PhD. (1 October 2015). "The Present State of Medical Science". Interviewed by C. Kutarna, University of Oxford.

173. Human Mortality Database (2014). *Global Population and Mortality Data*. Retrieved from www. mortality. org.

174. Goldin, Ian, editor (2014). *Is the Planet Full?* Oxford: Oxford University Press.

175. Goldin, Ian and Kenneth Reinert (2012). *Globalization for Development*. Oxford: Oxford University Press.

176. Vietnam Food Association (2014). "Yearly Export Statistics". Retrieved from vietfood. org. vn/en/default. aspx? c=108.

177. Bangladesh Garment Manufacturers and Exporters Association (2015). "Trade Information". Retrieved from bgmea. com. bd/home/pages/TradeInformation #. U57MMhZLGYU.

178. Burke, Jason (14 November 2013). "Bangladesh Garment Workers Set for 77% Pay Rise". *The Guardian*. Retrieved from www. theguardian. com.

179. Goldin and Reinert, *Globalization for Development*.

180. Industrial Development Bureau (2015). "Industry Introduction-History of Industrial Development". *Ministry of Economic Affairs*. Retrieved from www. moeaidb. gov. tw/external/view/en/english/about04. html.

181. Kim, Ran (1996). "The Korean System of Innovation and the Semiconductor Industry: A Governance Perspective". *SPRU/SEI-Working Paper*. Paris: OECD.

182. IC Insights (2015). *Global Wafer Capacity*. Scottsdale: IC Insights.

183. World Bank, *World Development Report 2012*.

184. World Bank (2015). "Migration and Remittances: Recent Developments and Outlook". *Migration and Development Brief 22*. Washington, DC: World Bank.

185. Dayrit, Manuel M. (2013). *Brain Drain and Brain Gain: Selected Country Experiences and Responses*. Singapore: Asia Regional World Health Summit.

186. Statistics Canada (2011). "Data Tables (Ethnic Origin)". *National Household Survey*. Retrieved from www12. statcan. gc. ca.

187. Goldin and Reinert, *Globalization for Development*, Chapter 7.

188. World Bank (2011). *World Development Report 2011: Conflict, Security and Development*. Washington, DC: World Bank.

189. Zakaria, Fareed (2008). *The Post-American World*. London: Allen Lane.

190. World Bank, *World Development Report 2011*.

191. Ibid.

192. Goldstone, Jack A. (1991). *Revolution and Rebellion in the Early Modern World*. Berkeley: University of California Press.

193. Lis and Soly, *Poverty and Capitalism in Pre-Industrial Europe*.

194. Geremek, *Poverty*.

195. Jütte, Robert (1994). *Poverty and Deviance in Early Modern Europe*. Cambridge: Cambridge University Press.

196. Goldstone, *Revolution and Rebellion in the Early Modern World*.

197. Davidson, Nicholas (2014). *Overseas Expansion and the Development of a World Economy*. Lecture. Oxford: University of Oxford.

198. Ruggiero, *A Companion to the Worlds of the Renaissance*.

199. Kukaswadia, Atif (2013). "What Killed the Aztecs? A Researcher Probes Role of 16th Century Megadrought". *Public Health Perspectives*. Retrieved from blogs.

plos. org/publichealth/2013/07/30/guest-post-what-killed-the-aztecs/; Hunefeldt, Christine (2004). *A Brief History of Peru*. New York: Facts on File Inc. , p. 52.

200. Ruggiero, *A Companion to the Worlds of the Renaissance*.
201. Milanovic, Branko (2012). "Global Income Inequality by the Numbers: In History and Now". *Policy Research Working Paper 6259*. Washington, DC: World Bank Development Research Group.
202. Oxfam (2016). *An Economy for the 1%*. Oxford: Oxfam International.
203. United Nations Department of Economic and Social Affairs (2014). "Access to Sanitation". *International Decade of Action "Water for Life" 2005 - 2015*. New York: United Nations. Retrieved from www. un. org/waterforlifedecade/sanitation. shtml; International Energy Agency (2015). "World Energy Outlook 2014 — Electricity Access Database". *OECD/IEA*. Retrieved from www. worldenergyoutlook. org; Food and Agricultural Organization of the United Nations (2015). *The State of Food Insecurity in the World*. Rome: FAO.
204. UNDP (2010). *The Real Wealth of Nations: Pathways to Human Development*. Human Development Report 2010. New York: United Nations; World Health Organization (2014). "The Top 10 Causes of Death". Retrieved from www. who. int/mediacentre/factsheets/fs310/en/index3. html; World Health Organization (2015). "Chronic Diseases and Health Promotion". Retrieved from www. who. int/chp/en.
205. Barro, Robert J. and Xavier Sala-i-Martin (1992). "Convergence". *Journal of Political Economy* 100(2): 223 - 251; Deaton. *The Great Escape*; Pritchett, Lant (1997). "Convergence, Big Time". *Journal of Economic Perspectives* 11(3): 3 - 17.
206. Kharas, Homi (9 January 2015). "The Transition from "the Developing World" to "a Developing World"". *Kapuscinski Development Lectures*. Retrieved from www. brookings. edu.
207. World Bank Databank (2015). "GDP Per Capita (Constant 2005 US$)". *World Development Indicators*. Retrieved from data. worldbank. org.
208. Deaton, *The Great Escape*.
209. United Nations Development Program, *The Real Wealth of Nations*.
210. Goldin, Ian and Mike Mariathasan (2014). *The Butterfly Defect*. Princeton: Princeton University Press.
211. Thomas, Saji and Sudharshan Canagarajah (2002). *Poverty in a Wealthy Economy: The Case of Nigeria*. IMF Working Paper. Washington, DC: International Monetary Fund; World Bank Databank (2015). "Poverty Headcount Ratio at $1. 25 a Day (PPP) (% of Population)". *World Development Indicators*. Retrieved from databank. worldbank. org. Changes over time in how researchers measure poverty make longterm rate comparisons contentious, but the overall direction in Nigeria's case is clear.
212. US Census Bureau (2015). "Table F-3. Mean Income Received by Each Fifth and Top 5 Per Cent of Families". *US Population Survey*. Suitland, MD: Economics and Statistics Administration. Retrieved from www. census. gov.
213. Goldin and Mariathasan, *The Butterfly Defect*.

214. United Nations Development Program, *The Real Wealth of Nations*.

215. International Telecommunications Union (2013). *Measuring the Information Society*. Geneva: ITU.

216. Goldin and Reinert, *Globalization for Development*.

217. MacMillan, Margaret and Dani Rodrik (2011). "Globalization, Structural Change and Productivity Growth". *National Bureau of Economic Research Working Paper Series*, # *17143*.

218. Berenger, Jean (1990). *A History of the Habsburg Empire, 1273 - 1700*. New York: Routledge, p. 79.

219. Goldin and Mariathasan, *The Butterfly Defect*.

220. Munich RE NatCatSERVICE (2015). "The 10 Deadliest Natural Disasters". *Significant Natural Disasters since 1980*. Retrieved from www. munichre. com.

221. United Nations High Commission for Refugees (2015). "Facts and Figures about Refugees". Retrieved from www. unhcr. org. uk/about-us/key-facts-and-figures. html.

222. World Bank (2014). "Somalia Overview". Retrieved from www. worldbank. org/en/country/somalia/overview.

223. Baker, Aryn (14 March 2014). "The Cost of War: Syria, Three Years On". *Time Magazine*. Retrieved from www. time. com; El-Showk, Sedeer (2014). "A Broken Healthcare System: The Legacy of Syria's Conflic". *Nature Middle East*. Retrieved from www. natureasia. com.

224. Dobbs, Richard and Shirish Sankhe (2010). *Comparing Urbanization in China and India*. New York: McKinsey & Co.

225. "Africa Rising: A Hopeful Continent". *The Economist* (2 March 2013). Retrieved from www. economist. com.

226. Leke, Acha, Susan Lund, et al. (2010). *What's Driving Africa's Growth*. New York: McKinsey & Co.

227. World Bank Databank (2015). "Life Expectancy (Years)". *World Development Indicators*. Retrieved from data. worldbank. org.

228. United Nations Development Program, *The Real Wealth of Nations*.

229. United Nations Development Program (2014). *Sustaining Human Progress: Reducing Vulnerabilities and Building Resilience*. Human Development Report 2014. New York: United Nations.

230. Contopoulus, G. (1974). *Highlights of Astronomy, Volume 3: As Presented at the XVth General Assembly and the Extraordinary Assembly of the IAU*. Boston: D. Reidel Publishing Company.

231. Sobel, Dava (2011). *A More Perfect Heaven: How Copernicus Revolutionized the Cosmos*. London: Bloomsbury.

232. Copernicus, Nicolaus (1473 - 1543) (1995). "Introduction, Book 1". *On the Revolutions of the Heavenly Spheres*, translated by C. Wallis. New York: Prometheus Books.

233. Ferguson, Niall (2011). *Civilization: The West and the Rest*. London: Allen Lane; Mokyr, Joel (1990). *Twenty-Five Centuries of Technological Change*. London: Harwood Academic.

234. OECD (2015). *In It Together: Why Less Inequality Benefits All*. Paris: OECD Publishing.
235. "Workers on Tap". *The Economist* (5 January 2015). Retrieved from www.economist.com.
236. Costandi, Moheb (19 June 2012). "Surgery on Ice". *Nature Middle East*. Retrieved from www.natureasia.com.
237. Dwyer, Terence, PhD. (1 October 2015). "The Present State of Medical Science". Interviewed by C. Kutarna, University of Oxford.
238. National Human Genome Research Institute (1998). "Twenty Questions about DNA Sequencing (and the Answers)". *NHGRI*. Retrieved from community.dur.ac.uk/biosci.bizhub/Bioinformatics/twenty_questions_about_DNA.htm.
239. Rincon, Paul (15 January 2014). "Science Enters $1,000 Genome Era". *BBC News*. Retrieved from www.bbc.co.uk.
240. Regalado, Antonio (24 September 2014). "Emtech: Illumina Says 228,000 Human Genomes Will Be Sequenced This Year". *MIT Technology Review*. Retrieved from www.technologyreview.com/news.
241. GENCODE (15 July 2015). "Statistics about the Current Human Gencode Release". *GENCODE 23*. Retrieved from www.gencodegenes.org.
242. Noble, Denis (2006). *The Music of Life*. Oxford: Oxford University Press.
243. Venter, Craig, Daniel Gibson, et al. (2010). "Creation of a Bacterial Cell Controlled by a Chemically Synthesized Genome". *Science* 329(5987): 52-56.
244. Liang, Puping, Yanwen Xu, et al. (2015). "CRISPR/Cas9-Mediated Gene Editing in Human Tripronuclear Zygotes". *Protein & Cell* 6(5): 363-372.
245. Persson, Ingmar and Julian Savulescu (2012). *Unfit for the Future: The Need for Moral Enhancement*. Oxford: Oxford University Press.
246. Bohr, Mark (2014). "14 nm Process Technology: Opening New Horizons". *Intel Developer Forum 2014*. San Francisco: Intel.
247. Turok, Neil (2012). *The Universe Within: From Quantum to Cosmos*. Canadian Broadcasting Corporation Massey Lectures. London: Faber & Faber.
248. Dattani, Nikesh and Nathaniel Bryans (2014). "Quantum Factorization of 56153 with Only 4 Qubits". *arXiv: 1411.6758 [quant-ph]*.
249. Korzh, Boris, Charles Ci Wen Lim, et al. (2015). "Provably Secure and Practical Quantum Key Distribution over 307 km of Optical Fibre". *Nature Photonics* 9: 163-168.
250. Campbell, Peter, Michael Groves, et al. (2014). "Soliloquy: A Cautionary Tale". Conference paper. Ottawa: IQC/ETSI 2nd Quantum-Safe Crypto Workshop.
251. Drexler, K. Eric (2013). *Radical Abundance: How a Revolution in Nanotechnology Will Change Civilization*. New York: PublicAffairs.
252. Nature.com (2015). Citation searches performed at www.nature.com/search.
253. American Chemistry Council Nanotechnology Panel (2014). "The Nano Timeline: A Big History of the Very Small". Retrieved from nanotechnology.americanchemistry.com/Nanotechnology-Timeline.
254. Kuo, Lily (17 August 2015). "A New "Drinkable Book" Has Pages That Turn Raw Sewage into Drinking Water". *Quartz Africa*. Retrieved from www.qz.com.

255. Luef, Birgit, Kyle Frischkorn, et al. (2015). "Diverse Uncultivated Ultra-Small Bacterial Cells in Groundwater". *Nature Communications* 6(6372): 1 – 8.

256. New York University (3 June 2010). "Chemist Seeman Wins Kavli Prize in Nanoscience". *NYU.* Retrieved from www. nyu. edu/about/news-publications/news.

257. Arthur, Brian (2010). *The Nature of Technology*. London: Penguin.

258. Rabelais, Francois (1490 – 1553) (1608). "Chapter 8: How Pantagruel, Being at Paris, Received Letters from His Father Gargantua, and the Copy of Them". In *Five Books of the Lives, Heroic Deeds and Sayings of Gargantua and His Son Pantagruel, Book Two*. Lyon, France: Lean Martin.

259. Mokyr, *Twenty-Five Centuries of Technological Change*.

260. Sobel, *A More Perfect Heaven*.

261. Ibid.

262. Freely, John (2014). *Celestial Revolutionary: Copernicus, the Man and His Universe*. London: I. B. Tauris.

263. Arthur, *The Nature of Technology*.

264. da Vinci, Leonardo (1452 – 1519) (1955). "Volume 1, Chapter X: Studies and Sketches for Pictures and Decorations". In *The Notebooks of Leonardo Da Vinci*, edited by E. MacCurdy. New York: George Braziller.

265. Lipsey, Richard, Kenneth Carlaw, et al. (2005). *Economic Transformations, General Purpose Technologies and Long-Term Economic Growth*. Oxford: Oxford University Press.

266. Swetz, Frank (1989). *Capitalism and Arithmetic: The New Math of the 15th Century*. Chicago: Open Court Publishing Company.

267. Arnold, Thomas (2002). "Violence and Warfare in the Renaissance World". In *A Companion to the Worlds of the Renaissance*, edited by G. Ruggiero. Blackwell Reference Online: Blackwell.

268. Lee, Alexander (2013). *The Ugly Renaissance*. London: Hutchinson.

269. Mokyr, Joel (1990). *The Lever of Riches: Technological Creativity and Economic Progress*. Oxford: Oxford University Press, p. 79.

270. Brynjolfsson, Erik and Adam Saunders (2010). *Wired for Innovation: How Information Technology Is Reshaping the Economy*. Cambridge, MA: MIT Press.

271. Partnership for a New American Economy (2012). *Patent Pending: How Immigrants Are Reinventing the American Economy*. Partnership for a New American Economy. Retrieved from www. renewoureconomy. org.

272. Manyika, James, Jacques Bughin, et al. (2014). *Global Flows in a Digital Age*. New York: McKinsey & Co.

273. Castelvecchi, Davide (15 May 2015). "Physics Paper Sets Record with More Than 5,000 Authors". *Nature: International Weekly Journal of Science*. Retrieved from www. nature. com/news.

274. NobelPrize. org (2015). "List of Nobel Prizes and Laureates". Retrieved from www. nobelprize. org/nobel_prizes.

275. United Nations Conference on Trade and Development (2015). "Merchandise: Intra-Trade and Extra-Trade of Country Groups by Product, Annual, 1995 – 2014".

UNCTADStat. Retrieved from unctadstat. unctad. org.

276. BBC News (27 November 2006). "Star Wars Kid Is Top Viral Video". *BBC*. Retrieved from www. bbc. co. uk.
277. Stark, Chelsea (22 July 2015). "PewDiePie's Youtube Success Puts Him on the Cover of "Variety"". *Mashable. com*. Retrieved from mashable. com.
278. Whitehead, Tom (9 January 2015). "Paris Charlie Hebdo Attack: Je Suis Charlie Hashtag One of Most Popular in Twitter History". *The Telegraph*. Retrieved from www. telegraph. co. uk.
279. Gallichan, Walter M. (1903). *The Story of Seville*. London: Dent.
280. Pettegree, Andrew (2010). *The Book in the Renaissance*. New Haven: Yale University Press.
281. Lowry, Martin (1974). *Two Great Venetian Libraries in the Age of Aldus Manutius*. Manchester: John Rylands University Library of Manchester.
282. Staikos, Konstantinos (2000). *The Great Libraries: From Antiquity to the Renaissance (3000 B. C. To A. D. 1600)*. New Castle, DE: Oak Knoll Press; Febvre, Lucien and Henri-Jean Martin (2010). *The Coming of the Book: The Impact of Printing, 1450 –1800*. London: Verso.
283. Barker, Nicolas (1989). *Aldus Manutius: Mercantile Empire of the Intellect, Volume 3*. Los Angeles: University of California Research Library; Davies, Martin (1995). *Aldus Manutius: Printer and Publisher of Renaissance Venice*. London: British Library.
284. Lowry, Martin (1979). *The World of Aldus Manutius: Business and Scholarship in Renaissance Venice*. Oxford: Blackwell.
285. Ibid.
286. Ibid.
287. Staikos, *The Great Libraries*.
288. Davies, *Aldus Manutius*.
289. Nesvig, Martin Austin (28 October 2011). "Printing and the Book". *Oxford Bibliographies*. Retrieved from www. oxfordbibliographies. com.
290. W3 Techs (2015). "Usage Statistics and Market Share of Apache for Websites". Retrieved from w3techs. com/technologies/details/ws-apache/all/all.
291. Statista (2015). "The Most Spoken Languages Worldwide (Speakers and Native Speaker in Millions)". Retrieved from www. statista. com/statistics/266808/the-most-spoken-languages-worldwide.
292. Lewis, M. Paul, Gary Simons, et al. (editors) (2015). *Ethnologue: Languages of the World* (18th Edition). Dallas: SIL International. Retrieved from www. ethnologue. com.
293. Hale, Scott A. (2014). "Global Connectivity and Multilinguals in the Twitter Networ". SIGCHI Conference on Human Factors in Computing Systems. Toronto.
294. Wikipedia (2015). "List of Wikipedias". Retrieved from en. wikipedia. org/wiki/List_of_Wikipedias.
295. Kemp, Simon (2014). "Social, Digital and Mobile Worldwide in 2014". Retrieved from wearesocial. net/blog.
296. Manyika, James, Jacques Bughin, et al. (2014). *Global Flows in a Digital Age*.

New York: McKinsey & Co.

297. Ibid; United Nations Conference on Trade and Development (2015). "Merchandise: Intra-Trade and Extra-Trade of Country Groups by Product, Annual, 1995 – 2014". *UNCTADStat*. Retrieved from unctadstat. unctad. org.

298. von Ahn, Luis (2011). "Massive-Scale Online Collaboration". *TEDTalks*. Retrieved from www. ted. com, plus authors' estimates.

299. Ibid.

300. Duolingo (2015). "About Duolingo". Retrieved from www. duolingo. com/press.

301. Pinkowski, Jennifer (28 March 2010). "How to Classify a Million Galaxies in Three Weeks". *Time*. Retrieved from content. time. com.

302. CERN (2015). "Computing: Experiments at CERN Generate Colossal Amounts of Data". Retrieved from home. web. cern. ch/about/computing.

303. Langmead, Ben and Michael C. Schatz (2013). "The DNA Data Deluge". *IEEE Spectrum*. Retrieved from spectrum. ieee. org/biomedical/devices/the-dna-data-deluge.

304. Jet Propulsion Laboratory (27 October 2013). "Managing the Deluge of "Big Data" from Space". NASA. Retrieved from www. jpl. nasa. gov/news.

305. SciTech Daily (24 September 2013). "Researchers Publish Galaxy Zoo 2 Catalog, Data on More Than 300,000 Nearby Galaxies". *SciTech Daily*. Retrieved from scitechdaily. com.

306. van Arkel, Hanny (2015). "Voorwerp Discovery". Retrieved from www. hannysvoorwerp. com.

307. Smith, A., S. Lynn, et al. (December 2013). "Zooniverse-Web Scale Citizen Science with People and Machines". *AGU Fall Meeting Abstracts 1*: 1424.

308. Bonney, Rick, Jennifer L. Shirk, et al. (2014). "Next Steps for Citizen Science". *Science* 343(6178): 1436 – 1437.

309. Schilizzi, Richard (20 March 2013). *Big Pipes for Big Data: Signal and Data Transport in the SKA*. STFC Knowledge Exchange Workshop. Manchester: University of Manchester.

310. Lee, Alexander (2013). *The Ugly Renaissance*. London: Hutchinson.

311. Sobel, Dava (2011). *A More Perfect Heaven: How Copernicus Revolutionized the Cosmos*. London: Bloomsbury.

312. Gordon, Robert J. (2012). "Is US Economic Growth Over? Faltering Innovation Confronts the Six Headwinds". *National Bureau of Economic Research Working Paper No. 18315*. Retrieved from www. nber. org/papers/w18315.

313. Ibid.

314. Thiel, Peter (2011). "What Happened to the Future?" Retrieved from www. foundersfund. com/the-future.

315. Phrma. org (2015). *2015 Pharmaceutical Industry Profile*. Washington, DC: PhRMA. Retrieved from www. phrma. org/profiles-reports.

316. European Federation of Pharmaceutical Industries and Associations (2014). "The Pharmaceutical Industry in Figures". Brussels: EFPIA. Retrieved from www. efpia. eu.

317. Abbott, Alison (2011). "Novartis to Shut Brain Research Facility". *Nature in*

Focus News 480: 161 - 162.

318. Pew Research Center (2014). "Inequality and Economic Mobility". *Economies of Emerging Markets Better Rated during Difficult Times*. Global Attitudes Project. Washington, DC: Pew Research Center.
319. Merali, Zeeya (20 July 2015). "Search for Extraterrestrial Intelligence Gets a $100-Million Boost". *Nature*. Retrieved from www. nature. com/news.
320. United Nations Development Programme (2010). *The Real Wealth of Nations: Pathways to Human Development*. Human Development Report 2010. New York: United Nations.
321. "In Search of the Perfect Market". *The Economist* (8 May 1997). Retrieved from www. economist. com.
322. Young, Anne L. (2006). *Mathematical Ciphers: From Caesar to RSA*. Providence, RI: American Mathematical Society.
323. Brynjolfsson, Erik and Andrew McAfee (2014). *The Second Machine Age: Work, Progress, and Prosperity in a Time of Brilliant Technologies*. New York: W. W. Norton & Company.
324. Chen, Yan, Grace Young, et al. (2013). "A Day without a Search Engine: An Experimental Study of Online and Offline Searches". *Experimental Economics* 14 (4): 512 - 536; Brynjolfsson and McAfee, *The Second Machine Age*.
325. Metcalfe, Robert (4 December 1995). "Predicting the Internet's Catastrophic Collapse and Ghost Sites Galore in 1996". *InfoWorld*.
326. Arthur, Brian (2010). *The Nature of Technology*. London: Penguin.
327. Mansfield, Harvey (1998). *Machiavelli's Virtue*. Chicago: Chicago University Press.
328. Arthur, *The Nature of Technology*.
329. Brynjolfsson and McAfee, *The Second Machine Age*.
330. EvaluatePharma (2015). "World Preview 2015, Outlook to 2020". London: Evaluate Group. Retrieved from info. evaluategroup. com.
331. Lloyd, Ian (2015). "New Active Substances Launched during 2014". *Pharma R&D Annual Review 2015*. Citeline. Retrieved from www. citeline. com.
332. Mullard, Asher (2015). "2014 FDA Drug Approvals". *Nature Reviews Drug Discovery* 14: 77 - 81.
333. Ward, Andrew (22 July 2015). "Eli Lilly Raises Hopes for Breakthrough Alzheimer's Drug". *Financial Times*. Retrieved from www. ft. com.
334. World Health Organization (April 2015). "Malaria". *Fact Sheet No. 94*. Geneva: WHO. Retrieved from www. who. int/mediacentre/factsheets.
335. Mora, Camilo, Derek P. Tittensor, et al. (2011). "How Many Species Are There on Earth and in the Ocean?" *PLOS Biology* 9(8): e1001127.
336. Smith, Dennis A., editor. (2010). *Metabolism, Pharmacokinetics, and Toxicity of Functional Groups: Impact of the Building Blocks of Medicinal Chemistry in Admet*. London: Royal Society of Chemistry.
337. Guicciardini, Francesco (1483 - 1540) (1969). *The History of Italy*, translated by S. Alexander. New York: Macmillan.
338. Bartlett, Kenneth R. (2011). *The Civilization of the Italian Renaissance: A*

Sourcebook (2nd Edition). Toronto: University of Toronto Press.

339. Mallet, Michael and Christine Shaw (2012). *The Italian Wars, 1494 - 1559: War, State and Society in Early Modern Europe*. Harlow, UK: Pearson.

340. Wimmer, Eckard (2006). "The Test-Tube Synthesis of a Chemical Called Poliovirus: The Simple Synthesis of a Virus Has Far-Reaching Societal Implications". *EMBO Reports* 7: S3 - S9.

341. von Bubnoff, Andreas (2005). "The 1918 Flu Virus Is Resurrected". *Nature* 437: 794 - 795.

342. Takashi, H., P. Keim, et al. (2004). "Bacillus Anthracis Bioterrorism Incident, Kameido, Tokyo, 1993". *Emerging Infectious Diseases* 10(1): 117 - 120.

343. Doornbos, Harald and Jenan Moussa (28 August 2014). "Found: The Islamic State's Terror Laptop of Doom". *Foreign Policy*. Retrieved from www. foreignpolicy. com.

344. Levy, Frank and Richard Murnane (2004). *The New Division of Labor: How Computers Are Creating the Next Job Market*. Princeton: Princeton University Press, p. 20.

345. Frey, Carl and Michael Osborne (2013). *The Future of Employment: How Susceptible Are Jobs to Computerisation?* Oxford: Oxford Martin School. Retrieved from www. oxfordmartin. ox. ac. uk.

346. Berger, Thor and Carl Frey (2014). *Industrial Renewal in the 21st Century: Evidencefrom US Cities*. Oxford: Oxford Martin School. Retrieved from www. oxfordmartin. ox. ac. uk.

347. Gunn, Steven (2010). "War and the Emergence of the State: Western Europe 1350 - 1600". In *European Warfare 1350 - 1750*, edited by F. Tallett and D. Trim. Cambridge: Cambridge University Press, pp. 50 - 73.

348. Sands, Philippe (23 May 2014). "No Place to Hide: Edward Snowden, the NSA and the Surveillance State by Glenn Greenwald — a Review". *The Guardian*. Retrieved from www. theguardian. com.

349. Gallagher, Ryan (25 August 2014). "The Surveillance Engine: How the NSA Built Its Own Secret Google". *The Intercept*. Retrieved from rstlook. org/theintercept.

350. Machiavelli, Niccolò (1469 - 1527) (1532). *Florentine Histories*. Rome: Antonio Blado. Second Book, Chapter 22.

351. Tognotti, Eugenia (2009). "The Rise and Fall of Syphilis in Renaissance Europe". *The Journal of Medical Humanities* 30(2): 99 - 113.

352. Ibid.

353. Allen, Peter Lewis (2000). *Wages of Sin*. Chicago: University of Chicago Press.

354. Ibid.

355. Hale, J. R. (1985). *War and Society in Renaissance Europe, 1450 - 1620*. London: Fontana Press.

356. Tognotti, "The Rise and Fall of Syphilis in Renaissance Europe".

357. Ibid.

358. Calvin, John (1509 - 1564) (1574). "Sermon 141 on Job 36". In *Sermons of Master John Calvin, Upon the Book of Job*. London: George Bishop.

359. Phillips, Tony (2014). "Near Miss: The Solar Superstorm of July 2012". *NASA*

Science News. Retrieved from science. nasa. gov/science-news/science-at-nasa/2014/23jul _superstorm.

360. Tognotti, "The Rise and Fall of Syphilis in Renaissance Europe".
361. French, Roger, Jon Arrizabalaga, et al. , editors. (1998). *Medicine from the Black Death to the French Disease*. Aldershot: Ashgate.
362. World Health Organization (2014). "Factsheet No. 211: Influenza (Seasonal)". Geneva: WHO. Retrieved from www. who. int/mediacentre/factsheets/fs211/en.
363. Goldin, Ian and Mike Mariathasan (2014). *The Butterfly Defect*. Princeton: Princeton University Press.
364. World Health Organization (2003). "Agenda Item 14. 16: Severe Acute Respiratory Syndrome (SARS)". *Fifty-Sixth World Health Assembly*. Geneva: WHO.
365. Brilliant, Larry (February 2006). "My Wish: Help Me Stop Pandemics". TedTalks. Retrieved from www. ted. com.
366. Lee, Jong-Wha and Warwick J. McKibbin (2004). "Estimating the Global Economic Costs of SARS". In *Institute of Medicine Forum on Microbial Threats: Learning from SARS: Preparing for the Next Disease Outbreak: Workshop Summary*, edited by S. Knobler, A. Mahmoud and S. Lemon. Washington, DC: National Academies Press; World Health Organization (2003). "Chapter 5: SARS: Lessons from a New Disease". *The World Health Report*. Geneva: WHO.
367. World Health Organization (2015). "Severe Acute Respiratory Syndrome (SARS)". *Emergencies Preparedness, Response*. Geneva: WHO. Retrieved from www. who. int/csr/ sars/en.
368. Roberts, Michelle (2014). "First Ebola Boy Likely Infected by Playing in Bat Tree". *BBC News*. Retrieved from www. bbc. co. uk.
369. Centers for Disease Control and Prevention (2015). "Outbreaks Chronology: Ebola Virus Disease". Atlanta: CDC. Retrieved from www. cdc. gov/vhf/ebola/outbreaks/history/chronology. html.
370. Fink, Sheri (3 September 2014). "Cuts at WHO Hurt Response to Ebola Crisis". *The New York Times*. Retrieved from www. nytimes. com.
371. (14 November 2014). "The Toll of a Tragedy". *The Economist*. Retrieved from www. economist. com.
372. Centers for Disease Control and Prevention (2015). "2014 Ebola Outbreak in West Africa — Case Counts". Atlanta: CDC. Retrieved from www. cdc. gov/vhf/ebola/outbreaks/2014-west-africa/case-counts. html.
373. Blas, Javier (19 November 2014). "World Bank Dramatically Reduces Projection of Ebola's Economic Toll". *The Financial Times*. Retrieved from www. ft. com.
374. World Bank (2014). "Health Expenditure Per Capita (Current US $)". *World Development Indicators*. Retrieved from data. worldbank. org.
375. World Health Organization Global Health Observatory (2014). "Density of Physicians (Total Number per 1,000 Population, Latest Available Year)". *Global Health Observatory Data Repository*. Retrieved from apps. who. int/gho/data.
376. BBC News (7 October 2014). "Ebola Outbreak: Liberia "Close to Collapse" — Ambassador". *BBC*. Retrieved from www. bbc. co. uk.
377. Callimachi, Rukmini (18 September 2014). "Fear of Ebola Drives Mob to Kill

Officials in Guinea". *The New York Times*. Retrieved from www. nytimes. com.

378. United Nations Conference on Trade and Development (2015). "Intra-Trade of Regional and Trade Groups by Product, Annual, 1995 - 2014". *UNCTADStat*. Retrieved from unctadstat. unctad. org.
379. Grepin, Karen (2015). "International Donations to the Ebola Virus Outbreak: Too Little, Too Late?" *British Medical Journal* (*BMJ*) 350: 1 - 5.
380. Gire, Stephen, Augustine Goba, et al. (2014). "Genomic Surveillance Elucidates Ebola Virus Origin and Transmission during the 2014 Outbreak". *Science* 345 (6202): 1369 - 1372.
381. World Health Organization (26 September 2014). "Experimental Therapies: Growing Interest in the Use of Whole Blood or Plasma from Recovered Ebola Patients (Convalescent Therapies)". *Ebola Situation Assessment — 26 September 2014*. Geneva: WHO. Retrieved from www. who. int/mediacentre/news/ebola/26-september-2014/en.
382. Gaidet, Nicolas, Julien Cappelle, et al. (2010). "Potential Spread of Highly Pathogenic Avian Infl uenza H5N1 by Wildfowl: Dispersal Ranges and Rates Determined from Large-Scale Satellite Telemetry". *Journal of Applied Ecology* 47 (5): 1147.
383. International SOS (8 February 2015). "Pandemic Preparedness: H5N1 Affected Countries". Retrieved from www. internationalsos. com/pandemicpreparedness; International SOS (5 April 2013). "Pandemic Preparedness: H5N1 in Birds". Retrieved from www. internationalsos. com/pandemicpreparedness.
384. Ibid.
385. Arnold, Jeffrey L. (2002). "Disaster Medicine in the 21st Century: Future Hazards, Vulnerabilities, and Risk". *Prehospital and Disaster Medicine* 17(1): 3 - 11.
386. International SOS (2 February 2015). "Pandemic Preparedness: Avian Flu". Retrieved from www. internationalsos. com/pandemicpreparedness.
387. World Health Organization (2015). "HIV/AIDS". *Global Health Observatory Data Repository*. Retrieved from apps. who. int/gho/data.
388. UNAIDS (2002). "Fact Sheets: Twenty Years of HIV/AIDS". Retrieved from library. unesco-iicba. org/English/HIV_AIDS.
389. World Health Organization, "HIV/AIDS".
390. Ibid.
391. Goldin and Mariathasan, *The Butterfly Defect*.
392. Brockmann, Dirk, Lars Hufnagel, et al. (2005). "Dynamics of Modern Epidemics". In *SARS: A Case Study in Emerging Infections*, edited by Angela McLean, Robert May, et al. Oxford: Oxford University Press, pp. 81 - 91.
393. Liu, Yi-Yun, Yang Wang, et al. (2015). "Emergence of Plasmid-Mediated Colistin Resistance Mechanism MCR-1 in Animals and Human Beings in China: A Microbiological and Molecular Biological Study". *The Lancet*. Retrieved from dx. doi. org/10. 1016/S1473 - 3099(15)00424 - 7.
394. Schoenberger, Erica (2014). *Nature, Choice and Social Power*. London: Routledge, p. 95.

395. Dattels, Peter and Laura Kodres (21 April 2009). "Further Action Needed to Reinforce Signs of Market Recovery: IMF". *IMF Survey Magazine*. Retrieved from www. imf. org/external/pubs/ft/survey/so/2009/RES042109C. htm.

396. World Bank (September 2009). "Impact of the Financial Crisis on Employment". Retrieved from go. worldbank. org/9ZLKOLN0O0.

397. United Nations Development Programme (2010). *The Real Wealth of Nations: Pathways to Human Development*. Human Development Report 2010. New York: United Nations.

398. Parts of our discussion of systemic risk in the financial sector draw upon prior work by Goldin and Mariathasan in *The Butterfly Defect*.

399. Gorton, Garry B. and Andrew Metrick (2009). "Securitized Banking and the Run on Repo". *National Bureau of Economic Research Working Paper No. 15223*. Retrieved from www. nber. org/papers/w15223.

400. Goldin and Mariathasan, *The Butterfly Defect*.

401. Lewis, Michael (26 March 2008). "What Wall Street's CEO's Don't Know Can Kill You". *Bloomberg*. Retrieved from www. bloomberg. com.

402. International Monetary Fund (2007). "Global Financial Stability Report: Market Developments and Issues". *World Economic and Financial Surveys*. Washington, DC: IMF, p. 7.

403. Thompson, Anthony, Elen Callahan, et al. (2007). "Global CDO Market: Overview and Outlook". *Global Securitization and Structured Finance 2007*. Frankfurt: Deutsche Bank.

404. Goldin and Mariathasan, *The Butterfly Defect*.

405. Kosmidou, Kyriaki, Sailesh Tanna, et al. (2005). "Determinants of Profitability of Domestic UK Commercial Banks: Panel Evidence from the Period 1995 - 2002". *Money Macro and Finance (MMF) Research Group Conference 2005*. Retrieved from repec. org/mmfc05/paper45. pdf; Maer, Lucinda and Nida Broughton (2012). *Financial Services: Contribution to the UK Economy*. London: House of Commons Library, Economic Policy and Statistics.

406. "Cracks in the Crust". *The Economist* (11 December 2008). Retrieved from www. economist. com.

407. Haldane, Andrew G. (28 April 2009). "Rethinking the Financial Network". Speech given to the Financial Student Association, Amsterdam. Retrieved from www. bankofengland. co. uk/archive/Documents/historicpubs/speeches/2009/speech386. pdf.

408. Green Growth Action Alliance (2013). "Required Infrastructure Needs". *The Green Investment Report*. Geneva: World Economic Forum.

409. American Society of Civil Engineers (2013). "Grade Sheet: America's Infrastructure Investment Needs". Reston, VA: ASCE. Retrieved from www. infrastructurereportcard. org.

410. Bhattacharya, Amar, Mattia Romani, et al. (2012). "Infrastructure for Development: Meeting the Challenge". Policy brief. Seoul: Global Green Growth Institute. Retrieved from www. gggi. org.

411. Bolt, J. and J. L. van Zanden (2014). "The Maddison Project: Collaborative Re-

search on Historical National Accounts". *The Economic History Review* 67(3): 627 - 651.

412. Crowley, Roger (2011). *City of Fortune: How Venice Won and Lost a Naval Empire*. London: Faber & Faber.
413. Ibid.
414. "When the Chain Breaks". *The Economist* (15 June 2006). Retrieved from www. economist. com.
415. For more on the Thailand case, see *The Butterfly Defect*.
416. Chongvilaivan, Aekapol (2012). "Thailand's 2011 Flooding: Its Impact on Direct Exports and Global Supply Chains". *ARTNeT Working Paper Series, No. 113*. Retrieved from hdl. handle. net/10419/64271.
417. Thailand Board of Investment (2012). "Expertise, New Investment Keep Thai E&E Industry at the Top". *Thailand Investment Review*. Retrieved from www. boi. go. th.
418. Abe, Masato and Linghe Ye (2013). "Building Resilient Supply Chains against Natural Disasters: The Cases of Japan and Thailand". *Global Business Review* 14: 567.
419. Ibid.
420. Smalley, Eric (12 December 2011). "Thai Floodwaters Sink Intel Chip Orders". *Wired*. Retrieved from www. wired. com.
421. Thailand Board of Investment (2015). "E & E Industry: Hard Disk Drive Export, 2005 - 2014". *Thailand Investment Review*. Retrieved from www. boi. go. th.
422. Oxford Economics (2010). *The Economic Impacts of Air Travel Restrictions due to Volcanic Ash, Report Prepared for Airbus*. Oxford: Oxford Economics.
423. Kaplan, Eben (24 April 2007). "America's Vulnerable Energy Grid". *Council on Foreign Relations*.
424. US — Canada Power System Outage Task Force (2004). *Final Report on the August 14, 2003 Blackout in the United States and Canada: Causes and Recommendations*. Washing-ton, DC and Ottawa: Department of Energy and Ministry of Natural Resources, p. 19.
425. Kharas, Homi (9 January 2015). "The Transition from "the Developing World" to "a Developing World"". *Kapuscinski Development Lectures*. Retrieved from www. brookings. edu.
426. Airports Council International (2015). "Annual Traffic Data". Retrieved from www. aci. aero/Data-Centre/Annual-Traffic-Data.
427. World Shipping Council (2015). "Top 50 World Container Ports". Retrieved from www. worldshipping. org/about-the-industry/global-trade.
428. EMC Corporation (2 December 2014). "Over $1. 7 Trillion Lost per Year from Data Loss and Downtime according to Global IT Study". Retrieved from uk. emc. com/ about/news/press/2014/20141202-01. htm.
429. Miller, Rich (July 2013). "Who Has the Most Data Servers?" *Data Center Knowledge*. Retrieved from www. datacenterknowledge. com/archives/2009/05/14/whos-got-the-most-web-servers.
430. IBM (2015). *2015 Cyber Security Intelligence Index*. New York: IBM Security.

Retrieved from public. dhe. ibm. com/common/ssi/ecm/se/en/sew03073usen/SEW03073US-EN. PDF.

431. Greenberg, Andy (2015). "Hackers Remotely Kill a Jeep on the Highway — with Me in It". *Wired*. Retrieved from www. youtube. com.
432. Symantec (2015). *2015 Internet Security Threat Report*, *Volume 20*. Mountain View, CA: Symantec. Retrieved from www. symantec. com/security_response/publications/threatreport. jsp.
433. Rogin, Josh (9 July 2012). "NSA Chief: Cybercrime Constitutes the "Greatest Transfer of Wealth in History"". *Foreign Policy*. Retrieved from www. foreignpolicy. com.
434. Ibid. ; IBM, *2015 Cyber Security Intelligence Index*.
435. Rainie, Lee, Janna Anderson, et al. (29 October 2014). "Cyber Attacks Likely to Increase". Pew Research Center. Retrieved from www. pewinternet. org.
436. Ponemon Institute (2015). *2015 Cost of Data Breach Study*: *Global Analysis*. Traverse City, Michigan: Ponemon Institute.
437. Associated Press (23 September 2015). "US Government Hack Stole Fingerprints of 5. 6 Million Federal Employees". *The Guardian*. Retrieved from www. theguardian. com.
438. Symantec, *2015 Internet Security Threat Report*.
439. Kushner, David (26 February 2013). "The Real Story of Stuxnet". *IEEE Spectrum*. Retrieved from spectrum. ieee. org/telecom/security.
440. Menn, Joseph (29 May 2015). "US Tried Stuxnet-Style Campaign against North Korea but Failed — Sources". *Reuters*. Retrieved from www. reuters. com.
441. Bundesamt fur Sicherheit in der Informationstechnik (2014). *Die Lage Der IT-Sicherheit in Deutschland 2014*. Berlin: German Federal Office for Information Security. Retrieved from www. bsi. bund. de.
442. Industrial Control Systems Cyber Emergency Response Team (2015). *ICS-CERT Year in Review*. Washington, DC: Department of Homeland Security. Retrieved from ics-cert. us-cert. gov.
443. Maddison, Angus (2003). *The World Economy*: *Historical Statistics*, *Vol. 2*: *Statistical Appendix*. Paris: OECD.
444. Savonarola, Girolamo (1452 - 1498) (1971). "O Soul, by Sin Made Blind". In *Italian Poets of the Renaissance*, edited by J. Tusiani. New York: Baroque Press, p. 81.
445. Weinstein, Donald (2011). *Savonarola*: *The Rise and Fall of a Renaissance Prophet*. New Haven: Yale University Press.
446. Cameron, Euan (2012). *The European Reformation*. Oxford: Oxford University Press.
447. Weinstein, *Savonarola*.
448. Ibid.
449. Viladesau, Richard (2008). *The Triumph of the Cross*: *The Passion of Christ in Theology and the Arts*. Oxford: Oxford University Press, p. 30.
450. Jones, Jonathan (19 October 2011). "The Lusts of Leonardo Da Vinci". *The Guardian*. Retrieved from www. theguardian. com.

451. Martines, Lauro (2006). *Scourge and Fire: Savonarola and Renaissance Florence*. London: Jonathan Cape.
452. Martines, Lauro (2006). *Fire in the City: Savonarola and the Struggle for the Soul of the Renaissance*. Oxford: Oxford University Press.
453. Black, Robert (2010). "(Review) Venice Besieged: Politics and Diplomacy in the Italian Wars, by Robert Finlay". *English Historical Review* CXXV(512): 170 - 171.
454. Martines, *Fire in the City*.
455. Martines, *Scourge and Fire*.
456. Savonarola, Girolamo (1452 - 1498) (2005). "Aggeus, Sermon XIII. Delivered on the 3rd Sunday of Advent, 12 December 1494". In *Selected Writings of Girolamo Savonarola, Religion and Politics, 1490 - 1498*, edited by A. Borelli, D. Beebe and M. Passaro. New Haven, CT: Yale University Press.
457. Shane, Scott (24 June 2015). "Homegrown Extremists Tied to Deadlier Toll Than Jihadists in US since 9 · 11". *The New York Times*. Retrieved from www. nytimes. com; Hitchens, Christopher (January 2006). "Childhood's End". *Vanity Fair*. Retrieved from www. vanityfair. com.
458. Kershner, Isabel (30 July 2015). "Ultra-Orthodox Israeli Stabs 6 at a Gay Pride Parade for Second Time, Police Say". *The New York Times*. Retrieved from www. nytimes. com; Eisenbud, X. Daniel (2 August 2015). "Member of Bat Ayin Jewish Underground Released from Prison 2 Years Early". *The Jerusalem Post*. Retrieved from www. jpost. com.
459. Human Rights Watch (2013). *All You Can Do Is Pray: Crimes against Humanity and Ethnic Cleansing of Rohingya Muslims in Burma's Arakan State*. New York: Human Rights Watch.
460. Khalaf, Roula and Sam Jones (17 June 2014). "Selling Terror: How ISIS Details Its Brutality". *The Financial Times*. Retrieved from www. ft. com.
461. Cliffe, Sarah (2014). *The Evolving Risks of Fragile States and International Terrorism*. Washington, DC: Brookings Institution; Schmitt, Eric and Somini Sengupta (26 September 2015). "Thousands Enter Syria to Join ISIS despite Global Efforts". *The New York Times*. Retrieved from www. nytimes. com.
462. Maher, Bill (25 October 2013). "Interview with Maajid Nawaz". *YouTube*. Retrieved from www. youtube. com.
463. Berrebi, Claude (2007). "Evidence about the Link between Education, Poverty and Terrorism among Palestinians". *Peace Economics, Peace Science and Public Policy* 13(1): 1 - 36.
464. Bergen, Peter and Swati Pandey (14 June 2005). "The Madrassa Myth". *The New York Times*. Retrieved from www. nytimes. com.
465. Husain, Ed (18 July 2014). "How "Caliph" Baghdadi Aimed His Sermon at the Muslim Devout". *The Telegraph*. Retrieved from www. telegraph. co. uk.
466. Site Intel Group (1 July 2014). "Islamic State Leader Abu Bakr Al-Baghdadi Encourages Emigration, Worldwide Action". Retrieved from news. siteintelgroup. com/Jihadist-News.
467. Whiting, Alex (2014). "Islamic State Lacks Funds to Keep Control of Iraqi, Syrian

Territory — Experts". *Reuters*. Retrieved from www. reuters. com.

468. UNHCR (2015). *Report of the Office of the United Nations High Commissioner for Human Rights on the Human Rights Situation in Iraq in the Light of Abuses Committed by the So-Called Islamic State in Iraq and the Levant and Associated Groups*. Geneva: UN Human Rights Office.
469. Site Intel Group, "Islamic State Leader Abu Bakr Al-Baghdadi Encourages Emigration, Worldwide Action".
470. International Fund for Agricultural Development (2011). "Syrian Arab Republic: A Country Fact Sheet on Youth Employment". IFAD. 2011 Governing Council.
471. Arnold, David (20 August 2013). "Drought Called a Factor in Syria's Uprising". *Voice of America*. Retrieved from www. voanews. com.
472. World Bank (2011). *Doing Business 2011: Making a Difference for Entrepreneurs*. Washington, DC: World Bank & International Finance Corporation.
473. World Bank (2014). *Doing Business 2015: Going beyond Efficiency*. Washington, DC: World Bank & International Finance Corporation.
474. United Nations Development Programme (2014). "About Iraq". Retrieved from www. iq. undp. org/content/iraq/en/home/countryinfo.
475. The Black Ducks (2015). "About". *YouTube*. Retrieved from www. youtube. com.
476. Wischenbart, Rudiger and Nasser Jarrous (7 November 2012). "An Arab Publishing Panorama". *BookBrunch*. Retrieved from www. bookbrunch. co. uk; plus Google Books estimate of total universe of books.
477. Strathern, Paul (2011). *Death in Florence: The Medici, Savonarola, and the Battle for the Soul of Man*. London: Jonathan Cape.
478. Luther, Martin (1483 - 1546) (1908). "Letter to Christoph Scheurl, March 5, 1518". *The Letters of Martin Luther*, edited by M. Currie. London: Macmillan and Co. , p. 23.
479. Edwards Jr. , Mark U. (2005). *Printing, Propaganda, and Martin Luther*. Minneapolis: Fortress Press; Hsia, R. Po-chia (2006). *A Companion to the Reformation World*. Oxford: Blackwell.
480. MacCulloch, Diarmaid (2003). *Reformation: Europe's House Divided, 1490 - 1700*. London: Allen Lane.
481. Goldstone, Jack A. (1991). *Revolution and Rebellion in the Early Modern World*. Berkeley: University of California Press.
482. Te Brake, Wayne (1998). *Shaping History: Ordinary People in European Politics*. Berkeley: University of California Press.
483. MacCulloch, *Reformation*.
484. Ibid. , pp. 671 - 672.
485. Hall, Edward (1497 - 1547) (1904). *Henry VIII*. Edited by C. Whibley, *The Lives of the Kings, Volume 2*. London: T. C. & E. C. Jack, p. 43.
486. Lean, Geoffrey (17 July 1999). "The Hidden Tentacles of the World's Most Secret Body". *Sunday Independent*. Retrieved from www. independent. co. uk.
487. World Trade Organization (1999). "Document No. 99 - 5154: List of Representatives". *Third Ministerial Conference*. Seattle: WTO. Retrieved from docs. wto. org.

488. Piketty, Thomas (2014). *Capital in the 21st Century*. Cambridge: Harvard University Press.

489. Credit Suisse Research Institute (2010). *Global Wealth Report 2010*. Zurich: Credit Suisse.

490. Piketty, *Capital in the 21st Century*, Chapters 6 and 10.

491. OECD (2015). *In It Together: Why Less Inequality Benefits All*. Paris: OECD Publishing.

492. Saez, Emmanuel (2013). *Striking It Richer: The Evolution of Top Incomes in the United States (Updated with 2012 Preliminary Estimates)*. Berkeley: Stanford University Center for the Study of Poverty and Inequality.

493. Rosenblum, Harvey, Tyler Atkinson, et al. (2013). "Assessing the Costs and Consequences of the 2007–09 Financial Crisis and Its Aftermath". *Federal Reserve Bank of Dallas Economic Letter* 8 (7). Retrieved from www. dallasfed. org/research/ eclett/2013/el1307. cfm.

494. CoreLogic (2013). *National Foreclosure Report*. Irvine, CA: CoreLogic. Retrieved from www. corelogic. com/research.

495. Simiti, Marilena (2014). "Rage and Protest: The Case of the Greek Indignant Movement". *Hellenic Observatory Papers on Greece and Southeast Europe, No. 82*. London: London School of Economics. Retrieved from www. lse. ac. uk/europeanInstitute/ research/hellenicObservatory.

496. RTVE. es (6 August 2011). "Más de Seis Millones de Españoles Han Participado en el Movimiento 15m". *RTVE*. Retrieved from www. rtve. es.

497. RT. com (15 October 2011). "Rome Descends into Chaos as Protests Turn Violent". *RT*. Retrieved from www. rt. com.

498. Rowley, Emma (16 January 2011). "Bank Bail-Out Adds £1. 5 Trillion to Debt". *The Telegraph*. Retrieved from www. telegraph. co. uk.

499. BBC News (7 January 2011). "Bank Bonuses "to Run to Billions in 2011"". *BBC*. Retrieved from www. bbc. co. uk.

500. BBC News (20 June 2015). "Thousands Attend Anti-Austerity Rallies across UK". *BBC*. Retrieved from www. bbc. co. uk.

501. Helm, Toby and Daniel Boffey (13 September 2015). "Corbyn Hails Huge Mandate as He Sets Out Leftwing Agenda". *The Guardian*. Retrieved from www. theguardian. com.

502. Kassam, Ashifa (13 March 2015). "Ciudadanos, the "Podemos of the Right," Emerges as Political Force in Spain". *The Guardian*. Retrieved from www. theguardian. com.

503. Kriesi, Hanspeter (2014). "The Political Consequences of the Economic Crisis in Europe". In *Mass Politics in Tough Times: Opinions, Votes and Protest in the Great Recession*, edited by L. Bartels and N. Bermeo. Oxford: Oxford University Press.

504. OECD (2015). *In It Together: Why Less Inequality Benefits All*, p. 240.

505. Centers for Disease Control and Prevention (2013). "CDC Health Disparities and Inequalities Report — United States, 2013". *Morbidity and Mortality Weekly Report*. Washington, DC: US Department of Health and Human Services.

506. Ineq-Cities Atlas (2015). "Paris Socio-Economic Indicators and Mortality Maps". *Socio-Economic Inequalities in Mortality: Evidence and Policies in Cities of Europe*. Retrieved from www. ucl. ac. uk/silva/ineqcities/atlas/cities/paris.

507. Korda, Rosemary, Ellie Paige, et al. (2014). "Income-Related Inequalities in Chronic Conditions, Physical Functioning and Psychological Distress among Older People in Australia: Cross-Sectional Findings from the 45 and up Study". *BMC Public Health* 14: 741.

508. World Food Programme (2014). "Hunger Statistics". Retrieved from www. wfp. org/ hunger/stats.

509. OECD, *In It Together: Why Less Inequality Benefits All*.

510. Dabla-Norris, Era, Kalpana Kochhar, et al. (2015). "Causes and Consequences of Income Inequality: A Global Perspective". *IMF Staff Discussion Note*. Washington, DC: International Monetary Fund.

511. "Mine, All Mine". *The Economist* (10 February 2011). Retrieved from www. economist. com.

512. Dabla-Norris, Kochhar, et al. "Causes and Consequences of Income Inequality".

513. Federal Election Commission (27 March 2014). "FEC Summarizes Campaign Activity of the 2011 - 2012 Election Cycle". *FEC*. Retrieved from www. fec. gov.

514. Parnes, Amie and Kevin Cirilli (21 January 2015). "The $5 Billion Presidential Campaign?" *The Hill*. Retrieved from thehill. com/blogs/ballot-box/presidential-races/230318-the-5-billion-campaign.

515. World Trade Organization (1999). "Seattle Conference Doomed to Succeed, Says Moore". *WTO*. Retrieved from www. wto. org.

516. Davidson, Nicholas (10 March 2014). *Republicanism, Resistance & Rebellions* (Lecture). Oxford: University of Oxford.

517. Pettersson, Therese and Peter Wallensteen (2015). "Armed Confiicts, 1946 - 2014". *Journal of Peace Research* 52(4): 536 - 550.

518. UN Office for Coordination of Humanitarian Affairs (2016). "Syrian Arab Republic". Retrieved from www. unocha. org/syria.

519. Martines, *Fire in the City*.

520. Machiavelli, Niccolò (1469 - 1527) (1940). "Discourses on the First Ten Books of Titus Livius, First Book, Chapter XI: Of the Religions of the Romans". *The Prince and the Discourses*, edited by C. E. Detmold, M. Lerner, L. Ricci and E. Vincent. New York: The Modern Library.

521. Van Paassen, Pierre (1961). *A Crown of Fire: The Life and Times of Girolamo Savonarola*. London: Hutchinson.

522. Seward, Desmond (2006). *The Burning of the Vanities: Savonarola and the Borgia Pope*. Stroud: Sutton.

523. Bethencourt, Francisco (2009). *The Inquisition: A Global History, 1478 - 1834*, translated by J. Birrell. Cambridge: Cambridge University Press, p. 444.

524. Pew Research Center (16 September 2014). "Faith and Skepticism about Trade, Foreign Investment". *Pew Research Center Global Attitudes and Trends*. Retrieved from www. pewglobal. org.

525. Frontex (8 August 2015). "Number of Migrants in One Month above 100,000 for

First Time". Warsaw: European Agency for the Management of Operational Cooperation at the External Borders of the Member States of the European Union. Retrieved from frontex. europa. eu/news.

526. Twain, Mark (1975). *Mark Twain's Notebooks & Journals*, edited by F. Anderson, L. Salamo and B. Stein. Berkeley/Los Angeles: University of California Press, pp. 232 – 233.
527. Paoletti, John (2015). *Michelangelo's David: Florentine History and Civic Identity*. Cambridge: Cambridge University Press.
528. Ibid., p. 198.
529. Erasmus, Desiderius (c. 1466 – 1536) (1924). "To Marcus Laurinus, February 1, 1523." *Opus Epistolarum Des. Erasmi Roterodami. Volume V: 1522 – 1524*. Edited by P. S. Allen and H. M. Allen. Oxford: Oxford University Press, p. 277.
530. Strauss, Valerie (17 May 2014). "The Greatest Commencement Speech Ever". *The Washington Post*. Retrieved from www. washingtonpost. com.
531. Mokyr, Joel (1990). *Twenty-Five Centuries of Technological Change*. London: Harwood Academic.
532. NobelPrize. org (2015). "List of Nobel Prizes and Laureates". Retrieved from www. nobelprize. org/nobel_prizes.
533. United Nations Department of Economic and Social Affairs (2015). *World Population Prospects: The 2015 Revision*. New York: United Nations.
534. Bhopal, Kalwant (2014). "The Experience of BME Academics in Higher Education: Aspirations in the Face of Inequality". *Leadership Foundation for Higher Education Stimulus Papers*. Retrieved from www. lfhe. ac. uk.
535. Rippon, Gina (5 September 2014). "Prejudice, Not Brainpower, Is Behind the Gender Gap". *The Times*. Retrieved from www. thetimes. co. uk.
536. XPrize (2015). "Who We Are". *XPrize. org*. Retrieved from www. xprize. org.
537. Barnett, Chance (9 June 2015). "Trends Show Crowdfunding to Surpass VC in 2016". *Forbes*. Retrieved from www. forbes. com.
538. Crowdsourcing. org (2015). "Global Crowdfunding Market to Reach $34. 4B in 2015, Predicts Massolution's 2015 CF Industry Report". Retrieved from www. crowdsourcing. org/editorial.
539. World Bank (2013). "Crowdfunding's Potential for the Developing World". *Information for Development Program*. Washington, DC: The World Bank.
540. Ibid.
541. National Science Foundation (2014). "Table 4 – 3: US R & D Expenditures, by Performing Sector, Source of Funds, and Character of Work: 2011". *National Science Foundation*. Retrieved from www. nsf. gov; OECD (2015). "Main Science and Technology Indicators". *OECD. Stat*. Retrieved from www. oecd. org/sti/msti. htm.
542. Spickernell, Sarah and Clive Cookson (22 January 2014). "R & D Suffers Biggest Cuts in Government Spending". *The Financial Times*. Retrieved from www. ft. com.
543. OECD, "Main Science and Technology Indicators".
544. Alberts, Bruce, Marc W. Kirschner, et al. (2014). "Rescuing US Biomedical

Research from Its Systemic Flaws". *Proceedings of the National Academy of Sciences of the United States of America* 111(16): 5773 - 5777; National Institutes of Health (2015). "Research Project Grants: Average Size". *NIH Data Book*. Retrieved from report. nih. gov/ nihdatabook/index. aspx.

545. National Institutes of Health (2012). *Biomedical Research Workforce*; *Working Group Report*. Bethesda, MD: National Institutes of Health.

546. Harris, Richard (9 September 2014). "When Scientists Give Up". *National Public Radio*. Retrieved from www. npr. org/sections/health-shots/2014/09/09/345289127/when-scientists-give-up? refresh=true.

547. Partridge, Loren (1996). *The Art of Renaissance Rome*, *1400 - 1600*. New York: Harry N. Abrams.

548. Phelps, Edmund (2013). *Mass Flourishing*: *How Grassroots Innovation Created Jobs*, *Challenge and Change*. Princeton: Princeton University Press, pp. 316, 324.

549. Kharas, Homi (2010). "The Emerging Middle Class in Developing Countries". *OECD Development Centre Working Paper No. 285*. Paris: OECD; Cisco (2015). *The Zettabyte Era*: *Trends and Analysis*. San Jose: Cisco Systems Inc. Retrieved from www. cisco. com.

550. Terdiman, Daniel (11 February 2014). "No, Flappy Bird Developer Didn't Give up on $ 50,000 a Day". *CNET*. Retrieved from www. cnet. com.

551. ALS Association (29 August 2014). "The ALS Association Expresses Sincere Gratitude to over Three Million Donors". Retrieved from www. alsa. org/news/media/ press-releases.

552. Ling, Jonathan (8 August 2015). "Science AMA Series: Hi, I'm Jonathan Ling, a Researcher That's Here to Share Our New Breakthrough Discovery for ALS (Amyo- trophic Lateral Sclerosis)". *The New Reddit Journal of Science*. Retrieved from www. reddit. com/r/science/comments/3g4c7v/science_ama_series_hi_im_jonathan _ling_a.

553. Apple Events (2 June 2014). "Apple Special Event: June 2, 2014". Cupertino: Apple. Retrieved from www. apple. com/apple-events/june-2014; Phone Arena (10 June 2013). "6m Developers in Apple Ecosystem, $ 10B Paid in Revenue". *Phone Arena*. Retrieved from www. phonearena. com/news.

554. Pettersson, Therese and Peter Wallensteen (2015). "Armed Conflicts, 1946 - 2014". *Journal of Peace Research* 52(4): 536 - 550.

555. Ungerleider, Neal (11 July 2014). "IBM's $ 3 Billion Investment in Synthetic Brains and Quantum Computing". *Fast Company*. Retrieved from www. fastcompany. com.

556. Carroll, John (11 September 2014). "Google's Stealthy Calico Inks an R & D Deal for New Compounds Aimed at Neurodegeneration". *Fierce Biotech*. Retrieved from www. ercebiotech. com.

557. International Monetary Fund (17 July 2015). "Counting the Cost of Energy Subsidies". *IMF Survey*. Retrieved from www. imf. org/external/pubs/ft/survey/so/2015/ new070215a. htm; OECD (2015). *Agricultural Policy Monitoring and Evaluation 2015*. OECD: Paris.

558. OECD (2015). *In It Together*: *Why Less Inequality Bene ts All*. Paris: OECD

Publishing, Chapter 4.

559. Klapper, Leora, Luc Laeven, et al. (2006). "Entry Regulation as a Barrier to Entrepreneurship". *Journal of Financial Economics* 82(3): 591 - 629; Golec, J. and J. A. Vernon (2010). "Financial Effects of Pharmaceutical Price Regulation on R & D Spending by EU versus US Firms". *Pharmacoeconomics* 28(8): 615 - 628.
560. Winkler, Andy, Ben Gitis, et al. (2014). "Dodd-Frank at 4: More Regulation, More Regulators, and a Sluggish Housing Market". Retrieved from americanactionforum. org.
561. Spowers, Rory (2002). *Rising Tides: A History of Environmentalism*. Edinburgh: Canongate.
562. Haldane, Andrew G. (2012). "Federal Reserve Bank of Kansas City's 36th Economic Policy Symposium, "The Changing Policy Landscape"". *The Dog and the Frisbee*. Jackson Hole, Wyoming: The Bank of England.
563. Connell, William (2002). *Society and Individual in Renaissance Florence*. Berkeley: University of California Press, p. 111.
564. Arthur, Brian (2010). *The Nature of Technology*. London: Penguin.
565. Chandler, Tertius (1987). *Four Thousand Years of Urban Growth: An Historical Census*. Lewiston, ME: Edwin Mellen Press.
566. McKinsey Global Institute (2013). "Urban World: A New App for Exploring an Unprecedented Wave of Urbanization". Retrieved from www. mckinsey. com/insights.
567. Ferguson, Niall (2011). *Civilization: The West and the Rest*. London: Allen Lane.
568. Statistics Canada (2011). "NHS Focus on Geography Series — Toronto". *National Household Survey 2011*. Ottawa: Statistics Canada.
569. Downie, Michella (2010). *Immigrants as Innovators Boosting Canada's Global Competitiveness*. Ottawa: The Conference Board of Canada; Dungan, Peter, Tony Fang, et al. (2013). "Macroeconomic Impacts of Canadian Immigration: Results from a Macro Model". *British Journal of Industrial Relations* 51(1): 174 - 195.
570. Murray, Sarah (2015). "The Safe Cities Index 2015: Assessing Urban Security in the Digital Age". *The Economist Intelligence Unit*. London: The Economist.
571. Wile, Rob (14 June 2014). "It's Clear That the Future of Bitcoin Is Not in the US". *Business Insider*. Retrieved from www. businessinsider. com; SourceForge (2015). "Bitcoin". Retrieved from sourceforge. net/projects/bitcoin/files/stats/timeline.
572. International Monetary Fund (2015). "House Price-to-Income Ratio around the World". *Global Housing Watch*. Retrieved from www. imf. org/external/research/housing.
573. Allen, Kate and Anna Nicolaou (16 April 2015). "Global Property Bubble Fears Mount as Prices and Yields Spike". *The Financial Times*. Retrieved from www. ft. com.
574. Passel, Jeffrey S. and D'Vera Cohn (2010). "Unauthorized Immigrant Population: National and State Trends, 2010". *Pew Research Center Hispanic Trends*. Retrieved from www. pewhispanic. org.

575. Platform for International Cooperation on Undocumented Migrants (22 April 2013). *PICUM Submission to the UN Committee on the Protection of the Rights of All Migrant Workers and Members of Their Families*. Geneva: PICUM.

576. US Department of Homeland Security (2006). *Report on H-1B Petitions: Fiscal Year 2004, Annual Report October 1, 2003 — September 30, 2004*. United States Citizenship and Immigration Services. Washington, DC: US Department of Homeland Security.

577. Brynjolfsson, Erik and Andrew McAfee (2014). *The Second Machine Age: Work, Progress, and Prosperity in a Time of Brilliant Technologies*. New York: W. W. Norton & Company.

578. Charette, Robert N. (30 August 2013). "The Stem Crisis Is a Myth". *IEEE Spectrum*. Retrieved from spectrum. ieee. org; *The Wall Street Journal* (19 March 2007). "Does Silicon Valley Need More Visas for Foreigners". *The Wall Street Journal*. Retrieved from www. online. wsj. com.

579. Congressional Budget Of ce (2013). *The Economic Impact of S. 744, the Border Security, Economic Opportunity, and Immigration Modernization Act*. Washington, DC: CBO. Retrieved from www. cbo. gov.

580. Lisenkova, Katerina and Marcel Merette (2013). "The Long-Term Economic Impacts of Reducing Migration: The Case of the UK Migration Policy". *National Institute of Economic and Social Research, Discussion Paper No. 420*. London: NIESR

581. Pew Hispanic Center (2013). "A Nation of Immigrants: A Portrait of the 40 Million, including 11 Million Unauthorized". *Pew Research Center*. Retrieved from www. pewhispanic. org.

582. Meissner, Doris, Donald M. Kerwin, et al. (2013). *Immigration Enforcement in the United States: The Rise of a Formidable Machinery*. Washington, DC.: Migration Policy Institute.

583. Kynge, James and Jonathan Wheatley (3 August 2015). "Emerging Markets: Redrawing the World Map". *The Financial Times*. Retrieved from www. ft. com.

584. Riffkin, Rebecca (12 March 2014). "Climate Change Not a Top Worry in US". *Gallup*. Retrieved from www. gallup. com/poll/167843/climate-change-not-top-worry. aspx; Lomborg, Bjorn (9 March 2014). "EU Likes to Say "Climate Change Is One of the Greatest Challenges of the Modern Age"". *Facebook*. Retrieved from www. facebook. com/photo. php? fbid=10152349665523968.

585. Pew Research Center (14 July 2015). "Climate Change Seen as Top Global Threat". *Pew Global Attitudes & Trends*. Retrieved from www. pewglobal. org.

586. World Health Organization (2015). *Programme Budget 2016 - 2017*. Geneva: WHO. Retrieved from www. who. int/about/finances-accountability.

587. Rainforest Conservation Fund (2015). "How Much Biodiversity Is Found in Tropical Rainforests". Retrieved from www. rainforestconservation. org/rainforest-primer/2-biodiversity/b-how-much-biodiversity-is-found-in-tropical-rainforests; Hood, Laura (8 October 2010). "Biodiversity: Facts and Figures". *SciDev. Net*. Retrieved from www. scidev. net/global/biodiversity/feature/biodiversity-facts-and-figures-1. html.

588. della Mirandola, Pico (1463 - 1494) (2012). *Oration on the Dignity of Man: A New Translation and Commentary*, translated by F. Borghesi, M. Papio and M. Riva. Cambridge: Cambridge University Press.
589. Hector, Helen (4 December 2014). "Trillion Dollar Scandal: The Biggest Heist You've Never Heard of". *ONE. org*. Retrieved from www. one. org/scandal/en/report.
590. First proposed by the Oxford Martin Commission for Future Generations (2014). *Now for the Long Term*. Oxford: Oxford Martin School.
591. Machiavelli, Niccolò (1469 - 1527) (2005). "Chapter XXV: Of Fortune's Power in Human Affairs and How She Can Be Resisted". In *The Prince*, edited by P. Bondanella. Oxford: Oxford University Press.
592. Virgil (70 BC - 19 BC). *The Aeneid*. Book 10, verse 284.
593. Machiavelli, "Chapter XXV", in *The Prince*.
594. Ibid.
595. Oxford Martin Commission for Future Generations, *Now for the Long Term*.
596. Thompson, Bard (1996). *Humanists and Reformers: A History of the Renaissance and Reformation*. Cambridge: William B. Eerdmans.
597. Cicero, Marcus Tullius (106 BC - 43 BC) (1961). *De Officiis*, translated by W. Miller. New York: Macmillan, Book I, Section 7.
598. Cohen, Jere (1980). "Rational Capitalism in Renaissance Italy". *American Journal of Sociology* 85(6): 1340 - 1355.
599. Rosen, Sherwin (1981). "The Economics of Superstars". *The American Economic Review* 71(5): 845 - 858.
600. Beardsley, Brent, Jorge Becerra, et al. (2015). *Global Wealth 2015: Winning the Growth Game*. Boston: Boston Consulting Group; Oxfam (2015). *Wealth: Having It All and Wanting More*. Oxford: Oxfam International.
601. Hudson Institute Center for Global Prosperity (2013). *Index of Global Philanthropy and Remittances 2013*. Hudson Institute.
602. Baker, Vicki, Roger Baldwin, et al. (2012). "Where Are They Now? Revisiting Brene-man's Study of Liberal Arts Colleges". *Association of American Colleges & Universities*. Retrieved from www. aacu. org/publications-research/periodicals/where-are-they-now-revisiting-brenemans-study-liberal-arts.
603. UN Refugee Agency (2016). "Evolution-Mediterranean Sea-dead/Missing persons". *Refugee/Migrants Emergency Response-Mediterranean*. Retrieved from data. unhcr. org/Mediterranean/regional. php.
604. Mohammed, Omar (27 August 2015). "A Kenyan Won the Gold Medal in Javelin after Learning How to Throw on YouTube". *Quartz Africa*. Retrieved from qz. com.
605. Nauert, Charles (2012). "Desiderius Erasmus". In *The Stanford Encyclopedia of Philosophy* (*Winter 2012 Edition*), edited by E. N. Zalta. Retrieved from plato. stanford. edu/archives/win2012/entries/erasmus.
606. della Mirandola, *Oration on the Dignity of Man*.
607. Machiavelli, Niccolò (1469 - 1527) (2005). "Chapter XXVI: An Exhortation to Seize Italy and to Free Her from the Barbarians". In *The Prince*, edited by P. Bondanella. Oxford: Oxford University Press.